Friedemann Schulz von Thun, Jahrgang 1944, war bis 2009 Professor am Fachbereich Psychologie der Universität Hamburg mit dem Schwerpunkt Beratung und Training. Seine Trilogie «Miteinander reden 1–3» hat sich zum Standardwerk in Schule und Beruf entwickelt. In seinem Institut für Kommunikation entwickelt er in Kooperation mit dem «Arbeitskreis Kommunikation und Klärungshilfe» Inhalte und Bausteine, um soziale Kompetenzen durch fachliches Lernen, methodisches Üben und menschliches Reifen zu fördern. www.schulz-von-thun-institut.de

Kathrin Zach, Jahrgang 1974, ist Diplom-Psychologin. Seit 1999 arbeitet sie international als selbständige Kommunikationsberaterin, Trainerin und Coach. Im Schulz von Thun-Institut ist sie als Kooperationspartnerin in eigener Praxis tätig. Fortbildung in systemischer Beratung, Hypnotherapie und Konflikt-Klärungshilfe. Veröffentlichung: «Seminarkrisen meistern» (2006). www.zach-kommunikation.de

Karen Zoller, Jahrgang 1973, ist Diplom-Psychologin und Systemische Supervisorin (SG). Sie ist Lehrtrainerin am Schulz von Thun-Institut und hat dort eine Coaching-Praxis. Als selbständige Kommunikationstrainerin und Beraterin arbeitet sie in Deutschland, Österreich und der Schweiz und war lange Jahre als Lehrbeauftragte an der Universität Hamburg tätig. www.zoller-kommunikation.de

Friedemann Schulz von Thun   **Kathrin Zach**   **Karen Zoller**

Miteinander reden
von **A** bis **Z**

Lexikon der Kommunikationspsychologie

Rowohlt Taschenbuch Verlag

6. Auflage Mai 2025
Veröffentlicht im Rowohlt Taschenbuch Verlag
Rowohlt Verlag GmbH, Kirchenallee 19, 20099 Hamburg

Originalausgabe
Zuerst veröffentlicht im Rowohlt Taschenbuch Verlag,
Reinbek bei Hamburg, Mai 2012
Copyright © 2012 by Rowohlt Verlag GmbH,
Reinbek bei Hamburg
Die Nutzung unserer Werke für Text- und Data-Mining
im Sinne von § 44b UrhG behalten wir uns explizit vor.
Umschlaggestaltung ZERO Werbeagentur, München,
nach einem Entwurf von any.way, Walter Hellmann
Satz Swift PostScript (Miles Oasys) bei
pagina GmbH, Tübingen
Druck und Bindung CPI books GmbH, Leck
ISBN 978-3-499-62830-6

Kontaktadresse nach EU-Produktsicherheitsverordnung:
produktsicherheit@rowohlt.de

Vorwort

Nanu, ein Lexikon? Gibt es die nicht zuhauf? Kann man nicht notfalls bei Wikipedia nachsehen? Nein, dieses Lexikon soll ein besonderes sein!

Erstens, es ist ein rein kommunikationspsychologisches Lexikon. Es nimmt nur Stichwörter auf, die für die zwischenmenschliche Kommunikation und für unsere Arbeit als Lehrer, Beraterinnen, Coaches und Trainer wichtig sind.

Zweitens, wir wollen nicht nur und nicht vorrangig lexikalische Definitionen zum Besten geben, sondern dem Leser vermitteln, was den jeweiligen Begriff für unsere Arbeit so wichtig macht. Welcher Gedanke, welche Erkenntnis in ihm steckt! Begriffe sind Werkzeuge des Geistes, insofern ist dies eine Werkzeugkiste.

Drittens, die Lektüre möge inspirierend sein, und zwar dadurch, dass lebensnahe Beispiele immer wieder kleine Brücken in die Praxis bauen. Und sie soll neugierig machen «auf mehr», soll Lust wecken, die Sache zu vertiefen.

Wo man Genaueres findet, ist bei vielen Stichwörtern angegeben. Die Reihe «Miteinander reden – Praxis» umfasst mittlerweile 16 Bände. Da sind die drei Grundlagenbände von Schulz von Thun noch nicht einmal mitgerechnet, auch nicht der aktuelle Ergänzungsband «Fragen und Antworten». Deshalb wurde es Zeit, einen Navigator zu schaffen, der den interessierten Leser zum richtigen Kapitel im richtigen Buch lotst. Wer sich aber nur kurz orientieren will, für den steht das Wichtigste in Kürze bereits hier im Lexikon.

Aber was ist das Wichtigste? Wir wollten bei jedem Stichwort vor allem herausarbeiten, welchen Bezug es zur Kommunikation(spsychologie) hat. So werden Sie z. B. bei «Motivation» kein Referat über

Motivationstheorien und empirische Befunde finden, sondern nur eine Antwort auf die Frage: Welche Bedeutung hat dieser Begriff für die Kommunikation?

Abschließend eine kleine Gebrauchsanweisung, wie Sie dieses Lexikon benutzen können: Vielleicht suchen Sie im Register nach einem Stichwort, z. B. nach «Introjektion». Dann kann es sein, dass es dafür einen Lexikoneintrag gibt. Tatsächlich! Kann aber auch sein, dass Ihr Suchbegriff, z. B. «Innere Ratsversammlung», keinen eigenen Eintrag hat, sondern innerhalb eines anderen Stichwortes erklärt wird. Dann werden Sie dorthin verwiesen, in diesem Fall zum Eintrag «Inneres Team».

Wenn Sie Ihren Suchbegriff gefunden haben, wird es oft vorkommen, dass im Text Begriffe auftauchen, die in diesem Lexikon einen eigenen Eintrag haben. Solche → Begriffe werden mit einem Pfeil gekennzeichnet. Erscheint ein Begriff dagegen fett gedruckt, bedeutet dies: der Begriff wird nachfolgend direkt erklärt – und er taucht dann im Index mit einem Hinweis auf dasjenige Stichwort auf, unter welchem er erklärt wird.

Bei den Literaturhinweisen zur Vertiefung benutzen wir für die Grundlagenbände «Miteinander reden» Band 1–3 Abkürzungen, z. B. bedeutet «Miteinander reden 3»:

Schulz von Thun, F.: Miteinander reden 3. Inneres Team und situationsgerechte Kommunikation, Reinbek bei Hamburg 1998.

Bei den Grundlagenbänden MR 1–3 gibt es noch eine Komplikation: In den Auflagen ab 2011 ist die Schrift etwas größer, daher haben sich die Seitenzahlen verändert. Wir geben diese neuen Seitenzahlen an, zusätzlich für die «Altleser» in Klammern die alten.

Und Sie? Wer mögen Sie sein? Schüler, Lehrerin, Student, Trainerin, Coach oder Führungskraft? In jedem Fall wünschen wir (unbedingt) viel Erfolg und (möglichst) viel Freude bei der gezielten Lektüre! Ihre

Friedemann Schulz von Thun, Kathrin Zach und Karen Zoller

Miteinander reden
von **A** bis **Z**

Abgrenzung

Zur Kontaktfähigkeit des Menschen gehört sowohl → Empathie (sich in den anderen hineindenken und hineinfühlen) als auch Abgrenzung (nicht mit ihm verschmelzen, sondern grenzziehend zwischen ihm und sich selbst zu unterscheiden, den «Eigenton» zu bewahren und nicht von der Melodie des anderen übertönt zu werden). Beispiel: Stefanie arbeitet als Pflegerin im Krankenhaus. Ihre anteilnehmende Art ist bei den Patienten sehr beliebt. So wird sie immer wieder ins Vertrauen gezogen und erfährt zum Teil von schicksalhaften Erfahrungen und Ereignissen. Fehlte es ihr an Abgrenzungsfähigkeit, könnte ihr das geschilderte Elend so unter die Haut gehen, dass sie die Gedanken daran und die damit verbundenen Gefühle kaum wieder los wird und sich eventuell sogar allein dafür verantwortlich fühlt, den Betroffenen Linderung zu verschaffen. Dann geriete sie in einen emotionalen Sog, der die Grenze zwischen «Ich» und «Du» zum Verschwimmen bringt. Dieser Zustand wird auch als **Konfluenz** bezeichnet. Neben der Fähigkeit zur Anteilnahme und zum Mitgefühl braucht es daher auch die Fähigkeit sich abzugrenzen (s. Abb. 1).

Aus diesem Grund benötigt man im → Inneren Team außer den mitfühlenden und anteilnehmenden Mitgliedern auch jemanden, der deutlich macht: «Dies ist (zwar tragisch, aber) *sein* Schicksal, nicht meins!», jemanden, der auch auf die eigenen Bedürftigkeiten und Sorgen guckt: «Jetzt geht es mal wieder um mich!», und jemanden, der je nach Kontext auch distanziert bzw. fachlich-professionell auftritt: «Ich bin für die Niere zuständig, nicht für die Lebensgeschichte.»

Schulz von Thun unterscheidet zwischen äußerer und innerer

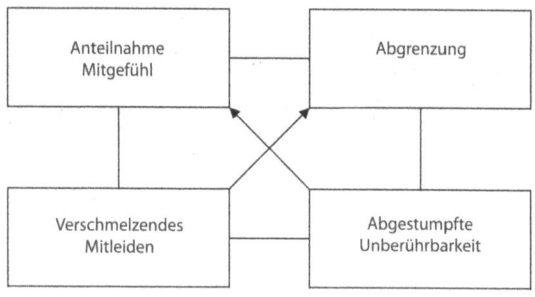

Anteilnahme Mitgefühl	Abgrenzung
Verschmelzendes Mitleiden	Abgestumpfte Unberührbarkeit

Abb. 1: Abgrenzung im Wertequadrat

Abgrenzung. Wer auf die geäußerte Not eines anderen mit dem Satz reagiert: «Das ist dein Problem!», der ist nach *außen* (in seinen → Äußerungen) gut abgegrenzt. Aber ist er auch *innerlich* abgegrenzt? Vielleicht spürt er, wie stark er dazu neigt, sich von dem geschilderten Problem bekümmern zu lassen oder die Schuld bei sich zu suchen, und versucht mit seiner brüsken Reaktion diesen Impuls in sich selbst zu bekämpfen. Wäre er innerlich gut abgegrenzt, müsste er nicht so brüsk abweisend reagieren und könnte einfühlend teilhaben an der Not des Gegenübers, ohne davon über Gebühr innerlich erfasst zu werden und ohne sich selbst unter Druck zu setzen, für Lösung und Abhilfe zuständig zu sein. Fehlende innere Abgrenzung wird also häufig durch äußere Abwehr ersetzt. Wer aufgrund von fehlender Abgrenzung zu stark in Mitleidenschaft gezogen wird (häufig in helfenden Berufen) und deshalb versucht, sich zu schützen, der landet manchmal in der Überkompensation (→ Werte- und Entwicklungsquadrat), in einer abgestumpften Gleichgültigkeit.

Ein anderer Aspekt betrifft die Abgrenzung gegenüber Vorwürfen und Kritik. Hier kommt es darauf an, nicht nur mit dem Beziehungs-Ohr (→ Beziehung, → Vier Ohren) darauf zu hören, welche vermeintliche Kritik oder Konfrontation in einer Äußerung stecken könnte, sondern auch mit dem Selbstkundgabe-Ohr (→ Selbstkundgabe,

→ Vier Ohren) mitzubekommen, was der andere über sich selbst mitteilt. Beispiel: Hans kommt von der Arbeit nach Hause und betritt die Küche mit den Worten: «Wie sieht es denn hier aus!?» Hört seine Frau Hannah dies nur mit dem Beziehungs-Ohr («Du bist für das Aufräumen der Küche zuständig!» und «Du bist säumig!»), dann setzt sie sich sofort selbst auf die Anklagebank. Mehr Abgrenzung gelingt ihr mit dem Selbstkundgabe-Ohr, wenn sie beispielsweise auch hören kann: «Ich hatte einen so schlechten Tag, dass mich alles auf die Palme bringt, das nicht perfekt ist» (s. Abb. 2).

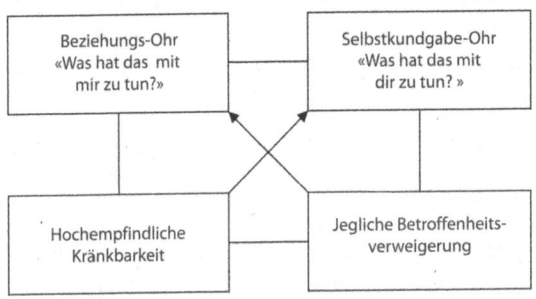

Abb. 2: Das Beziehungs- und Selbstkundgabe-Ohr im Wertequadrat

Auch das Hören mit dem Selbstkundgabe-Ohr darf natürlich nicht übertrieben werden, da sonst die Gefahr besteht, immun gegen kritisches → Feedback zu werden und sich jeglicher Betroffenheit und Verantwortung zu entziehen. Hält man es jedoch in dynamischer Balance (→ Werte- und Entwicklungsquadrat) zum Beziehungs-Ohr, so kann es in Konflikten eine gute Möglichkeit zur Abgrenzung darstellen und den → Teufelskreis einer reflexartig aufflammenden Empfindlichkeit und Kränkbarkeit unterbrechen.

■ **Literatur**
Miteinander reden 2, 104 ff., 266 ff. (S. 89 ff., 223 ff.)

Aktives Zuhören

Aktives Zuhören hat zwei Bedeutungen und zwei Komponenten. Erstens ist damit eine innere Einstellung während eines Gespräches gemeint, die sich intensiv auf das, was der andere mitteilt, konzentriert: Ich bin «ganz Ohr»! Zweitens ist es aber auch eine ganz bestimmte Art, auf den anderen in der Rückäußerung zu reagieren: Ich gebe das, was ich von ihm aufgenommen und atmosphärisch erspürt habe, mit meinen eigenen Worten möglichst prägnant wieder. Anders ausgedrückt: Ich mache das Ergebnis meines Zuhörens zum Inhalt meiner Rückäußerung. Dabei enthalte ich mich eigener Wertungen und wähle die Formulierung so, dass der andere sich maximal gut verstanden fühlt.

Nicht immer passt ein solches Kommunikationsverhalten zur Situation und zur Beziehung (→ Stimmigkeit), aber wenn es passt, kann es für den anderen überaus wohltuend sein und ihn zu weiterer und vertiefter → Selbstklärung anregen. Daher gehört das Aktive Zuhören in der Gesprächstherapie nach Carl Rogers zum Basisverhalten des Therapeuten. Freilich setzt das Aktive Zuhören viel Einfühlungsvermögen (→ Empathie) und weiterhin auch die Fähigkeit voraus, in der «Sprache des Herzens» die treffenden Worte zu finden. Es will also gekonnt sein, deshalb gehört es zu den Grundübungen jedes Kommunikationstrainings.

Ratsam ist, dieses Gesprächsverhalten in Verbindung mit der dazu passenden menschlichen Haltung in verschiedenen Stufen zu vermitteln: Die erste Stufe des Aktiven Zuhörens ist das Herstellen einer Beziehung, indem man dem Gegenüber Interesse und Aufmerksamkeit signalisiert, z. B. durch so genannte **Telefonlaute** («Hmm», «Ah ja …»).

Im zweiten Schritt werden die verstandenen Inhalte vom Zuhörer in eigenen Worten wieder gegeben; diese Stufe des Aktiven Zuhörens wird auch **Paraphrasieren** genannt: «Ich möchte mal wiedergeben, was ich bis jetzt verstanden habe (…) Stimmt das so?»

Hilfreich ist dabei die innere Grundhaltung des «einfühlenden Verstehen-Wollens», bei der man einen Perspektivwechsel vornimmt und versucht, die Welt des anderen mit seinen Augen zu sehen.

Die dritte Stufe des Aktiven Zuhörens, das **Verbalisieren**, geht über das Gesagte hinaus: Der Zuhörer versucht nun, auch das Unausgesprochene, die (emotionalen) Zwischentöne des Gesagten herauszuhören und wiederzugeben. Dies sollte immer mit einem «inneren Fragezeichen» geschehen, da letztlich nur der Gesprächspartner wissen und rückmelden kann, ob die vom Zuhörer geäußerten Vermutungen zutreffen: «Das klingt so, als wärest du nicht nur anderer Meinung, sondern auch regelrecht empört?»

Das Aktive Zuhören gehört zu den Kernkompetenzen der → Gesprächsführung, es ist die Basis für gegenseitiges Verstehen und klaren Austausch. Dies gilt besonders für kontroverse Auseinandersetzungen, in denen man versucht, das Interesse hinter der Position des Gesprächspartners zu erkunden und sich im weiteren Gespräch auf dieses Interesse zu beziehen. Die Sichtweise des anderen zu verstehen und sein Interesse zu erkennen heißt jedoch nicht, damit einverstanden zu sein. In einem Gespräch sollte die Fähigkeit zum Aktiven Zuhören ergänzt sein um die Fähigkeit, persönlich Stellung zu beziehen, damit beide Gesprächspartner in ihren Positionen füreinander greifbar und deutlich werden.

Aktives Zuhören kann, wenn es übertrieben wird, zum **Psychologisieren** verkommen und erscheint dann als gekünstelte Marotte oder als → Oberhand-Technik, die es dem Betreffenden erspart, selbst Farbe zu bekennen, und die den Fokus penetrant auf der Befindlichkeit des Gegenübers belässt. Beispiel: Susi sagt zu ihrem Mann Bernd: «Du hast den Mülleimer immer noch nicht runtergebracht!» Antwort von Bernd: «Ist es so, Liebling, dass du ungeduldig und auch schon etwas ungehalten bist, wenn du merkst, dass ich Dinge, die Dir sehr wichtig sind, auf die lange Bank schiebe?»

Im Alltag ist Aktives Zuhören in vielen Fällen nicht angebracht, nämlich immer dann, wenn in der Situation nicht wirklich Einfühlung und Perspektivenübernahme gefragt sind. Wohldosiert, an der richtigen Stelle und ergänzt um die Bereitschaft, selbst Farbe zu bekennen, kann das Aktive Zuhören in Kontroversen und emotional aufgeladenen Situationen jedoch überaus sinnvoll und hilfreich sein.

■ **Literatur**
Schulz von Thun, F. / Ruppel, J. / Stratmann, R.: Miteinander reden. Kommunikationspsychologie für Führungskräfte, S. 70 ff.
Schulz von Thun, F. / Stierlin, L.: Zur Psychologie des guten Zuhörens. In: Klarkommen mit sich selbst und anderen, S. 234 ff.

Ambiguität

Ambiguität bezeichnet eine Doppel- oder Mehrdeutigkeit. Von **Ambiguitäts-Toleranz** spricht man, wenn jemand es innerlich aushalten kann, dass eine Entscheidung oder ein Dafürhalten auch negative Seiten oder Nachteile hat, ohne diese verleugnen oder verdrängen zu müssen. Ein ambiguitätstoleranter Mensch kommuniziert souveräner. Zum Beispiel musste ein Vorgesetzter eine Entscheidung treffen und entschied sich für die Alternative A. Ein Mitarbeiter schimpft lautstark darüber und verweist auf die Nachteile dieser Entscheidung. Ist der Vorgesetzte ambiguitätstolerant, dann kann er es aushalten, dass seine Entscheidung nicht unter allen Aspekten optimal ist: «Sie könnten recht behalten mit Ihrer Befürchtung, das ist wirklich ein Nachteil. Trotzdem habe ich mich dafür entschieden, weil ...» Ist er nicht ambiguitätstolerant, bringt ihn diese Vorhaltung aus der Fassung: «Meine Güte, Sie finden auch überall ein Haar in der Suppe!»

Ambivalenz

(«zwiespältige Bewertung») ist ein seelischer Zustand, bei dem jemand zwischen zwei Seiten hin- und hergerissen ist. Beispiel: Eine Jugendliche will für ein Jahr nach Australien. Die Mutter steht dem ambivalent gegenüber: Einerseits bewundert sie den Mut ihrer Tochter und sieht in der Reise große Entwicklungschancen. Andererseits ist sie voller Angst und Sorge über mögliche Gefahren. Im Zustand der Ambivalenz ist eine klare und eindeutige Kommunikation erschwert. Das Modell vom → Inneren Team stellt die Zerrissenheit bildhaft dar und bietet konstruktive Möglichkeiten zur Selbstklärung (s. Abb. 3).

Abb. 3: Ambivalenz im Inneren Team

Von **Ambivalenzspaltung** spricht man, wenn die beiden entgegengesetzten Impulse von zwei ambivalenten Menschen arbeitsteilig gefühlt und vertreten werden. Im Beispiel: Der Vater spürt nur die «tolle Chance», die in dem Auslandsaufenthalt steckt (und fühlt seine Angst nicht), die Mutter nur noch die Sorge. Ursprünglich haben beide Eltern beide Seelen in der Brust, aber im Kontakt miteinander polarisieren sie sich (→ Polarisierung). Eine solche Ambivalenzspaltung ist auch in der politischen Kommunikation ein bekanntes Phänomen: Zum Beispiel ist die eine Gruppe hundertprozentig pazifistisch eingestellt und verteufelt mögliche militärische Einsätze als kriegslüstern, die andere Gruppe tritt zu hundert Prozent für die humanen Ziele eines militärischen Engagements ein und verteufelt die «feige Mentalität des Wegschauens» bei den Pazifisten.

Der seelische «Vorteil» einer solchen Spaltung liegt in der (scheinbaren) Erlösung von der Ambivalenz: Der innerseelische Kampf wird auf die zwischenmenschliche Ebene verlegt. Als Klärungshelfer bemühen wir uns, die Spaltung rückgängig zu machen, sodass im Gegner jemand entdeckt werden kann, der ein Anliegen vertritt, das auch in der eigenen Brust schlägt. Aus dieser Sicht wird das *Aushalten von Ambivalenz* zu einem wichtigen Teil der emotionalen Kompetenz.

■ **Literatur**
Miteinander reden 2, S. 147 ff. (S. 125 ff.)

Anfangsrunde

Eine Anfangsrunde bietet zu Beginn eines zielgerichteten Zusammenkommens den Rahmen, miteinander in → Kontakt zu treten und zu erfahren, mit wem man es zu tun hat. Jeder sagt hier etwas über sich selbst. Was er dann äußert, hängt von seiner Offenheit, vom Charakter des Zusammentreffens sowie von möglicherweise vorgegebenen Fragen ab, zum Beispiel: Wer bin ich? Was hat mich hierher geführt und was hätte mich abhalten können, heute hier zu sein? Mit welchen Gedanken bin ich hierher gekommen? Welche Erwartungen habe ich?

Bei wiederkehrenden Zusammenkünften (z. B. Teamsitzungen oder Übungsgruppen) dient die Anfangsrunde der gemeinsamen

Einstimmung der Anwesenden, denn kurz zuvor hatte jeder noch mit eigenen Themen, Gesprächspartnern und Aufgaben zu tun. Sich mit Aufmerksamkeit und Präsenz auf die Zusammenkunft einlassen zu können gelingt leichter, wenn jeder Anwesende sagt (und von jedem anderen hört), was für ihn sachlich, persönlich oder zwischenmenschlich aktuell bedeutsam ist. So formieren sich die Anwesenden als Gruppe.

In Seminaren und Workshops haben Anfangsrunden zum Ziel, ein Kennenlernen zu ermöglichen und allererste Kontaktbrücken zwischen den Anwesenden zu schaffen. Zu Beginn einer Veranstaltung herrscht meist Unsicherheit über das Miteinander, das Gruppenklima ist von Vorsicht und Zurückhaltung geprägt. Die Anfangsrunde erleichtert den Teilnehmern die weitere Kontaktaufnahme und ist ein wichtiger Bestandteil des Formings (→ Gruppendynamik).

Durch die Beiträge der Anwesenden in der Anfangsrunde kann in besonderer Weise die «Wahrheit der Situation» (→ Situationsmodell) deutlich werden: Welche Kräfte waren am Werk, dass dieses Treffen zustande gekommen ist? Was ist der Hintergrund? Worum soll es hier heute (nicht) gehen? Wer ist anwesend und warum? Was soll dabei herauskommen? Der Bezug des Einzelnen zu der Zusammenkunft sowie seine Vorstellung von den Inhalten werden verstehbar, mögliche Irritationen und Unklarheiten können frühzeitig angesprochen und geklärt werden. So erhöht sich die Chance, dass die Beteiligten ein gemeinsames Situationsverständnis entwickeln und arbeitsfähig sein werden.

Die Anfangsrunde kann von der → Leitung je nach Anlass, Art und Ziel des Zusammentreffens mehr oder weniger strukturiert gestaltet werden. Die wenig konkrete Aufforderung einer Leiterin zu Beginn eines Seminars «Jeder sagt mal bitte ein paar Worte über sich …» eröffnet einen weiten Raum für persönlich Erwähnenswertes. Je nach Gruppe ist jedoch die Wahrscheinlichkeit recht hoch, eine eher knappe Antwort zu bekommen: «Ich heiße Horst, bin 42 Jahre alt, Tischlermeister und komme aus Köln.» Eine so wenig strukturierte Anfangsrunde mag in Kontexten passen, die primär auf einen fachlichen Lernzuwachs (z. B. Computerschulung) und nicht auf → Persönlichkeitsentwicklung ausgerichtet sind. Handelt es sich jedoch um ein persönlichkeitsnahes Seminar (z. B. Umgang mit Konflikten am Arbeitsplatz), in dem die individuelle Auseinandersetzung mit heiklen Themen und das Sich-einlassen/Sich-öffnen der Teilnehmer im Vordergrund stehen soll, ist ein solcher Anfang ungeeignet. Warum?

Je persönlichkeitsnäher das Thema, desto aufregender wird es für den Einzelnen, sich zu zeigen, und desto bedeutsamer ist eine vertrauensvolle Atmosphäre, ein «Fallnetz». Dies kann zwischen einander fremden Menschen noch nicht existieren, sondern muss sich erst entwickeln. Vertrauen baut sich durch gemeinsam Erlebtes oder das Erleben von Gemeinsamkeit auf, dadurch, dass man «ein Gefühl» füreinander bekommt: Wie tickt der andere? Was beschäftigt ihn? Was hat sie bewogen, sich hier anzumelden? Solche Fragen und ihre individuelle Beantwortung stellen einen ersten Kontakt her und ermöglichen Orientierung.

Hierfür braucht es eine stärkere Strukturierung der Anfangsrunde durch die Leitung, beispielsweise in dieser Form: «Nachdem ich mich vorgestellt habe, bin ich natürlich gespannt darauf, wer hier sitzt und mit welchem Hintergrund! Ich möchte Sie nun bitten, sich nacheinander namentlich und mit ihrer beruflichen Tätigkeit vorzustellen und dann noch einige Worte zu folgenden Punkten zu sagen: Was haben Sie mit dem Seminarthema ‹am Hut› und wie kommt es, dass Sie heute hier sitzen? Haben Sie vielleicht schon spezielle Fragen oder Themen im Gepäck, die Sie gerne besprechen würden? Haben Sie Wünsche und/oder Befürchtungen bezüglich dieses Seminars?»

Die entsprechenden Fragen, auf Flipchart oder Pinnwand visualisiert, bieten dem Teilnehmer Halt auf dem noch unsicheren Boden und unterstützen die Öffnung bei der gegenseitigen Vorstellung: «Ich heiße Horst, bin 42 Jahre alt, Tischlermeister und komme aus

Köln. Tja, ich sitze hier, weil ich mich im Laufe meiner Tätigkeit als Meister immer wieder gefragt habe, wie persönlich soll und darf ich eigentlich mit meinen Lehrlingen werden? Wenn die Konflikte untereinander haben, muss ich da eingreifen, und wenn ja, wie mache ich das?

Da habe ich von der Berufsgenossenschaft dieses Seminar empfohlen bekommen. Ich muss ja sagen, ich bin auch etwas skeptisch! Diese Psychosachen sind mir persönlich oft zu vage, mal sehen wie das hier so läuft ...»

So eine Vorstellungsrunde eröffnet den Raum für Fragen, Unsicherheiten, Entwicklungsbedürfnisse, Befürchtungen und Wünsche. Kurz: für all das, womit die Teilnehmer ohnehin da sitzen. Gut, wenn das zu Beginn eines Seminars ausgesprochen werden darf. Der Charakter der Anfangsrunde bestimmt auf diesem Wege maßgeblich mit, auf welcher Basis die Gruppe miteinander startet. So hat bereits die Anfangsrunde den Charakter einer → Intervention.

Anliegen

In Kommunikationsseminaren werden die Teilnehmerinnen und Teilnehmer individuell eingeladen, ein Anliegen zu formulieren. Das ist eine persönliche Fragestellung, die mit dem Wunsch verbunden ist, durch → Selbstklärung und → Beratung zu einer Lösung zu kommen. Eine Frau möchte lernen, sich im Konflikt mit ihrem Mann besser abzugrenzen, eine Studentin möchte ihre Arbeitsstörungen überwinden, ein Polizist will seine Ambivalenz gegenüber einem Einsatz bei Atommüll-Transporten klären. Mit diesen Themen, die mal mehr und mal weniger scharf umrissen sind, kommen Menschen in die Beratung.

Damit der Berater den Ratsuchenden bestmöglich unterstützen kann, braucht er einen konkreten Auftrag. Aus dem Beratungsthema, beispielsweise die Abgrenzung gegenüber dem Ehemann, soll ein Anliegen formuliert werden. Dieses wird in unserer Praxis meist als Frage formuliert: «Wie kann ich ...?» In diesem Beispiel: «Wie kann ich meinem Mann deutlich sagen, dass ich zu Hause nicht die Putzfrau bin und von ihm erwarte, dass er nicht überall alles liegen lässt?»

Je nach Thema kann das Anliegen einen systemisch-strukturellen, zwischenmenschlichen oder innermenschlichen Schwerpunkt haben:

1. Anliegen mit *systemisch-strukturellem* Schwerpunkt beziehen sich im Wesentlichen auf den Aufbau, die Struktur und die Organisation eines Systems: «Wie kann ich als Abteilungsleiter die Vernetzung zweier Gruppen verbessern?» «Wie kann die Personalentwicklung ins strategische Management einbezogen werden?»

2. Anliegen mit dem Schwerpunkt im *Zwischenmenschlichen* richten sich auf die Kontakt- und Beziehungsgestaltung: «Wie kann ich meinen Chef kritisieren, ohne dabei aus der Rolle zu fallen?» «Wie bekomme ich einen besseren Draht zu meinen Studierenden?»

3. Bei Anliegen, die einen Schwerpunkt im *Innermenschlichen* haben, geht es oft um persönliche Entwicklung: «Wie kann ich lernen, mir mehr Zeit für mich selbst zuzugestehen?» oder «Ich möchte mich entscheiden, ob ich beruflich noch einmal einen Neuanfang wage oder im sicheren Hafen auf die Pensionierung warte.»

Findet die **Anliegenbearbeitung** in einer Gruppe statt, beispielsweise im Rahmen eines Kommunikationsseminars, würde der Ratsuchende (der «Protagonist») zunächst der Gruppe und der Leiterin sein Anliegen vorstellen, oft mit Hilfe eines kleinen Schaubildes, das er zuvor anfertigen konnte. Jede Anliegenbearbeitung läuft anders, je nach Thema und Persönlichkeit des Ratsuchenden. Im Allgemeinen lassen sich jedoch vier Phasen unterscheiden:

1. Phase: Der Ratsuchende berichtet anhand seines Bildes von

seinem Anliegen. Sowohl der Leiter als auch die anderen Teilnehmer dürfen Verständnisfragen stellen, im Beispiel des Abteilungsleiters: «Wofür ist denn die Vernetzung der beiden Gruppen wichtig?» Die Erkundungsphase sollte nur so ausführlich sein wie nötig, um den Fokus für die weitere Bearbeitung zu ermitteln.

2. Phase: Vertiefung, Konkretisierung und Verlebendigung des Anliegens mit Hilfe → erlebnisaktivierender Methoden. In dieser Phase soll das Anliegen im Raum lebendig erfahrbar werden, z. B. in der Arbeit mit zwei Stühlen, die für je eine Seite einer Ambivalenz stehen. Der Ratsuchende setzt sich nacheinander auf beide Stühle und spricht jeweils nur für eine Seite der Ambivalenz. Ziel einer solchen Erlebnisaktivierung ist es, die Selbstklärung des Ratsuchenden nicht nur kognitiv, sondern auch emotional und aktional zu unterstützen.

3. Phase: Austausch in der Gruppe. Während die Gruppe in den ersten beiden Phasen nur bedingt und unter Anleitung beteiligt war, sind nun die Reaktionen der Teilnehmer auf das Erlebte gefragt: Welche Gedanken und Gefühle tauchen auf? Welche anderen Perspektiven auf das Anliegen könnte man noch einnehmen? Welche Rückmeldungen und Empfehlungen haben die Einzelnen parat? Wer kennt selbst eine ähnliche Situation?

4. Phase: Theoretische Einordnung und Generalisierung. Oft werden bei der Bearbeitung des Anliegens Themen angesprochen, die von allgemeiner Bedeutung sind, beispielsweise Hierarchiekonflikte zwischen Chef und Mitarbeiter, Schwierigkeiten mit pubertierenden Kindern oder das Nähe-Distanz-Thema innerhalb von Paarbeziehungen. Dann bietet sich ein Kurzvortrag des Leiters an, denn durch die Relevanz des Themas sind die Teilnehmer optimal aufnahmebereit für entsprechende Inputs. Nicht immer schließt die Anliegenbearbeitung mit diesem Schritt ab, manchmal ist eine theoretische Betrachtung des Themas auch überflüssig oder unpassend.

■ **Literatur**
Schulz von Thun, F.: Praxisberatung in Gruppen.

Antinomie

Von Antinomie spricht man, wenn zwei Eigenschaften, Haltungen oder Merkmale, die sich auf den ersten Blick widersprechen, gleichermaßen gültig sind. Beispielsweise: «Sparsamkeit ist eine wichtige Tugend, Großzügigkeit auch!» Der Antinomie-Gedanke findet sich im → Werte- und Entwicklungsquadrat wieder, welches die Balance von zwei sich ergänzenden Gegenwerten anstrebt. Ein antinomisches Denken und Fühlen ist für einen guten Dialog ein großer Vorteil, da es das Wissen enthält: «Die Wahrheit beginnt zu zweit» (Nietzsche).

Appell

Die Kommunikationspsychologie betrachtet jede Äußerung und Handlung auch unter dem Appell-Aspekt: Welche Wirkungsabsicht steckt darin? Was will der Sender beim Empfänger erreichen? Was soll der Empfänger tun, denken oder fühlen? Wenn die Führungskraft beispielsweise darauf hinweist: «Ach, Herr Meier, ich wollte Ihnen noch sagen, dass der Schlüssel für die neue Eingangstür jetzt da ist – falls Sie auch mal am Wochenende arbeiten müssen», so kann man sich hinsichtlich des Appells fragen, ob die Führungskraft vom Mitarbeiter mehr Arbeitseinsatz und Zusatzengagement erwartet, ob sie ihm signalisieren möchte, dass sie ihn für vertrauenswürdig hält, oder ob sie ihn bestmöglich informiert wissen will.

Der Versuch, Einfluss zu nehmen, kann mehr oder minder offen (explizit) oder verdeckt (implizit) sein. Bei einem **offenen Appell** äußert der Sender klar und deutlich, was er vom Empfänger möchte: «Herr Meyer, in Ihrer Position erwarte ich mehr Arbeitseinsatz von Ihnen, notfalls auch am Wochenende!» In vielen Situationen erleichtern offene Appelle die zielgerichtete Kommunikation. So weiß der Empfänger, woran er ist, und er erhält Gelegenheit, ebenfalls klar und deutlich dazu Stellung zu beziehen. Die kommunikationspsychologische Empfehlung lautet daher oftmals, einen offenen Appell auszusprechen (und dabei zwischen Wunsch, Bitte, Empfehlung oder Forderung zu differenzieren) anstelle einer Entwertung auf der Beziehungsebene («Nun stellen Sie sich mal nicht so an, keiner von uns hat eine 40-Stunden-Woche!»). (s. Abb. 4)

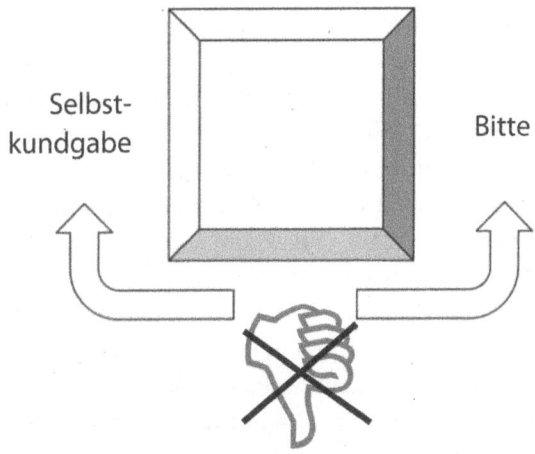

Abb. 4: Kommunikationsempfehlung: offener Appell und Selbstkundgabe statt Entwertung auf der Beziehungsebene.

Im Kommunikationstraining wird man zudem angeleitet, den offenen Appell nicht mit einer entwertenden Beziehungsbotschaft zu versehen (statt: «Kannst du nicht wenigstens einmal den Mülleimer runterbringen?» besser: «Könntest du den Müll runterbringen? Danke!»). Die Philosophie hinter dieser Empfehlung: Lieber heute der Wunsch als morgen der Vorwurf!

Häufig werden Appelle **verdeckt** auf den Weg gebracht, der Sender gibt dem Empfänger dann nur implizit zu verstehen, was er von ihm will, ohne dies offen zu benennen (wie unsere Führungskraft im ersten Anlauf, siehe Beispiel oben). Der implizite Appell birgt Gefahren und Chancen.

Einerseits ist er anfällig für → Missverständnisse und Störungen in der Kommunikation. Er kann beispielsweise leicht überhört werden. Möglicherweise empfängt der Mitarbeiter lediglich die Information, dass es eine neue Eingangstür und auch einen neuen Schlüssel gibt, der im Bedarfsfall für ihn verfügbar ist, und bekommt gar nicht mit, dass die Führungskraft ihn zu mehr Engagement bewegen möchte. Auch können verdeckte Appelle leicht einen Manipulationsverdacht (→ Manipulation) und damit → Reaktanz auslösen («Wenn er erwartet, dass ich hier auch noch die Wochenenden verbringe, dann soll er das wenigstens offen und ehrlich sagen!»).

Andererseits haben verdeckte Appelle zuweilen auch Vorteile im Miteinander. Als Vorteil kann empfunden werden, dass der Empfänger den Hinweis «zwischen den Zeilen» lesen und *von sich aus* beherzigen kann, ohne nach außen als Kritisierter oder als bloß gehorsamer Befehlsempfänger dazustehen. Das Unausgesprochene, lediglich Angedeutete ermöglicht dem Empfänger eher, sein Gesicht zu wahren. Das ist insbesondere in kollektivistischen Kulturen (→ Interkulturelle Kommunikation) bedeutsam. Auch das Autonomiebestreben (→ Autonomie) des Empfängers kann somit mehr zur Geltung kommen, da der implizite Appell ihm zunächst die Wahl und Freiheit lässt, selbst zu entscheiden. Insofern gehört der verdeckte Appell, sensibel gehandhabt und nicht als «Wink mit dem Zaunpfahl» verabreicht, mitunter zur *Kunst der indirekten Kommunikation.*

Ob ein Appell Wirkung zeigt, hängt meist auch von der Art der Kommunikation auf den anderen drei Seiten des Kommunikationsquadrates ab. Auf der Sachseite: Drückt sich der Sender verständlich aus (→ Hamburger Verständlichkeitsmodell)? Auf der Selbstkundgabeseite: Wird er als Mensch auf glaubhafte Art sichtbar? Und auf der Beziehungsseite: Bietet er eine akzeptable Du-Botschaft und Beziehungsdefinition an?

Eine spezielle Form von Appellen sind die → paradoxen Appelle, bei denen der Sender dem Empfänger das Gegenteil dessen aufgibt, was er erreichen möchte.

■ **Literatur**
Miteinander reden 1, S. 32 f., 242 ff. (S. 29 f., 209 ff.)
Schulz von Thun, F.: Miteinander reden: Fragen und Antworten,
S. 33 ff., 41 ff.
Stahl, E.: Lob der Intransparenz. In: Schulz von Thun, F./Kumbier,
D.: Impulse für Kommunikation im Alltag.

Äußerung

Eine Äußerung bezeichnet das, was jemand von sich gibt, verbal und nonverbal (→ nonverbale Kommunikation). Zum Beispiel die verbale Äußerung unter Kollegen: «Ich habe gehört, du bist heute ausnahmsweise mal da!» oder die nonverbale Äußerung «Weinen» bei einem Streit. In der Kommunikationspsychologie von Schulz von Thun wird zwischen Äußerung und → Botschaft unterschieden. Die Äußerung ist das empirisch-faktisch wörtliche und/oder nonverbale Ereignis. Es wird in der Mitte des → Kommunikationsquadrates verortet. Die Botschaften kann man der Äußerung entnehmen, sie stecken explizit oder implizit in ihr drin und werden im Kommunikationsquadrat den vier Seiten zugeordnet. Ein und dieselbe Äußerung enthält mehrere Botschaften gleichzeitig: Sach-Botschaften, Selbstkundgabe-Botschaften, Beziehungs-Botschaften und Appell-Botschaften (s. Abb. 5 und Abb. 6).

Wenn eine Botschaft ausgesprochen wird, wenn sie also explizit wird, sprechen wir nicht mehr von einer Botschaft, sondern von einer Äußerung. Streng genommen müssten ausgesprochene Ich- und Du-Botschaften demnach Ich- und Du-Äußerungen heißen.

Die mit einer Äußerung einhergehenden nonverbalen Botschaf-

Sach-Botschaft

Heute bist du anwesend.
Das ist häufig nicht der Fall.

Selbstkundgabe-Botschaften

Ich freue mich, dass
ich dich heute
erreiche.
Ich versuche schon
lange, dich zu
erreichen.
Ich bin verärgert,
dass du so schwer
erreichbar bist.

Appell-Botschaften

Erkläre mir das!
Hab ein schlechtes
Gewissen!
Zeige mehr Präsenz
am Arbeitsplatz!

Beziehungs-Botschaften

Du bist zu wenig präsent.
Du arbeitest wenig.

Wir stehen so zueinander, dass ich
deine An- und Abwesenheit
kommentieren kann.

Abb. 5: Verbale Äußerung und ihre quadratischen Begleitbotschaften

Sach-Botschaft

Evtl.: Ein bedauernswerter
Vorfall ist eingetreten
(z. B. die Katze ist gestorben).

Selbstkundgabe-Botschaften

Evtl.:
Ich bin traurig.
Ich bin verletzt.
Ich bin wütend.
Ich bin berührt.

Appell-Botschaften

Evtl.:
Tröste mich!
Lenke ein!
Verschone mich mit
Vorwürfen!

Beziehungs-Botschaften

Evtl.:
Du bist verletzend.
Du (mieser Kerl) bringst mich zum
Weinen.

Wir stehen so zueinander, dass ich
vor dir weinen kann.

Abb. 6: Nonverbale Äußerung und mögliche Begleitbotschaften

ten wie Tonfall, Mimik, Gestik und Körperhaltung geben ferner
Hinweise darauf, wie die Äußerung zu verstehen ist. Dadurch wird

sie zusätzlich qualifiziert. Stimmen die nonverbalen Signale mit der expliziten Äußerung überein, unterstreichen sie also deren Bedeutung, dann spricht man von **Kongruenz** (→ Authentizität). Beispielsweise die mit erfreuter Mimik und Tonlage geäußerte Aussage: «Ich komme gern zu Eurem Fest!» **Inkongruent** hingegen sind die Begleitbotschaften, die der Äußerung in ihrer Bedeutung entgegenstehen. Beispielsweise die im kühlen Ton und mit verärgerten Gesichtszügen geäußerte Zusage: «Ja, ich bin einverstanden!»

Werden zwei sich widersprechende Botschaften gesendet, spricht man auch von **inkongruenter Doppelbotschaft** (engl. **double-bind**). Der Empfänger (→ Empfangsvorgang) einer Doppelbotschaft gerät in ein Dilemma: Soll er der Äußerung («Ich bin einverstanden») oder der Begleitbotschaft («Es passt mir nicht!») Glauben schenken? Für den Sender liegt der Vorteil einer Doppelbotschaft darin, dass er sich nicht festlegt und sich gegebenenfalls der Verantwortung entziehen kann, indem er behauptet, es so nicht gemeint zu haben. Zum Beispiel: «Ich habe doch gesagt, ich bin einverstanden!» oder «Es war doch wohl klar, dass es mir nicht recht war!» Häufig liegt einer inkongruenten Doppelbotschaft eine innere → Ambivalenz zugrunde. Die Doppelbotschaft ist dann Ausdruck innerer Zerrissenheit und deutet auf einen inneren Widerstreit zwischen zwei Gegenspielern hin (→ Inneres Team). (s. Abb. 7, S. 28)

Beide inneren Zustände, beispielsweise Zustimmung einerseits und Ablehnung andererseits, führen zu dem Verschmelzungsprodukt der inkongruenten Doppelbotschaft. In diesem Fall ist die Selbstklärung und innere Wahrheitsfindung des Senders noch nicht abgeschlossen.

■ **Literatur**
Miteinander reden 1, S. 39 ff., 72 ff. (S. 35 ff., 65 ff.)
Miteinander reden 3, S. 26 ff. (S. 22 ff.)
Schulz von Thun, F.: Miteinander reden: Fragen und Antworten, S. 19 ff.

Abb. 7: Inkongruente Doppelbotschaften aufgrund innerer Gegenspieler

Authentizität

Authentizität ist die Übereinstimmung von innerer Befindlichkeit und äußerem Gebaren. Die Person gibt sich so, wie sie ist, und macht keinen Versuch, nach außen hin anders (idealer, unberührbarer, vorteilhafter, taktischer) zu erscheinen oder als Mensch hinter einer Fassade verborgen zu bleiben. Etwa gleichbedeutend ist der von Carl Rogers geprägte Begriff der *Kongruenz* (→ Äußerung), der die Übereinstimmung zwischen Innerem Erleben, Bewusstsein und Kommunikation meint.

Unter dem Einfluss der → Humanistischen Psychologie wurde Authentizität zu einer werthaltigen menschlichen Qualität in der Kommunikationspsychologie, ebenso in der Gesellschaft. In der Presse und in der Öffentlichkeit wird es zum Beispiel sehr honoriert, wenn eine Politikerin, ein Politiker «authentisch» erscheint: Es macht sie (ihn) glaubwürdiger und sympathischer («menschlicher») zugleich.

In der Kommunikationspsychologie Schulz von Thuns setzte sich in den siebziger Jahren des 20. Jahrhunderts die Erkenntnis durch, dass ein gut gemeintes Kommunikationstraining, welches ein «ideales» (wertschätzendes, tolerantes, aufgeschlossenes, empathisches) Verhalten einüben will, den wahrhaftigen inneren Menschen nicht übergehen darf. Andernfalls führt es zu einem uniformen Idealverhalten, einem «Kommunikativen Sonntagsanzug» ohne heilsame Wahrhaftigkeit. So wurde Authentizität zu einer Schlüsselqualität. Allerdings ist diese Qualität nicht moralisch definiert (man «sollte» wahrhaftig und aufrichtig sein, als sittliches Gebot), sondern psychologisch: Authentizität setzt die Fähigkeit zur Selbstwahrnehmung voraus (Was geht in mir vor? Wie ist mir ums Herz? Wofür stehe ich, wogegen wende ich mich?). Diese Fähigkeit zur Selbstwahrnehmung lässt sich ermutigen (Steh zu dem, was dich ausmacht, auch wenn es nicht ideal ist!) und üben. Das Modell vom → Inneren Team kann helfen, der inneren Pluralität gewahr zu werden: Wer sich selbst versteht, kommuniziert besser.

Bei aller Bedeutsamkeit taugt Authentizität nicht als Leitstern für alle kommunikativen Lebenslagen, schon gar nicht als einziger. Sobald der Mensch dienlich für das Gelingen einer Situation, eines Gespräches werden will, besteht die Aufgabe nicht nur und oft nicht vorrangig darin, sich selbst unverfälscht zum Ausdruck zu bringen. Er muss auch und vor allem der Situation und seiner Rolle darin gerecht werden, freilich möglichst in einer Weise, die ihm entspricht, und ohne sich zu verleugnen. Schulz von Thun spricht von *stimmiger* Kommunikation, wenn sie wesensgemäß (authentisch) und situations- und rollengerecht zugleich ist (→ Stimmigkeit). Ganz ähnlich warnt Ruth Cohn vor maximaler Authentizität und prägte den Begriff der **selektiven Authentizität**: «Nicht alles, was echt ist, will ich sagen – doch was ich sage, soll echt sein!»

Das → Werte- und Entwicklungsquadrat lehrt uns, dass jede Tugend nur in Balance zu einer gegenläufigen «Schwestertugend» ihren Wert entfalten kann. So ist Authentizität ohne Takt und Diplomatie in Gefahr, naiv-unverblümt und verletzend zu werden (wie auch umgekehrt Takt und Diplomatie ohne jede Authentizität in ein falsches und förmliches Gehabe abgleiten kann). (s. Abb. 8)

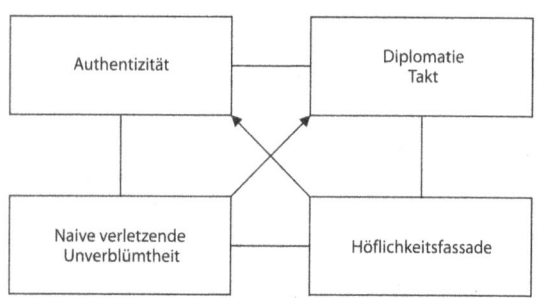

Abb. 8: Authentizität im Werte- und Entwicklungsquadrat

■ **Literatur**
Miteinander reden 1, S. 131 ff., 136 f., 140 ff., 144 ff., 245 (S. 116 ff., 120 f., 123 ff., 127 f., 212).
Miteinander reden 3, S. 15 ff., 103 f., 368 (S. 13 ff., 87 f., 320).

Autonomie

Autonomie bedeutet Selbständigkeit und innere Unabhängigkeit. Wer im Kontakt mit anderen Autonomie betont, lässt sich nicht gern von ihnen beeinflussen oder gar manipulieren. Jeder Versuch, ihn zu «erweichen», appellativ auf ihn einzuwirken, wird mit Abwehr und Zurückweisung beantwortet. Autonome Menschen sind fähig und willens, nach eigenen Maßstäben zu denken, zu fühlen und zu handeln. Sie machen sich unabhängig davon, was andere denken könnten. Insofern ist Autonomie ein wichtiges Bildungsziel der → Humanistischen Psychologie. Im → Riemann-Thomann-Kreuz finden wir das Autonomiebedürfnis im Zusammenhang mit der Distanz-Strebung wieder.

Wird die Autonomie als Leitstern der Persönlichkeit überbetont, kann dies dazu führen, dass die andere Seite der menschlichen Existenz, die Bedürftigkeit und Angewiesenheit auf den Mitmenschen, verleugnet und/oder verachtet wird. Die überbetonte Autonomie kann dann zu einem Handicap für die Beziehungsfähigkeit werden (s. Abb. 9).

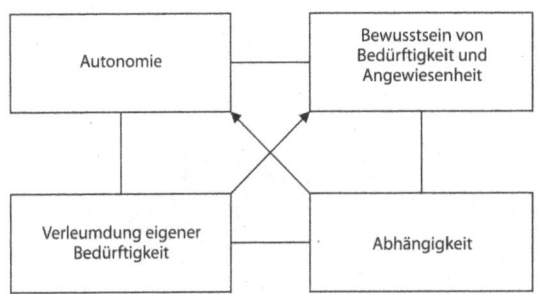

Abb. 9: Autonomie und Bedürftigkeit im Wertequadrat

In der Kommunikation ist Autonomie eine wertvolle Fähigkeit, die dem Sender Mut zur eigenen Meinung gibt und seine Selbstbehauptung befördert. Autonomen Menschen fällt es in der Regel weniger schwer, ihre Interessen und auch kritische und kontroverse Ansichten zu vertreten. In der Übertreibung, wenn Anpassungsbereitschaft als konstruktiver Gegenwert fehlt, kann diese Fähigkeit zu einem unkooperativen Beharren auf dem eigenen Standpunkt werden (s. Abb. 10).

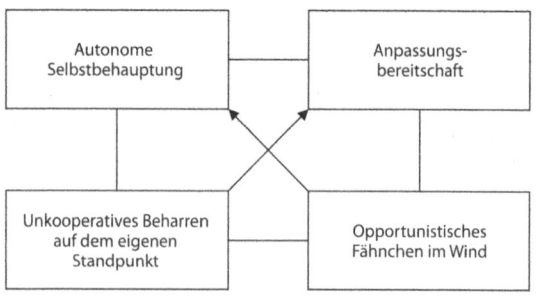

Abb. 10: Autonomie und Anpassungsbereitschaft im Wertequadrat

Axiom

Ein Axiom ist eine nicht beweisbare, aber als gewiss geltende Grundannahme im Rahmen einer Theorie. In Analogie dazu spricht Schulz von Thun von **seelischen Axiomen**: Das sind tief verwurzelte Überzeugungen, die sich aufgrund von prägenden Kindheitserfahrungen herausgebildet haben und im Erwachsenenalter nicht mehr überprüft werden. Sie drücken das Gefühl des Individuums zu sich selbst aus, beispielsweise: «Ich bin schutz- und machtlos. Alleine bin ich nicht überlebensfähig!» Solche Glaubenssätze sind oft unbewusst, stecken unausgesprochen in einem drin und sind sehr machtvoll, da die betreffende Person sich durch ihr Verhalten und Erleben eine Erfahrungswelt schafft, die dieses Axiom immer wieder bestätigt. Ein sich ausgeliefert fühlender Mensch stellt demnach Situationen her, in denen er sich immer wieder aufs Neue hilf- und schutzlos erlebt. Insofern enthält das Axiom eine → sich selbst erfüllende Prophezeiung.

Für die Kommunikation ist dieses Phänomen bedeutsam, da der Mensch durch seinen → Kommunikationsstil dazu einlädt, ihn im Sinne seiner prägenden Erfahrungen zu behandeln und so das alte Muster zu wiederholen. Verhält ein Mensch sich zum Beispiel als bedürftig-abhängiger Schützling, gerät er leicht an Menschen, die ihm gegenüber als leitend-bestimmende Helfer auftreten und ihn in seinem Selbstgefühl der Hilflosigkeit bestätigen.

■ **Literatur**
Miteinander reden 2, S. 71 ff. (S. 62 ff.)

B

Beratung

Unter Beratung versteht man eine menschlich Anteil nehmende und zugleich professionelle Form der Dialoggestaltung, bei der eine Rat suchende und eine beratende Person gemeinsam bemüht sind, ein Problem zu verstehen, dabei zu dessen «Kern» zu gelangen und auf dieser Erkenntnisgrundlage nach stimmigen Lösungen zu suchen oder Lösungsrichtungen zu erarbeiten und gegebenenfalls zu trainieren.

Ein **Berater** unterstützt eine Rat suchende Person mit bestimmten Methoden bei der Klärung eines → Anliegens. Grundlage der Beratung ist eine konkrete Fragestellung, welche die Rat suchende Person mit Hilfe des Beraters formuliert. Herr Stein beispielsweise kommt wegen andauernder Konflikte mit seinem Kollegen in die Beratung. Das für die Beratung formulierte Anliegen könnte lauten: «Wie kann ich mit meinem Kollegen Heinz ein klärendes Gespräch über unsere Zusammenarbeit führen?» In der Beratung sollen die Stärken und Fähigkeiten von Herrn Stein für die Bewältigung seines Anliegens erkundet, genutzt und verbessert werden.

In der **Beratung mit doppelter Blickrichtung** (→ Stimmigkeit) geht der Berater in zwei Schritten vor. Erstens erkundet er mit Herrn Stein den situativ-systemischen Zusammenhang, also den **äußeren Kontext** des Anliegens. Für das Anliegen bedeutsame Personen, Institutionen, Faktoren sowie deren Beziehungen untereinander werden vom Berater visualisiert, im obigen Beispiel also Herr Stein, sein Kollege Heinz, andere Kollegen, der Vorgesetzte etc. Im zweiten Schritt erhebt der Berater im → Dialog mit Herrn Stein den **inneren Kontext** des Anliegens. Die verschiedenen, widerstreitenden inneren Stimmen werden mit dem Modell des → Inneren Teams genauer in den Blick genommen. Einerseits möchte Herr Stein die schwierige Zusammenarbeit mit Heinz ansprechen, da er diese als unangenehm empfindet («Schrecklich, diese dicke Luft!»). Andererseits hat er Angst davor («Wer weiß, was da alles auf den Tisch kommt!»). Drittens fühlt er sich moralisch verpflichtet («Man weiß ja, dass Konflikte sich nicht von alleine in Luft auflösen!»). Jede dieser Stimmen wird als kleine Figur aufgezeichnet und mit einem passenden Namen und einer Kernbotschaft versehen (s. Abb. 11).

Abb. 11: Beratung mit doppelter Blickrichtung: auf die innere und äußere Konstellation

Der Berater hat bei diesem Klärungsprozess die → Rolle eines «Geburtshelfers». Er unterstützt Herrn Stein bei der Identifizierung der einzelnen Stimmen, bei deren Namensgebung (der «Harmoniebedürftige») sowie bei der Formulierung der passenden Kernbotschaft («Bloß kein böses Blut!»). Nacheinander entsteht so ein bildlicher Chor von inneren Stimmen. Was zunächst als «Kloß im Bauch» daherkam, wird nun als differenzierte und komplexe innere Dynamik erkennbar.

Auf der Grundlage des äußeren und inneren Kontextes entwickeln der Berater und Herr Stein nach der Erhebung gemeinsam Lösungsmöglichkeiten, die sowohl zur geschilderten Situation als auch zur Persönlichkeit von Herrn Stein passen. Im Anschluss könnte Herr Stein das bevorstehende Gespräch in einem Rollenspiel üben und verschiedene Verhaltensmöglichkeiten erproben.

Betrifft eine Beratung die berufliche Rolle des Ratsuchenden als Mitarbeiter oder Führungskraft, seine Aufgaben sowie seine Persönlichkeit, wird sie oft auch als **Coaching** bezeichnet. Ein Mitarbeiter, der eine Führungsposition übernimmt, könnte sich beispielsweise zu folgender Frage coachen lassen: «Wie begegne ich meinen früheren Kollegen, da ich nun ihr Vorgesetzter bin?» Coaching ist eine Form der psychologischen Entwicklungshilfe und umfasst neben der Beratung die Bereiche Aufklärung (Entwicklung von Wissen), Training (Entwicklung von Fähigkeiten) und → Klärungshilfe (Unterstützung bei der Klärung innermenschlicher und zwischenmenschlicher Konflikte). Die Begriffe Beratung und Coaching werden im beruflichen Bereich häufig synonym verwendet.

Nicht immer braucht es einen professionellen Berater für die Bearbeitung eines Anliegens. In der **kollegialen Beratung** oder **Intervision** unterstützen sich Kollegen aus ähnlichen Arbeitsfeldern gegenseitig bei der Bewältigung beruflicher Probleme. Ein Kollege stellt sein Anliegen vor und wird von einem oder mehreren Kollegen dazu beraten.

■ **Literatur**
Miteinander reden 3, S. 370 ff. (S. 321 ff.)
Fischer-Epe, M.: Coaching.
Tietze, K.-O.: Kollegiale Beratung.

Bewusstsein

Das Bewusstsein lässt sich als ein Zustand beschreiben, in dem uns Erfahrungen, Wahrnehmungen, intellektuelle Vorgänge, Gefühle und Bedürfnisse zugänglich sind. Das bedeutet, wir können innerlich darauf zugreifen und unsere Aufmerksamkeit gezielt auf vergangene oder aktuelle Erlebnis- und Wahrnehmungsinhalte richten. So kann ich mich bewusst an ein schwieriges Gespräch mit einer guten Freundin erinnern; ich kann mir meiner Wünsche bewusst werden; und ich kann mir meine Wirkung auf Kollegen bewusst machen, indem ich sie um → Feedback bitte. In diesem Sinne ist Bewusstsein auch eine wichtige Voraussetzung für die Entwicklung der eigenen → Persönlichkeit.

Was uns in einem Moment bewusst ist, hängt vom Fokus unserer Aufmerksamkeit ebenso ab wie davon, was überhaupt bewusstseinsfähig ist, also ins Bewusstsein treten kann. Viele seelische und kognitive Inhalte sind nicht bewusstseinsfähig, entweder weil sie für uns nicht so bedeutsam sind oder weil es sich um unangenehme und schmerzvolle Erfahrungen handelt, die die Seele aus Schutzgründen zurückhält. Solche Erfahrungen beeinflussen unser Miteinander in besonderer Weise, denn wir versuchen, das Risiko für weitere Verletzungen möglichst klein zu halten. Gerade das kann jedoch dazu führen, dass sich schmerzliche Erfahrungen wiederholen (→ sich selbst erfüllende Prophezeiung): Ein Mensch, der aus Schutzgründen nur eine glatte Hochglanzfassade präsentiert, läuft eher Gefahr, dass ein anderer sich provoziert fühlt und (nicht gerade zaghaft) an dieser Fassade kratzt.

Für die zwischenmenschliche Kommunikation ist das Thema Bewusstsein von besonderer Bedeutung. Wenn wir kommunizieren, sind wir uns eines Teils der Inhalte bewusst, während ein großer Teil unterhalb der Bewusstseinsschwelle bleibt – es sei denn, mein Gegenüber reagiert genau auf diesen Teil und ich bekomme so Aufschluss über das, was ich durch einen entsprechenden Tonfall, Gestik oder Mimik «mitgesendet» habe. Zum Beispiel stellt Karl im Beisein von Rita in leicht patzigem Tonfall fest: «Die Blumen brauchen mal wieder Wasser.» Aus Karls Sicht zunächst eine sachliche Feststellung, auf die Rita allerdings genervt reagiert: «Ja dann gieß sie doch!» Zwischen den beiden entwickelt sich ein Streit darüber, wer wie viel zum Haushalt beiträgt. In dessen Verlauf wird Karl bewusst, dass er tatsächlich ärgerlich auf Rita ist, weil sie aus seiner Sicht viel zu wenig im gemeinsamen Alltag tut. Dieser Ärger hatte sich in Form des patzigen Tonfalls Luft verschafft. In seiner → Äußerung «Die Blumen brauchen mal wieder Wasser» schwangen neben der sachlichen Feststellung verschiedene unterschwellige → Botschaften mit, die Karl ebenso wie der eigene Ärger zunächst nicht bewusst waren: «Ich bin ärgerlich!», «Du bist dafür zuständig» oder «Engagier dich mehr im Haushalt!» (→ Kommunikationsquadrat). Ein Bewusstsein über die eigenen Gefühle und über die verschiedenen Botschaften, die in einer Äußerung enthalten sein können, ermöglicht es uns, die jeweilige Ebene gezielt anzusprechen.

Das, was uns (noch) nicht bewusst ist, hat großen Einfluss darauf, wie wir andere Menschen wahrnehmen und wie wir uns verhalten. Hat mein Nachbar die gleiche tiefe Stimme wie mein strenger Mathematiklehrer aus Schülertagen, und trägt er auch noch eine ähnliche Brille und genau so einen Bart, dann kann es passieren, dass ich mit Ablehnung auf ihn reagiere, obwohl er ein netter Kerl ist. Unbewusst aktiviert seine Ähnlichkeit mit dem alten Lehrer die alten Qualen. Indem ich mir dieser → Übertragung bewusst werde, habe ich den ersten Schritt zur Unterbrechung der seelischen Zwangsläufigkeit getan: Ich erkenne, dass mein Nachbar zwar aussieht wie der Lehrer, meine emotionale Abwehrreaktion aber in der früheren Beziehungserfahrung begründet ist.

Mir meiner eigenen seelischen Anteile (→ Inneres Team), Gedanken, Gefühle und Bedürfnisse bewusst zu werden, ist der erste Schritt zu größerer Klarheit in der Kommunikation mit mir selbst und mit anderen. Jede Kommunikations(fort)bildung zielt darauf ab, das Bewusstsein dafür zu erhöhen, was in mir und zwischen mir und anderen Menschen vor sich geht. Denn dann unterliege ich nicht dem Geschehen, sondern kann ein wenig die (Selbst-)Führung übernehmen. Die kommunikationspsychologischen Modelle dienen der Bewusstseinserweiterung.

Beziehung

Beziehung und Kommunikation sind in ständiger Wechselwirkung: Ist eine Beziehung zum Beispiel gestört, zeigt sich dies auch und vor allem in der (verbalen und nonverbalen) Kommunikation. Umgekehrt wird durch Kommunikation eine Beziehung gestaltet, bestätigt, verändert, verbessert, verschlechtert, ruiniert, gerettet.

Beziehung heißt: Wie wir zueinander stehen. Dies ist zum Teil durch die Rollen festgelegt: Bist du mein Vorgesetzter, meine Kollegin, mein Sohn? Die Art der Beziehung zwischen zwei Personen ergibt sich aber auch aus der Art, wie sie miteinander umgehen, was sie voneinander halten, wie sie die Beziehung definieren möchten, wie sie sich behandelt fühlen. In jeder Kommunikation und Interaktion wird auch die **Beziehungsebene** betreten, wird auch die Beziehung definiert, verhandelt, um die Beziehungsdefinition gerungen. Selbst bei allem Bemühen um Sachlichkeit kann man diese Beziehungsebene nicht nicht betreten. Aus diesem Grund ist eine der vier Seiten des → Kommunikationsquadrates für die Beziehungsbotschaften reserviert, die in jeder Äußerung enthalten sind.

Eine → Äußerung von sich geben heißt also immer auch, eine bestimmte Art von Beziehung zu dem Angesprochenen auszudrücken. Oft zeigt sich dies in der gewählten Formulierung, im Tonfall und anderen nichtsprachlichen Begleitsignalen. Ein Beispiel: Hans Meyer kommt am Montag später als üblich ins Büro und wird von seinem Kollegen mit Blick auf die Uhr und folgenden Worten begrüßt: «Guten Morgen – oder eher: Guten Mittag!» Für die mitschwingenden Beziehungsbotschaften hat der Empfänger ein besonders empfindliches Ohr (→ Vier Ohren); denn hier fühlt er sich als Person in bestimmter Weise behandelt (oder misshandelt). Während sich die Sachbotschaften (→ Sache) überwiegend an den Verstand des Empfängers richten, treffen Beziehungsbotschaften zumeist ins Herz und können große Betroffenheit auslösen. Der Empfänger fühlt sich unmittelbar wertgeschätzt oder missachtet, akzeptiert oder abgelehnt, bestätigt oder in Frage gestellt usw. Zwei Arten von Botschaften lassen sich auf der Beziehungsseite unterscheiden: Du-Botschaften und Wir-Botschaften (s. Abb. 12).

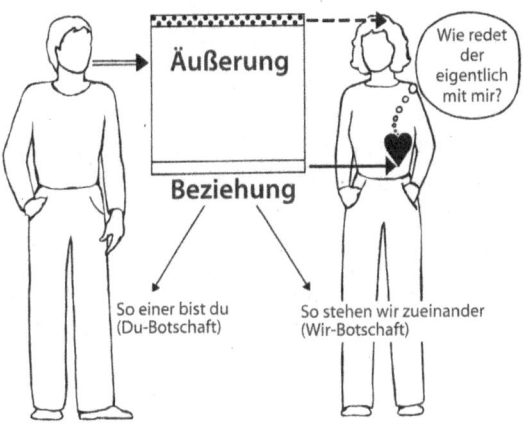

Abb. 12: Du- und Wir-Botschaften auf der Beziehungsseite

Aus **Du-Botschaften** geht hervor, was der Sender vom Empfänger hält, wie er ihn sieht. Im oberen Beispiel könnten die Du-Botschaften enthalten sein: «Du nimmst es nicht wichtig, pünktlich bei der Arbeit zu erscheinen. Du bist nicht zuverlässig.» Eventuell ist auch die Du-Botschaft «Du bist jemand, mit dem man Späße machen kann» enthalten. Die Interpretation ist von Tonfall und Mimik des

Senders abhängig und von der vorausgegangenen Beziehungsge-schichte: Sind beide einander freundlich gesinnt? Gibt es Konkur-renz untereinander? Empfangene Du-Botschaften haben über die emotionale Augenblickswirkung hinaus, insbesondere in der Kind-heit, großen Einfluss auf das → Selbstkonzept («So einer bin ich also!»). Diese Wirkung erklärt auch die Brisanz und persönliche Be-troffenheit, mit welcher der Empfang von Du-Botschaften verbun-den sein kann, vor allem wenn diese das eigene Selbstkonzept in Frage stellen.

Der zweite Aspekt der Beziehungsseite, die **Wir-Botschaft**, ver-deutlicht, wie der Sender die Beziehung zwischen sich und dem Empfänger einschätzt: «So stehen wir zueinander.» Hierin ist die **Beziehungsdefinition** enthalten, die in den meisten Fällen impli-zit (→ Äußerung) ausgedrückt wird. Sie beinhaltet eine Aussage dar-über, welche Art des Umgangs zwischen den Personen angemessen ist: «Wir stehen so zueinander, dass ... beispielsweise wir uns duzen; wir über Privates reden, aber nicht über Probleme; ich von dir Dinge verlangen darf, du mich hingegen höchstens um einen Gefallen bitten darfst; etc.» Im oben genannten Beispiel könnte die Beziehungsdefinition lauten: «Wir stehen so zueinander, dass ich berechtigt bin, dein verspätetes Erscheinen vor versammelter Mannschaft zu kommentieren!» oder auch «Unsere Beziehung er-laubt es, Späße miteinander zu machen!»

Jedes Verhalten einem anderen gegenüber enthält unweigerlich eine Beziehungsdefinition, sie ist für den Sender ebenso unvermeid-bar, wie es für den Empfänger unvermeidbar ist, darauf zustimmend oder ablehnend zu reagieren. Der Empfänger hat vier Möglichkeiten, auf eine Beziehungsdefinition zu reagieren (Haley 1978):

1. Akzeptieren: Zustimmung zum Beziehungsangebot. Zum Bei-spiel: «Ja, ich bin im Stau stecken geblieben.»
2. Durchgehen lassen: keine Zustimmung, aber auch keine offen-sichtliche Ablehnung oder Korrektur. Beispielsweise: «Ja – guten Appetit!»

3. Zurückweisen: explizite Ablehnung. Beispielsweise: «Kümmere dich mal lieber um deine eigene Arbeit!» oder «Was fällt dir eigentlich ein, mich vor versammelter Mannschaft auf meine Verspätung anzusprechen?»

4. Ignorieren: Kommentarloses Übergehen des Beziehungsangebotes bei gleichzeitiger Entwertung des Senders. «Hast du eigentlich das Protokoll von unserer Sitzung endlich fertig? Ich hoffe, diesmal mit nicht ganz so vielen Rechtschreibfehlern!»

Versuche, eine bestehende Beziehung umzudefinieren beziehungsweise sich gegen eine Beziehungsdefinition zur Wehr zu setzen, werden auch als **Beziehungsmanöver** bezeichnet. In den meisten Fällen finden diese implizit statt, zum Beispiel durch gekonterte Du-Botschaften. Dies wäre der Fall, wenn Hans Meyer in dem oberen Beispiel antworten würde: «Mensch Klaus, du bist heute ja wieder lustig! Pass lieber auf, dass du vor lauter Witzigkeit noch deine Arbeit schaffst!»

Auch bei scharfen Auseinandersetzungen auf der Sachebene (→ Sache) handelt es sich häufig um verdeckte Beziehungsmanöver, bei denen es eigentlich um die Abwehr von Du-Botschaften und/ oder Beziehungsdefinitionen geht, welche als unangemessen, verletzend oder angreifend empfunden wurden. Auf unser Beispiel übertragen wäre das der Fall, wenn Hans Meyer und sein Kollege in einen Streitdialog darüber treten würden, ab wie viel Uhr die Mittagszeit beginnt. Diese Verflechtung von Sach- und Beziehungsebene wird auch als Pseudoscharmützel bezeichnet (→ Konflikt).

■ **Literatur**
Miteinander reden 1, S. 30 f., 180 ff., 206 ff., 229 ff. (S. 28, 156 ff., 179 ff., 198 ff.)
Schulz von Thun, F.: Miteinander reden: Fragen und Antworten, S. 23 ff.

Botschaft

Eine Botschaft ist eine Information, die in einer → Äußerung enthalten ist. Jede Äußerung enthält vier Arten von Botschaften gleichzeitig (→ Kommunikationsquadrat). Wenn Bea zu ihrem Freund Olaf sagt: «Morgen ist Valentinstag!», dann steckt in dieser Äußerung:

1. eine Sachinformation (→ Sache) (worüber ich informiere): «Morgen ist Valentinstag!»
2. eine → Selbstkundgabe (was ich von mir zu erkennen gebe), zum Beispiel: «Mir bedeutet dieser Tag etwas.»
3. ein Beziehungshinweis (was ich von dir halte und wie ich zu dir stehe), zum Beispiel: «Dich muss man an so etwas erinnern!» (→ Beziehung)
4. ein → Appell (was ich beim anderen erreichen möchte), zum Beispiel: «Denk daran, mir Blumen mitzubringen!»

Botschaften können explizit oder implizit in einer Äußerung enthalten sein. **Explizit** heißt: ausdrücklich formuliert («Morgen ist Valentinstag!»). **Implizit** heißt: Ohne, dass etwas direkt gesagt wird, ist es doch in der Äußerung enthalten oder kann «herausgehört» werden. Würde Bea eine der impliziten Botschaften (2, 3 und 4) aussprechen, wäre die Botschaft nun eine Äußerung und damit explizit (s. Abb. 13).

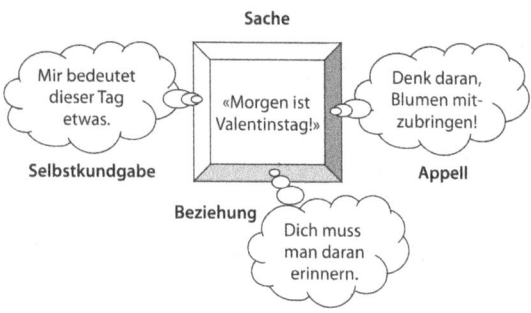

Abb. 13: Eine Äußerung – mehrere Botschaften

Störungen in der Kommunikation liegen oft darin begründet, dass der Sender die eigentlichen Botschaften unausgesprochen lässt («Du kommst spät nach Hause!» statt «Ich fühle mich vernachlässigt.») bzw. der Empfänger (→ Empfangsvorgang) eine Botschaft entschlüsselt, die vom Sender gar nicht beabsichtigt war. Es kann sein, dass Olaf aus dem Hinweis seiner Freundin den Vorwurf hört: «Dich muss man an so etwas erinnern!» und entsprechend gekränkt oder ärgerlich reagiert, auch wenn Bea ihm gar keinen Vorwurf machen wollte.

Subtile Missverständnisse entstehen manchmal durch **korrelierte Botschaften**. Der Empfänger hört die gesendete Botschaft, empfängt aber gleichzeitig noch weitere Botschaften, welche mit der Kernbotschaft erfahrungsgemäß häufig gekoppelt sind. Eine Handlungsaufforderung wie «Bring doch bitte den Müll runter!» hat oft einen Vorwurf (korrelierte Botschaft auf der Beziehungsseite) im Schlepptau: «Auch du könntest mal ...!», «Dich muss man erinnern!» oder «Du kümmerst dich nicht von alleine!»

■ **Literatur**
Miteinander Reden 1, S. 36 f. (S. 33 f.)
Schulz von Thun, F.: Miteinander reden. Fragen und Antworten,
S. 19 ff.

Burnout

Burnout (dt: Ausbrennen) bezeichnet einen ausgeprägten Erschöpfungszustand als Folge von beruflicher Überforderung: Die Anforderungen des Arbeitsalltags übersteigen die persönlichen Ressourcen. Menschen mit einem Burnout leiden unter physischer und psychischer Erschöpfung, Lustlosigkeit, Überforderungsgefühlen und Antriebslosigkeit.

Die Überlastung spiegelt sich auch in der Kommunikation wider, in unterschiedlicher Weise. Manche Menschen werden wortkarg und zurückhaltend bis depressiv, andere wirken chronisch gereizt oder reagieren zuweilen auch mit gallebitterem Zynismus. Selbst wenn sie sich um Freundlichkeit bemühen, ist ihre Anspannung unterschwellig spürbar und drückt sich in Gestik und Mimik aus (→ Selbstkundgabe).

Im Modell des → Inneren Teams gesprochen ist Burnout oft ein körperlicher Ausdruck derjenigen Mitglieder, die sich anders kein Gehör verschaffen konnten: der «Erschöpfte», der nicht mehr kann; der «Grenzwächter», der sich gegen Überforderung zur Wehr setzt, oder der «Leichtfuß», der für einen Ausgleich zu der Schwere des beruflichen Alltags sorgen und zwischendurch einfach mal die Seele baumeln lassen möchte. Sie bilden das Team der Unterdrückten, die auf der inneren Bühne nicht zu Wort kommen, denn diese ist besetzt durch eine leistungsbetonte, antreibende und oft auch moralisch gefärbte Vordermannschaft: «Gut ist nicht gut genug!», «Selig sind die, die fleißig sind» oder «Was du heute kannst besorgen …» lauten ihre Botschaften (s. Abb. 14).

Zu Burnout kann es kommen, wenn:

1. Menschen nicht über genügend Abgrenzungsvermögen gegenüber ihrer beruflichen Tätigkeit verfügen und regelmäßig nach Feierabend mit beruflichen Themen beschäftigt sind. Dies gilt in besonderem Maße für seelisch belastende Berufe, wie sie meist im sozialen Bereich anzutreffen sind.

2. der Ausgleich zur beruflichen Belastung fehlt (z. B. durch Sport oder Urlaub).

3. jemand langfristig bestimmte für ihn unangenehme Gefühle und nicht akzeptierte Anteile der eigenen Persönlichkeit unterdrückt. Ein Animateur in einer Ferienanlage, der immer gut drauf sein muss und keinen schlechten Tag haben darf, ist ohne eine Möglichkeit zum Ausgleich ebenso Burnout-gefährdet wie eine Drogentherapeutin, die sich Gefühle wie Wut oder Abscheu gegenüber ihren Klienten verbietet. Das ständige Niederhalten

dieser seelischen Energie wird auf Dauer mit Fühllosigkeit und seelischer Erschöpfung bezahlt.

Abb. 14: Das Burnout-«Dream-Team»

Eine Sensibilität für die eigenen inneren Verbotsschilder zu entwickeln («Ich darf so nicht sein/nicht fühlen!») kann der erste Schritt zur Burnout-Vorsorge sein. Mit der Erkundung ausgrenzungsgefährdeter Teammitglieder und deren schrittweiser Integration kann das Innere Team hier einen hilfreichen Zugang bieten.

D

Dialog

Ein Dialog ist ein Gespräch zwischen zwei Menschen (Zwiege-spräch), welches durch wechselseitiges Zuhören und Argumentieren gekennzeichnet ist. Fehlt insbesondere das Zuhören, verkommt das Gespräch zu einem abwechselnden Monolog der beiden Gesprächs-partner. In der griechischen und römischen Philosophie war der Dia-log eine Kunstform, in der die Gesprächspartner versuchten, durch These und Antithese zur Wahrheit zu finden. Nietzsche hat das dia-logische Credo so formuliert: «Die Wahrheit beginnt zu zweit!» Dies gilt, so fügen wir hinzu, für alle vier Seiten des → Kommunikations-quadrates. Dies gilt auch für innere Ambivalenzen, wenn «zwei See-len in der Brust» miteinander im Widerstreit liegen. Durch einen (gut angeleiteten) inneren Dialog (→ Inneres Team) kann eine inte-grierte Wahrheit erarbeitet, erkannt und erfühlt werden.

Ein guter Dialog zwischen zwei Menschen (oder zwei Gruppen) kommt umso eher zustande, je besser es ihnen gelingt, dialogisch zu kommunizieren, und das heißt: Vertritt deinen (vorläufigen) Standpunkt so prägnant und aufrichtig wie möglich, ohne den Standpunkt des anderen (oder gar den anderen als Person) herabzu-setzen. Im Gegenteil, sei aufgeschlossen für die «Wahrheit» deines Gegenübers, suche sie durch gutes → Zuhören und Nachfragen ans Licht zu bringen und fokussiere auf den Erkenntnisgewinn, der dar-in stecken könnte. Dann hat es sich am Ende gelohnt, miteinander gesprochen zu haben. Besonders in komplexen oder herausfordern-den Situationen ist es für einen konstruktiven und partnerschaft-lichen Dialog hilfreich, sich über die «Wahrheit der Situation» (→ Situationsmodell) klar zu werden.

Diplomatie

Diplomatie bezeichnet die Kunst, unharmonische, strittige, heikle Punkte so zur Sprache zu bringen, dass man den anderen nicht brüskiert oder vor den Kopf stößt. Dabei ist insbesondere entscheidend, dass der Sender auf der Beziehungsebene (→ Beziehung) eine verträgliche Botschaft sendet und/oder das Gemeinsame/Verbindende viel stärker betont als das Trennende. Manchen Menschen ist von Haus aus der Schnabel so gewachsen, dass sie sehr ehrlich und direkt sind, mit der Gefahr, dabei unsensibel und taktlos zu werden. Für sie böte ein «Grundkurs Diplomatie» eine wünschenswerte Ergänzung ihres Repertoires. Andere wiederum sind derart diplomatisch veranlagt, dass sie alles Konflikthafte vermeiden oder nur durch die Blume andeuten. Diplomatie ohne Ehrlichkeit verkommt zur harmonisierenden Undeutlichkeit. Umgekehrt kann konfrontative Direktheit ohne Diplomatie und Sensibilität zur taktlosen Brüskierung werden. Das → Werte- und Entwicklungsquadrat zeigt uns diese Zusammenhänge und verweist auf die gute Balance von Ehrlichkeit und Diplomatie in der menschlichen Kommunikation (s. Abb. 15).

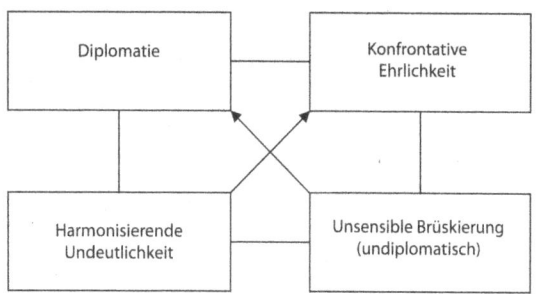

Abb. 15: Diplomatie im Werte- und Entwicklungsquadrat

Direktivität

Wer eine Leitungs- oder Führungsrolle innehat, kann diese Rolle mehr oder weniger direktiv ausüben. Direktiv heißt: lenkend, anweisend. Im Extrem beim Militär: «Rechtsum!» In den siebziger Jahren wurde das Direktive in der Pädagogik als Merkmal des Autoritären angesehen – eine nondirektive Pädagogik wollte dem Jugendlichen mehr eigenen Freiraum und mehr eigene Initiative zugestehen, da Gängelung und Bevormundung ihn zum guten Untertanen erziehen würde und ihn nicht zum selbstbewussten Teilhaber einer Demokratie werden lasse («innere Demokratisierung»). Im Zuge dieser Reformbewegung (z. B. Tausch und Tausch, 1977) wurde auch die Rolle der Führung im professionellen Kontext neu bedacht. Eine kooperative Führung verändert den Führungsstil: Aus der reinen Befehlsausgabe wird ein dialogischer Prozess. Dies verlangt der Führungskraft, die nun nicht mehr «allein das Sagen» hat, neue soziale Kompetenzen ab: Moderation von Auseinandersetzungen, empathisches Zuhören, Wertschätzung von Unterschieden. Dadurch wird die Führungs- und Leitungsrolle viel anspruchsvoller und keineswegs leichter, sodass manch einer sich nach dem alten Kommandostil zurücksehnt («und damit basta!»). Dies umso mehr, wenn das Nondirektive zu zermürbenden, nicht enden wollenden und strukturlosen Diskussionen geführt hat.

Aus kommunikationspsychologischer Sicht kommt es darauf an, Partizipation und strukturgebende Direktivität miteinander zu verbinden und in der Balance zu halten (→ Werte- und Entwicklungsquadrat, s. Abb. 16). Diese Balance wird und sollte je nach Situation (→ Situationsmodell, → Stimmigkeit) unterschiedlich ausfallen.

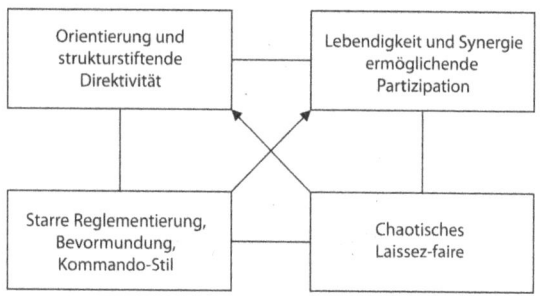

Abb. 16: Direktivität im Werte- und Entwicklungsquadrat

Doppeln

Wenn der Berater meint, einen Klienten gut verstanden zu haben, obwohl dieser seine innere Wahrheit nicht in klare Worte fassen kann, dann kann er ihn doppeln, das heißt in Ich-Form etwas für ihn aussprechen. Diese Technik dient sowohl der → Selbstklärung einzelner Individuen (**monologisches Doppeln** bzw. **Selbstklärungsdoppeln**) als auch der Klärung zwischen zwei Konfliktparteien (dialogisches Doppeln).

Doppeln kann eine sehr machtvolle Intervention sein, da durch das Sprechen in Ich-Form die Grenze zwischen dem Eigenen und dem Anderen scheinbar verschwimmt. Voraussetzung für das Doppeln ist daher, dass der Doppler die ausdrückliche Erlaubnis der betreffenden Person einholt: «Darf ich einmal neben Sie kommen und etwas an Ihrer Stelle sagen? Sie sagen dann anschließend, ob es für Sie stimmt?» Diese Erlaubnis wird vor jedem Doppeln aufs Neue eingeholt. Während des Doppelns sitzt oder hockt der Doppler an der Seite der gedoppelten Person (s. Abb. 17).

Das Doppeln hat seinen Ursprung im Psychodrama. Es wurde von Chr. Thomann für Mediation und Paarberatung aufgegriffen

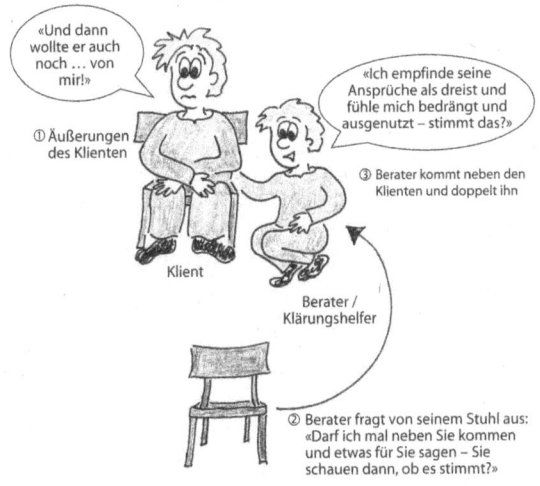

Abb. 17: Vorgehen beim Doppeln

und zum **dialogischen Doppeln** als eine Methode der → Klärungshilfe weiterentwickelt. Das dialogische Doppeln dient der Klärung zwischen zwei Konfliktparteien. Dabei liegt das Hauptziel auf der Vervollständigung der Kommunikation zwischen den Beteiligten: Bislang unterschwellige und emotional oft brisante → Botschaften werden durch den Klärungshelfer ausgesprochen und ergänzen damit den Streit-Dialog. Als Strukturierungshilfe dient hierbei das → Kommunikationsquadrat. Die Kommunikation zwischen den Konfliktparteien wird durch das Doppeln verlangsamt und präzisiert, da die jeweilige Äußerung zunächst vom Klärungshelfer gedoppelt wird, bevor die andere Partei darauf reagieren darf.

Eine besondere Herausforderung für den Klärungshelfer liegt in den feindseligen Impulsen und Gefühlen wie z. B. Wut und Neid, Misstrauen und Rache. Er muss auch sie doppeln, das heißt ihnen eine Sprache geben, damit der «Inhaber» der Gefühle sich verstanden fühlt und damit dem Gegenüber die Brisanz der Auseinandersetzung deutlich wird.

Gleichzeitig droht jetzt, wenn diese Dinge «auf den Tisch kommen», eine feindselige Eskalation. Hier ist es für den Klärungshelfer hilfreich, zwischen abwehrenden und abgewehrten Gefühlen zu unterscheiden und sie beim Doppeln zusammenzuführen. «Hinter» den harten abwehrenden Gefühlen verbergen sich nämlich weiche, schutzbedürftige Gefühle (Traurigkeit, Verletztheit ...).

Mit Hilfe des Doppelns kann ein Berater die Beteiligten dabei unterstützen, von der Ebene der harten Gefühle zu den darunter liegenden weichen Gefühlen wie Enttäuschung und Kränkung zu gelangen und sich so aus der Gefangenschaft ihrer Verletztheit zu befreien. Gelingt dieser Schritt im Klärungsprozess, kann das An-Erkennen der gegenseitigen Verletzungen viel zu gegenseitigem Verständnis beitragen und damit eine Wende in der bislang destruktiven Beziehungsdynamik einleiten.

■ Literatur

Benien, K.: Beratung in Aktion, S. 72 ff.

Stahl, E.: Einmaleins des Brückenbaus: versöhnende Aspekte beim dialogischen Doppeln. In: Schulz von Thun, F. / Kumbier, D.: Impulse für Beratung und Therapie, S. 215 ff.

Thomann, Chr. / Schulz von Thun, F.: Klärungshilfe 1, S. 128 ff.

Thomann, Chr.: Das Doppeln im Konfliktklärungs-Dialog, dargestellt am Kommunikationsquadrat. In: Schulz von Thun, F. / Kumbier, D.: Impulse für Beratung und Therapie, S. 194 ff.

E

Einwand

Wer jemanden überzeugen oder beeinflussen will, muss damit rechnen, dass der Empfänger dagegen Einwände vorbringt: die Rechtmäßigkeit eines Argumentes in Frage stellt, eine Behauptung bezweifelt, sich dem Appell widersetzt (→ Reaktanz). In der Kommunikationsschulung von professionellen «Beeinflussern» (zum Beispiel Verkäufern, Politikern, Führungskräften) werden oft «Techniken der Einwandbehandlung» gelehrt und eingeübt. So ist es zum Beispiel ratsam, zunächst darauf zu achten, dass man den Einwand genau versteht, bevor ein Gegenargument vorgebracht wird. Ebenso ratsam kann es sein, den zutreffenden Teil des Einwandes besonders zu bestätigen, sodass der Einwender sich nicht in der Ecke des Dummkopfes oder des Querulanten wiederfindet. Geschickte → Manipulation und das Bemühen um einen guten → Dialog sind hier nahe beieinander. Aus der Formulierung «Techniken der Einwandbehandlung» spricht eher ein Geist der rhetorischen Raffinesse. Das «Wie» wird einseitig und zur Verschaffung eines Vorteils betont, die sachlich kritische Würdigung der Substanz des Einwandes (das «Was») tritt dagegen zurück. Für einen guten Dialog wäre dieses «Was» vorrangig.

Eisberg-Modell

Von einem Eisberg ist nur die Spitze sichtbar, ein großer Teil liegt unsichtbar unter der Wasseroberfläche. Bezogen auf Kommunikation ist die Spitze des Eisbergs das offizielle Thema (z. B. Budgetverteilung in einem Unternehmen). Darunter jedoch befinden sich meistens inoffizielle Aspekte des Themas, die mehr auf der Beziehungsebene liegen. So ist mit der Verteilung der finanziellen Mittel beispielsweise die Frage berührt: Wer darf sich in seiner Bedeutung bestätigt und anerkannt fühlen? Vielleicht sogar: Wessen Stuhl fängt an zu wackeln?

Bezogen auf Gesprächssituationen bildet das Eisberg-Modell den Anlass eines Gespräches als offen sichtbare Eisbergspitze ab. Beispiel: Der Abteilungsleiter Herr Neumann bittet seinen Mitarbeiter Herrn Tresch zum Gespräch, weil dieser in den vergangenen Teamsitzungen außerordentlich angespannt wirkte und sich seinen Kollegen gegenüber ungeduldig und unfreundlich verhielt. Wenn beide Gesprächspartner nicht nur den aktuellen Anlass (das Verhalten von Herrn Tresch) besprechen, sondern auch darüber ins Gespräch kommen, was dem Thema zugrunde liegt, nähern sie sich den **Hinter- und Untergründen** des Gesprächsanlasses. Dies ist im Eisberg-Modell derjenige Teil, der unter der Wasseroberfläche liegt (s. Abb. 18).

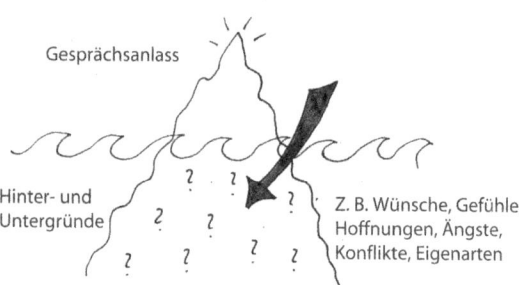

Abb. 18: Eisberg-Modell

Es könnte beispielsweise sein, dass Herr Tresch konkrete Konflikte mit einzelnen Kollegen hat («Die Zusammenarbeit wird seit Wochen immer schlechter, und in den Teamsitzungen ist dann eitel Sonnenschein!»), er sich benachteiligt fühlt («Hensch ist Projektleiter geworden, obwohl ich genauso qualifiziert gewesen wäre!») oder aber extrem unter Zeitdruck steht («Ich habe Berge von Arbeit auf meinem Schreibtisch und wir vertrödeln die Zeit in den Teamsitzungen mit Detaildiskussionen!»). Auch beim Abteilungsleiter Neumann können verschiedenen Motive eine Rolle spielen. Vielleicht sucht er das Gespräch aus Sorge um seinen Mitarbeiter («Ich mache mir Gedanken, was mit Ihnen los ist, so kenne ich Sie gar nicht»), vielleicht ist er aber auch erbost, weil er den guten Umgangston bedroht sieht, für den seine Abteilung bekannt ist.

Dass solche sachlichen, persönlichen und zwischenmenschlichen Hinter- und Untergründe auf den Tisch kommen und angesprochen werden, macht ein gutes Gespräch aus. Allerdings entscheidet die «Wahrheit der Situation» (→ Situationsmodell), ob und in welchem Ausmaß dies sinnvoll und möglich ist. Die Führungskraft sollte hier nicht psychologisieren und «bohren», sondern Empathie und Sachlichkeit miteinander verbinden (s. Abb. 19).

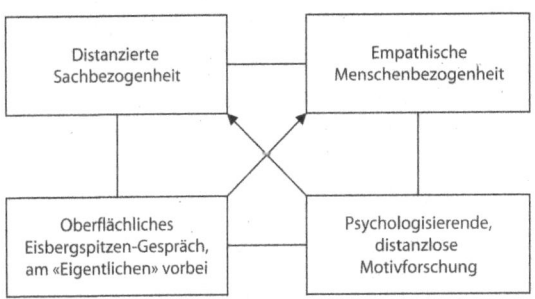

Abb. 19: Kommunikation im Spannungsfeld von Sachlichkeit und Menschlichkeit

Solange die Gesprächspartner nur über den Gesprächsanlass diskutieren und womöglich einen Schuldigen suchen, bleibt das Gespräch oberflächlich und wahrscheinlich ohne konstruktive Wirkung. Wenn hingegen das Eigentliche, also der Kern des Geschehens berührt wird, kann eine heilsame Veränderung geschehen. Allerdings bedarf es auf dieser Ebene einer ebenso authentischen wie sensiblen Gesprächsführung, da hier wunde Punkte tangiert sein können. Ein guter → Gesprächsleitfaden kann helfen, den Übergang vom «offiziellen» zum «eigentlichen» Thema an der richtigen Stelle zu wagen und zu leisten.

■ **Literatur**
Schulz von Thun, F. / Ruppel, J. / Stratmann, R.: Miteinander reden. Kommunikationspsychologie für Führungskräfte, S. 115 ff.

Empathie

Das Konzept der Empathie stammt aus der Psychotherapie (besonders Rogers 1973) und bedeutet Einfühlung: Alles steht und fällt damit, ob es dem Therapeuten gelingt, sich in die innere Welt des Klienten einzufinden. In den letzten Jahrzehnten hat der Begriff eine große Karriere gemacht: Auch in Politik und Wirtschaft ist die Einsicht gewachsen, dass Erfolg wahrscheinlicher wird, wenn man die Dinge auch mit den Augen des Wählers, des Kunden oder des Mitarbeiters anschaut und sich vergegenwärtigt, wie ihm ums Herz sein mag. Der sich einfühlende Mensch richtet seine Aufmerksamkeit auf die Wirklichkeit seines Gegenübers mit dem Ziel, den anderen in seinem Erleben zu verstehen. Dieses → Verstehen geht über den Wortsinn dessen, was das Gegenüber sagt, hinaus und nimmt auch Fühlung auf mit dem, was «zwischen den Zeilen» hindurchklingt.

Saskia leidet unter Liebeskummer und hat ihre Freundin Maja zu sich eingeladen: «Ich verstehe Christian einfach nicht! Wie kann der so egoistisch sein und seinen Urlaub alleine planen?!» Empathisches Zuhören verlangt von Maja in dieser Situation, eigene Gedanken, Gefühle und Meinungen zwar wahrzunehmen, aber erst einmal nicht in den Kontakt einzubringen. Vielleicht findet sie selbst es selbstverständlich, dass Partner auch einmal getrennt in den Urlaub fahren, vielleicht ist sie ebenfalls empört oder aber der Meinung, Männer seien sowieso Egoisten. Wie auch immer ihre persönliche Reaktion auf dieses Thema ist: Empathie hieße in dieser Situation, zu verstehen, welche Bedeutung das Verhalten von Christian für ihre Freundin Saskia hat. Gelingt es Maja, sich in Saskias Situation einzufühlen, fühlt sie vielleicht zwischen den Zeilen die Kränkung, die die Freundin empfinden mag. Diese Einfühlung könnte Maja vorsichtig und mit einem inneren Fragezeichen so ausdrücken: «Du bist ziemlich enttäuscht und verletzt, dass Christian sein eigenes Ding macht, und fühlst dich ausgeschlossen?»

Wenn wir versuchen, jemand anderen wirklich zu verstehen und dabei vom eigenen Erleben zu abstrahieren, ist das gelebte Wertschätzung. Die Erfahrung, von jemandem verstanden zu werden, enthält für uns Menschen etwas sehr Heilsames und Förderliches. Empathie ist eine wichtige Fähigkeit in der → Beratung und eine Grundvoraussetzung für → Aktives Zuhören. Beim empathischen Zuhören ist von den → Vier Ohren besonders das Selbstkundgabe-Ohr auf Empfang geschaltet.

Empfangsvorgang

Wie eine → Äußerung beim Empfänger ankommt, hängt nicht nur davon ab, wie sie formuliert ist, sondern auch davon, mit welchem Ohr (→ Vier Ohren) der Empfänger sie hört, was er überhört und was er in sie hineinlegt. Die ankommende Äußerung mit all ihren → Botschaften ist auch und nicht zuletzt ein Ergebnis des Empfangsvorgangs. Was läuft beim Empfänger ab, bevor er reagiert und damit seinerseits zum Sender wird? Wir unterscheiden drei Schritte (s. Abb. 20):

Abb. 20: Empfangsvorgang

1. **Wahrnehmung:** Die Äußerung des Senders trifft als akustisches und optisches Signal auf das Ohr des Empfängers und wird als Sprache entschlüsselt. Heinz sagt zu Karla: «Du hast die Haustür nicht abgeschlossen.»

2. **Interpretation:** Die Äußerung bleibt keine bloße Lautkombination, sie wird vom Empfänger mit einer Bedeutung ausgestattet. Sie hatte bereits eine Bedeutung, als sie «auf die Reise geschickt» wurde. Aber der Sender konnte seine Botschaften nicht direkt vermitteln, sondern musste sie in Signale (verbale und nonverbale Zeichen) übersetzen. Damit seine Botschaften ankommen können, ist er darauf angewiesen, dass der Empfänger diese Signale zu entschlüsseln weiß. Dadurch gewinnt die Äußerung wieder eine Bedeutung. Diese kann jedoch anders sein als die Ursprungsbedeutung, weil der Empfänger mit seinen Ohren und mit seinen Deutungsmustern interpretiert. Hören und Interpretieren fallen zusammen. Vielleicht hört (= interpretiert) Karla: «Wie konntest du nur so leichtsinnig sein?!»

3. **Innere Reaktion:** Die Interpretation ist der Auslöser für die innere Reaktion, z. B. Gefühle. Je nach Interpretation wird das Gefühl variieren. Da Karla Heinz' Äußerung so interpretiert, dass er sie für leichtsinnig hält, könnte sich bei ihr ein Gefühl von Ärger, Empörung oder Schuldbewusstsein einstellen. Innere Reaktionen können auch **Phantasien** und Gedanken sein, die der Empfänger sich über den Sender macht (z. B. «Wahrscheinlich hatte Heinz wieder einen schlechten Tag in der Firma.»). Phantasien lassen sich in diesem Zusammenhang als Vermutungen des Empfängers über Gedanken und Gefühle des Senders verstehen, die nicht auf erkennbares Verhalten des Senders zurückzuführen sind.

Diese Mischung aus Wahrnehmung, Interpretation und innerer Reaktion beeinflusst die Antwort des Empfängers. Karla könnte entsprechend sagen: «Bist du jetzt mein Kindermädchen oder was!?»

Die Antwort des Empfängers beruht immer auf dem Empfangsresultat. Dies kann, muss aber nicht deckungsgleich sein mit dem, was der Sender ausdrücken wollte (→ Botschaft). Somit hat auch der Empfänger Einfluss auf das kommunikative Geschehen und trägt Verantwortung dafür. Sich dessen bewusst zu werden, ist der erste Schritt, um die Annahmen zu überprüfen, die in der eigenen Interpretation stecken. Zum Beispiel könnte Karla fragen: «Ist das ein Vorwurf?» und Heinz würde vielleicht sagen: «Nein gar nicht – nur, dass du daran denkst, sie noch abzuschließen!»

Wie wir das Wahrgenommene interpretieren und welche Gefühle diese Interpretation auslöst, hat mit unserer seelischen Tagesform, unserer Beziehung zum Sender, unserer ganzen Persönlichkeit zu tun. Durch unsere Lebensgeschichte und unsere Beziehungserfahrungen sind wir für manche Interpretationen offener als für andere. Wenn ich aus Sätzen wie «Du siehst aber müde aus!» oder «Dir würde ein Urlaub mal gut tun!» stets nur eine Kritik an meinem Äußeren heraushöre statt beispielsweise die Sorge des Senders um mein Wohl, liegt der Verdacht nahe, dass ich mich schnell

bewertet fühle. Solche einseitigen **Empfangsgewohnheiten** können die Kommunikation erschweren, da eine andere Interpretation
als die eigene gar nicht möglich scheint.

■ **Literatur**
Miteinander reden 1, S. 80 ff. (S. 72 ff.)

Entwertungstendenz

Manche Menschen neigen dazu, andere herabzusetzen und als
dumm, pathologisch und / oder bösartig hinzustellen, als Versager
oder Schuldige. Alfred Adler sprach bei diesem Verhalten von einer
«Entwertungstendenz»: Wer in seinem eigenen Selbstwertgefühl
aufgrund entmutigender und demütigender Erfahrungen unsicher
und verletzt ist, versucht dagegen etwas zu unternehmen, versucht
sein Minderwertigkeitsgefühl zu «kompensieren». Das Bestreben
geht in die Richtung, sich selbst als grandios herauszustellen. Dazu
dient in der Kommunikation neben dem Imponiergehabe auf der
Selbstkundgabeseite (→ Selbstkundgabe) auch das Entwerten und
Herabsetzen der Mitmenschen auf der Beziehungsseite (→ Beziehung) des → Kommunikationsquadrates (s. Abb. 21).

Der Mechanismus der → Projektion ermöglicht, die abgelehnten
Teile seiner selbst überdeutlich dort wahrzunehmen und zu bekämpfen, wo es selbstwertschonend möglich ist: beim Gegenüber.

Ein möglicher Erklärungsansatz für dieses Verhalten ist eine
tief empfundene persönliche Unzulänglichkeit, die dazu führen
kann, dass ein Mensch sich im Kontakt mit anderen ständig in
seinem Selbstwert bedroht sieht («Ich bin nichts wert! Wenn das
jemand merkt, werde ich gnadenlos verachtet!»). Um der Angst zu
begegnen, selbst (wieder) unterdrückt und ausgegrenzt zu werden,
wird die eigene Überlegenheit zur Überlebensfrage: Der Andere

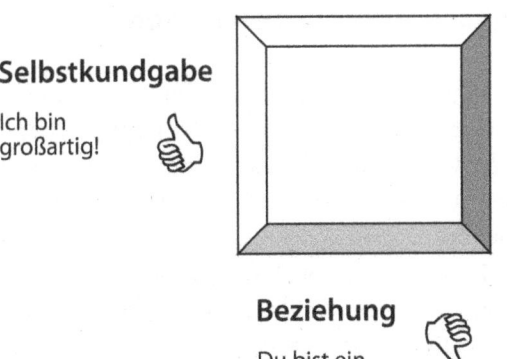

Selbstkundgabe

Ich bin
großartig!

Beziehung

Du bist ein
kleiner mickriger Versager!

Abb. 21: Imponiergehabe und Entwertung als Kompensation eines Minderwertigkeitsgefühls

wird quasi vorbeugend eingeschüchtert und unterworfen, damit man sich nicht selbst von ihm bedroht fühlen muss. Gleichzeitig vermeidet jemand mit diesem Kontaktverhalten innerlich jene Gefühle von Unterlegenheit, Wehrlosigkeit und Weichheit, mit denen die schmerzhaften Erinnerungen und Erfahrungen verknüpft sind.

Beim aggressiv-entwertenden → Kommunikationsstil hat die Entwertungstendenz eine bedeutende Rolle in der Kontakt- und Beziehungsgestaltung. Die Problematik der Entwertung, die im menschlichen Miteinander viel Unheil anrichtet, wird auch unter dem Begriff der «narzisstischen Störung» (→ Narzissmus) diskutiert.

■ **Literatur**
Miteinander reden 2, S. 135 ff. (S. 115 ff.)

Erlebnisaktivierende Methoden

Erlebnisaktivierende Methoden werden in der Beratung eingesetzt und zielen darauf, das → Anliegen eines Ratsuchenden nicht nur auf der Ebene der Reflexion zu bearbeiten, sondern auch emotional erlebbar zu machen. Beispiel: «Ich habe ein verlockendes berufliches Angebot bekommen, ich bin mir aber nicht sicher, ob ich mir und meiner Familie damit nicht zu viel zumute. Wie soll ich mich entscheiden?» Bei diesem Anliegen bietet sich zunächst die Erhebung und Visualisierung (→ Visualisieren) des → Inneren Teams an. Der Ratsuchende benennt im Dialog mit dem Berater verschiedene Stimmen, die sich in ihm zu dem Thema melden. Besonders prägnant und energiegeladen erscheinen zwei Stimmen: Der «Karrierist» sieht die Aufstiegschance («Da musst du zugreifen!»), während der «Familienmensch» davor warnt, Frau und Kindern die Mehrbelastung durch den Karriereschritt zuzumuten («Du bist jetzt schon ein Wochenend-Ehemann und ein Wochenend-Vater!»). Nun könnte sich folgende Erlebnisaktivierung anschließen: Der Berater lädt den Ratsuchenden ein, mit beiden inneren Stimmen nacheinander nicht nur reflektierend, sondern auch emotional und aktional in Kontakt zu treten. Dieser setzt sich auf einen bereitgestellten Stuhl, schlüpft ganz in die Rolle der einen Stimme, nimmt eine entsprechende Körperhaltung ein und spricht aus dieser Perspektive heraus. Der Berater gestaltet den Dialog im Wesentlichen mit Fragen, zum Beispiel: «Was genau befürchtest du, Familienmensch, könnte die Entwicklung in der Familie sein?» Entsprechend verfahren Ratsuchender und Berater mit der zweiten Stimme. Durch dieses Vorgehen wird die innere Ambivalenz auf einer tieferen Ebene verstehbar und die innere Wahrheit beider Stimmen für den Ratsuchenden fühlbar – ein entscheidender Schritt auf dem Weg zu einer stimmigen und tragfähigen Lösung.

Findet eine solche Anliegenbearbeitung im Rahmen einer Gruppe statt, beispielsweise im Rahmen eines mehrtägigen Kommunikationsseminars, wäre folgende Variante denkbar: Die beiden Stimmen könnten nach ausführlicher Erkundung vorübergehend von zwei Teilnehmern übernommen werden, die in einem Rollenspiel ein Streitgespräch führen – so wie es der Ratsuchende vermutlich innerlich erlebt. Dieser selbst kann die dabei entstehende Dynamik zwischen den Stimmen von außen auf sich wirken lassen und entwickelt durch diese entlastende Perspektive möglicherweise neue und bereichernde Impulse.

Zu den erlebnisaktivierenden Methoden gehört neben der Stühle-Arbeit unter anderem auch das Erproben von Verhaltensweisen in Form von Rollenspielen sowie die Arbeit mit Skulpturen oder Standbildern, so genannten «Aufstellungen». So können Szenen aus Vergangenheit und Gegenwart, aber auch Zukunftsphantasien inszeniert werden.

■ **Literatur**
   Schulz von Thun, F.: Praxisberatung in Gruppen.
   Benien, K.: Beratung in Aktion.

F

Feedback

(dt. Rückmeldung) Feedback gibt mir Aufschluss darüber, wie ich «angekommen» bin und was ich bewirkt habe, mit meiner Äußerung, meiner Leistung, meinem Verhalten. Ursprünglich stammt der Begriff aus der Kybernetik (Forschungsrichtung, die sich mit dem Ablauf von Steuerungs- und Regelungsprozessen beschäftigt) und bezeichnet die Rückkopplung von Daten. Wörtlich übersetzt bedeutet Feedback «Rückfütterung». Im zwischenmenschlichen Bereich kann Feedback drei verschiedene Bedeutungen aufweisen:

1. Rückmeldung über das Empfangsresultat: Der Empfänger meldet dem Sender zurück, wie er seine verbale / nonverbale Mitteilung verstanden hat – unabhängig davon, wie er das Gesagte findet und darauf reagiert. Mit diesem Feedback kann überprüft werden, ob gemeinte und empfangene Inhalte übereinstimmen. Dieser Art von Feedback dient das → Aktive Zuhören.

2. Auskunft über die eigene → Resonanz: der Empfänger teilt dem Sender mit, wie er selbst auf das Gesagte oder das Verhalten des Senders reagiert, auf welchen subjektiven Boden es gefallen ist und welche Emotionen es ausgelöst hat (→ Empfangsvorgang). Im Gegensatz zum ersten Feedback-Typus geht es bei dieser Art von Feedback darum, «Farbe zu bekennen».

3. Rückmeldung von Verhaltensbeobachtungen, gegebenenfalls mit Empfehlung zur Veränderung: der Empfänger teilt dem Sender mit, wie er sein Verhalten oder seine Leistung wahrnimmt und einschätzt, und schlägt ihm gegebenenfalls eine konstruktive Änderung oder Alternative vor.

In traditionellen Kommunikationstrainings kann man lernen, Feedback «nach den Regeln der Kunst» zu geben, damit die Erfolgsaussichten eines Feedbacks erhöht und seine Gefahren gemindert werden. Eine solche Feedback-Regel wäre z. B. «Sprich per ich», d. h. stelle nicht eine Diagnose über den anderen (So bist du!), sondern teile mit, wie du auf sein Verhalten reagierst (→ Selbstkundgabe). Solche «Regeln» sind gut gemeint, allerdings sind sie pauschal und ihre musterschülerhafte Befolgung kann das Entscheidende nicht garantieren: den Mut zu Wahrhaftigkeit, die Haltung des Wohlwollens und das Gespür für die Situation. Maud Winkler (2010) hat dargelegt, dass die Gültigkeit solcher Regeln in Abhängigkeit von der «Wahrheit der Situation» (→ Situationsmodell) zu sehen sind.

Grundsätzlich ist Feedback eine wichtige Voraussetzung für Entwicklung, da es soziales Lernen, → Kontakt und auch Beziehungsklärung (→ Beziehung) ermöglichen kann. Gleichwohl besteht die Gefahr einer Verletzung, einer Grenzübertretung und auch einer «destruktiven Kontaktverwirrung». Letztere kann entstehen, da mit jeder Feedback-Äußerung eine Beziehungsdefinition (→ Beziehung) verbunden ist, zum Beispiel: «Wir stehen so zueinander, dass ich deine Leistung beurteilen kann.» Stimmt nun die gesendete Beziehungsdefinition nicht mit der Beziehungsauffassung des Empfängers überein, kann es zu Irritationen, Konflikten und Beziehungsmanövern (→ Beziehung) kommen. Wenn z. B. ein Mitarbeiter einem Vorstandsmitglied sagt: «Den Schluss Ihrer Rede fand ich etwas nichtssagend und phrasenhaft», dann könnte es sein, dass seine implizit mit gesendete Beziehungsbotschaft («Nicht wahr? So stehen wir zueinander, dass wir uns gegenseitig offen Rückmeldungen geben!») vom Empfänger nicht geteilt wird.

■ **Literatur**

Winkler, M: Auf die Absicht kommt es an: Über die Relativität von Feedbackregeln. In: Schulz von Thun, F. / Kumbier, D.: Impulse für Kommunikation im Alltag, S. 156.

Führung

Wer anderen Menschen vorgesetzt ist, braucht nicht nur die entsprechende Fachkompetenz, sondern er sollte auch mit Menschen umgehen können (soziale Kompetenz), einschließlich des Menschen, der er selbst ist (Selbstkompetenz). Zu den kommunikativen Herausforderungen einer (männlichen oder weiblichen) Führungskraft gehören z. B. Teamkonferenzen zu leiten (Moderation), Ziele und Sachverhalte darzulegen (Präsentation), Konflikte zu moderieren (Konfliktmanagement), schwierige Gespräche zu führen (z. B. Einstellungs- und Trennungsgespräche, Zielvereinbarungsgespräche, Beurteilungs- und Kritikgespräche), Mitarbeiter zu coachen und ihnen Feedback zu geben, so dann auch sich selbst der Kritik zu stellen und die Führung als Teil einer gemeinsamen Teamentwicklung zu begreifen. Diese überaus anspruchsvollen Aufgaben und Qualitäten bedürfen der Anleitung und der Reifezeit. Die Kommunikationspsychologie von Schulz von Thun bietet einige Leitgedanken dazu:

1. Das → Kommunikationsquadrat lässt sich auch so lesen, dass es vier Aufgaben und Qualitäten der Führung beschreibt:
   1. Die sachgerechte und verständliche Information der Mitarbeiter
   2. Die persönliche Authentizität und Glaubwürdigkeit
   3. Die angemessene Beziehungsgestaltung, die Förderung eines guten Miteinanders, die Stiftung eines Kontextes von Anerkennung, Respekt und Empathie
   4. Die Motivation und die wirksame Einflussnahme (s. Abb. 22).
2. Die Führungskraft sollte nicht nur ihr Team gut leiten und die Teamentwicklung fördern (Stahl 2007), sondern auch mit sich selbst klarkommen. Das → Innere Team verhilft Führungskräften a) zur Selbstklärung in schwierigen Situationen, b) zur inneren Teamentwicklung und c) zu einer guten «Aufstellung» für herausfordernde Situationen.

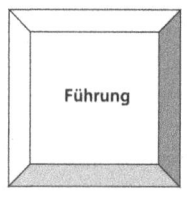

Sachgerechte und
verständliche Information
der Mitarbeiter

Persönliche
Authentizität und
Glaubwürdigkeit

Führung

Motivation und
Durchsetzungsfähigkeit,
wirksame Einflussnahme

Angemessene
Beziehungsgestaltung,
Förderung eines guten
Miteinanders

Abb. 22: Vier Aufgabenfelder der Führung

3. Diese Aufstellung und die entsprechende Kommunikation sollte
   stimmig (→ Stimmigkeit) sein, d. h. passend zur Person (wesensgemäß) und zur Rolle / Situation (situationsgerecht). Diesem Kommunikationsideal für Führungskräfte liegt die Erkenntnis zugrunde, dass es kein pauschal-ideales Verhalten gibt («Wer fragt,
   der führt»), sondern dieses immer von den Besonderheiten der
   Person, Rolle und Situation abhängen sollte.

4. Was für die Führungskraft vorläufig stimmig ist, kann für den /
   die Mitarbeiter anstößig und schwer auszuhalten sein. Daher
   soll ein metakommunikativer Führungsstil für Feedback und
   Auseinandersetzungen sorgen. Stimmige Führung ist somit auch
   die Erntefrucht einer gemeinsamen Entwicklung (→ Metakommunikation).

5. Die anzustrebenden Qualitäten einer Führungskraft befinden
   sich immer in einem dialektischen Spannungsfeld. So ist einerseits bedeutsam, dass sie hierarchiebewusst Vorgaben macht und
   klar sagt, wo es langgehen soll. Andererseits muss sie unbedingt
   zu einem partnerschaftlichen Dialog auf Augenhöhe fähig sein.
   Das eine ohne das andere ist ebenso wenig konstruktiv wie das
   andere ohne das eine: Hierarchiebewusste Durchsetzungsfähig-

keit ohne dialogische Partnerschaftlichkeit landet auf dem hohen Ross der autoritären Ignoranz. Umgekehrt landet eine gesprächsbereite Partnerschaftlichkeit ohne Führung und Festigkeit leicht in einer menschenfreundlichen Unverbindlichkeit («Gut, dass wir mal darüber geredet haben ...»). Wahre Autorität erweist sich somit als Balancekunststück zwischen zwei Gegensätzen, die als komplementär (sich gegenseitig ergänzend) zu begreifen sind (s. Abb. 23).

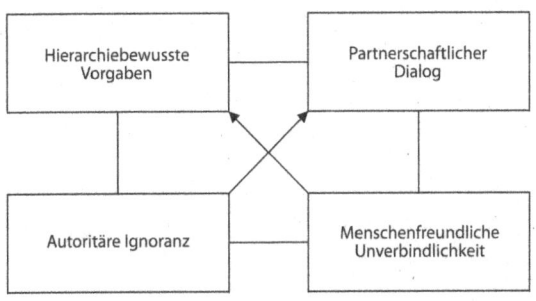

Abb. 23: Hierarchiebewusste Vorgaben und partnerschaftlicher Dialog im Werte- und Entwicklungsquadrat

Das → Werte- und Entwicklungsquadrat hilft bei der Entwicklung von Führungskräften, auf solche Gegensatzqualitäten aufmerksam zu werden und die Entwicklungsrichtungen einer Führungskraft individuell zu bestimmen.

■ **Literatur**
Schulz von Thun, F. / Ruppel, J. / Stratmann, R.: Miteinander reden: Kommunikationspsychologie für Führungskräfte, S. 13 ff.
Schulz von Thun, F. Miteinander reden: Fragen und Antworten, S. 49 ff.
Schulz von Thun, F. / Kumbier D.: Impulse für Führung und Training.
Stahl, E.: Dynamik in Gruppen.

G

Geschlechtsspezifische Kommunikation

Kommen Frauen und Männer wirklich von unterschiedlichen Sternen, was ihre Kommunikation angeht? Angenommen, A und B (das Geschlecht wird noch nicht verraten) sind verheiratet und haben eine für sie wichtige Entscheidung getroffen. Jeder berichtet darüber in jeweils seinem/ihrem Kollegenkreis während einer Kaffeepause. Jede(r) tut dies auf seine/ihre Weise, und Sie, liebe Leserin, lieber Leser, sollen raten: Wer von A und B ist Mann und Frau?

A berichtet

«Also, ich wag's noch gar nicht auszusprechen, aber wir sind uns seit gestern einig und wollen ein Kind! Und jetzt kommt die Achterbahn: Ich freu mich wahnsinnig, und im nächsten Augenblick krieg ich die absolute Panik, das glaubt ihr nicht! Aber insgesamt bin ich ganz, ganz froh!»

B berichtet

«Wir haben uns jetzt mit der Nachwuchsfrage befasst und sind einvernehmlich zu einer positiven Entscheidung gekommen, obwohl es auf beiden Seiten auch Bedenken gegeben hat, die auch jetzt, das muss man offen sagen, noch nicht alle hundertprozentig ausgeräumt sind.»

Die Lösung dürfte klar sein. Hier die Kommunikationsmerkmale in der Gegenüberstellung:

                                    ♂

eher konkret   eher abstrakt
(«wir wollen ein Kind»)   («die Nachwuchsfrage»)

eher ich-nah	eher ich-fern, distanziert
(«ich freue mich»)	(«einvernehmlich», «auf beiden Seiten»)
eher gefühlsbetont	eher verstandesbetont
(«ich freue mich wahnsinnig, dann wieder krieg ich die Panik»)	(«Bedenken nicht ausgeräumt»)

Spontaneität und Herzensnähe lassen ahnen, dass Frauen ihr Heimspiel eher auf der Beziehungsebene haben (und sich die Sachebene tendenziell eher erobern müssen). Ich-ferne Distanz und verstandesbetonte Abstraktion sorgen dafür, dass der Mann eher auf der Sachebene sein Heimspiel sucht, er muss sich die Beziehungsebene, die «Sprache des Herzens» oft erst noch aneignen. Hinzu kommt, dass Frauen in Gesprächen und Meetings eher beziehungsförderlich kommunizieren, indem sie aktiv zuhören, würdigende Resonanz geben, dem anderen Raum lassen, damit er zu Wort und zur Geltung kommen kann. Dieser Beziehungsorientierung steht auf Seiten der Männer eine Statusorientierung gegenüber: Wer hat hier das Sagen? Wer ist Ober, wer ist Unter? Sie haben weniger Scheu zu unterbrechen, zu konkurrieren und notfalls zu kämpfen. Auch neigen sie, besonders im beruflichen und politischen Kontext, dazu, hochwertige Botschaften auf der Ebene der → Selbstkundgabe von sich zu geben («Imponiergehabe»). Die narzisstische Komponente ihrer Persönlichkeit ist häufig größer ausgeprägt als bei Frauen.

Ein klassisches Missverständnis zwischen Frauen und Männern ist das folgende: Eine Frau schüttet ihr Herz aus über aktuelle Probleme, der Mann reagiert mit Empfehlungen, was sie vernünftigerweise tun sollte. Sie fühlt sich nicht verstanden, er ist frustriert, weil sie seine Lösungen nicht annimmt und vielleicht sogar abwertet. Was ist geschehen? Sie erwartet in erster Linie ein mitfühlendes Herz – und empfindet seine Empfehlungen und Vorhaltungen als schulmeisterlich und besserwisserisch. Er hat sich wahrlich Mühe gegeben und um Lösungen bemüht, die dem Kummer abhelfen könnten – und erntet Abwehr und Undankbarkeit.

Soweit zum Thema «Jeder auf einem anderen Stern». Allerdings ist auf Folgendes hinzuweisen: Diese Unterschiede sind Durchschnittsgrößen, die auf Vergleichen beruhen. Es gibt große Überschneidungen und Gemeinsamkeiten zwischen den Geschlechtern. Im konkreten individuellen Fall kann es durchaus umgekehrt sein!

Viel wichtiger ist, dass jede(r) seine individuelle Entwicklungsrichtung (→ Werte- und Entwicklungsquadrat) entdeckt. Gewiss wird es manchem Mann gut tun, die «Sprache des Herzens» zu erobern und auszudrücken, was in ihm vorgeht. Gewiss sollte manche Frau die Kunst der Abgrenzung und der Selbstbehauptung erlernen. Beides ist möglich und beides trägt zur → Persönlichkeitsentwicklung bei. Und beide müssen nicht fürchten, sich dadurch von dem zu entfernen, was ihnen wesensgemäß ist.

Dagmar Kumbier (2006) sieht die Phänomene der geschlechtsspezifischen Kommunikation noch einmal differenzierter und nimmt das Bild von den Heim- und Auswärtsspielen wieder auf: Je nachdem, auf welchem «Spielfeld» gespielt wird, kann die kommunikative Begegnung von Frau und Mann sehr unterschiedlich ausfallen.

■ **Literatur**
Kumbier, D.: Sie sagt, er sagt.

Gesprächsführung

Wer nicht nur mit seinem Gesprächspartner redet, sondern zugleich eine Vorstellung davon hat, wie das Gespräch zu gliedern ist und idealerweise ablaufen sollte, und wer dann auch noch die Fähigkeit hat, das Gespräch gemäß dieser Vorstellung zu steuern, der beherrscht die Kunst der Gesprächsführung. Unabdinglich ist dies für Menschen, deren Berufsrolle ihnen eine professionelle Gesprächsführung abverlangt, zum Beispiel Führungskräfte, Lehrer oder Ärzte. Aber auch bei wichtigen Gesprächen in der Familie ist die Aussicht auf eine gute Klärung und auf ein gedeihliches Miteinander-Auskommen größer, wenn der Gesprächsverlauf nicht nur dem freien Spiel der Kräfte überlassen bleibt.

Drei Kompetenzen sind für eine gelungene Gesprächsführung von grundlegender Bedeutung: 1. dem Gesprächspartner aufmerksam zuhören (sich interessieren), 2. den eigenen Standpunkt deutlich machen (Stellung beziehen) und 3. den roten Faden im Gespräch verfolgen (strukturieren). (s. Abb. 24)

Abb. 24: Drei Kompetenzen der Gesprächsführung

1. **Zuhören:** Für ein gutes Gespräch ist es unerlässlich, dem Gesprächspartner aufmerksam zuzuhören. Diese Fähigkeit umfasst weit mehr, als den anderen nur ausreden zu lassen und seine Worte akustisch aufzunehmen. Wirkliches Zuhören braucht die Bereitschaft, den anderen in seiner Sicht der Dinge zu verstehen

und ihn darin ernst zu nehmen, auch und besonders dann, wenn sein Standpunkt nicht meinem eigenen entspricht (→ Aktives Zuhören). Dabei ist es nützlich und hilfreich, sensibel für alle Ebenen der Kommunikation zu sein (→ Vier Ohren).

2. **Stellung beziehen:** Ebenfalls grundlegend für ein konstruktives Gespräch ist die Fähigkeit, den eigenen Standpunkt klar und deutlich zu vertreten, dafür Verantwortung zu übernehmen und für den Gesprächspartner greifbar zu werden. Oft ist es notwendig, sich zunächst einmal selbst zu klären, um den eigenen Standpunkt zu finden (→ Inneres Team). In einem zweiten Schritt gilt es, sich zu überlegen, was davon in welcher Form veröffentlicht und in den Kontakt eingebracht werden soll (→ Kommunikationsquadrat).

3. **Strukturieren:** Damit in einem Gespräch die relevanten Themen auf den Tisch kommen und besprochen werden können, ohne unnötig die Zeit und Energie der Beteiligten zu strapazieren, ist ein roter Faden wichtig (→ Gesprächsleitfaden). Fakten sollen dabei ebenso deutlich werden wie persönliche Meinungen und Wertungen. Das Ziel ist, dass beide Gesprächspartner nach dem Gespräch ein gemeinsames Verständnis vom weiteren Vorgehen haben und die Beziehung zwischen ihnen unter der Auseinandersetzung nicht leidet, sondern im günstigsten Fall verbessert wird.

■ **Literatur**
Schulz von Thun, F. / Ruppel, J. / Stratmann, R.: Miteinander reden: Kommunikationspsychologie für Führungskräfte, S. 64 ff.
Benien, K.: Schwierige Gespräche führen.

Gesprächsleitfaden

Der Gesprächsleitfaden gibt eine idealtypische Reihenfolge für den Ablauf eines Gespräches vor. Er soll uns helfen, in schwierigen und wichtigen Gesprächen den Überblick zu behalten und an alles zu denken. Ein gutes Gespräch ist dadurch gekennzeichnet, dass die Beteiligten mit ihren unterschiedlichen Sichtweisen zu Wort kommen, von den anderen wirklich gehört und verstanden werden, und dass eine Klärung oder Lösung angestrebt wird, die beiden Seiten gerecht wird. Im Idealfall verläuft das Gespräch auf der Sachebene produktiv und auf der Beziehungsebene wertschätzend (→ Gesprächsführung).

Der folgende Gesprächsleitfaden ist in acht Schritte gegliedert und unterscheidet dabei die Phasen «Vor dem Gespräch» und «Im Gespräch» (s. Abb. 25).

Vor dem Gespräch

→ **Selbstklärung**: bei wichtigen und heiklen Gesprächen unabdingbar, denn klare Kommunikation gründet auf einer guten Klärung der leitenden Gedanken, Gefühle und Impulse bei sich selbst. Sich erst *im* Gespräch innerlich zu sortieren, raubt beiden Gesprächspartnern Zeit und Energie. Für die Selbstklärung ist sowohl das → Innere Team als auch das → Kommunikationsquadrat hilfreich: Wie sehe ich den Sachverhalt? Welche Gedanken und Gefühle tauchen auf, in was für eine Stimmung komme ich? Wie stehe ich zum Anderen, wie sehe ich unsere Beziehung? Was ist mein (Minimal- bzw. Maximal-)Ziel in diesem Gespräch?

Rahmenklärung: Wo und wann soll das Gespräch stattfinden? Wie viel Zeit steht zur Verfügung? Welche Störquellen könnte es geben (z. B. ständiges Telefonklingeln)? Worum soll es gehen (Thema), wer soll demzufolge am Gespräch teilnehmen, wer nicht (→ Situationsmodell)?

Verabredung zum Gespräch: Je heikler das Gespräch, desto

Vor dem Gespräch

1. Selbstklärung

2. Rahmenklärung

3. Verabredung zum Gespräch

Im Gespräch

1. (Markanter) Gesprächseinstieg

2. Klärung der Standpunkte

3. Klärung der Hinter- und «Untergründe»

4. Lösungssuche und
   das Treffen
   von Vereinbarungen

5. (Manchmal:) Das Gespräch reflektieren

Abb. 25: Gesprächsleitfaden

wichtiger ist die Verabredung! Also nicht: Überfallstrategie «zwischen Tür und Angel», wodurch der andere sich überrumpelt fühlt. Nur ein vorbereiteter Gesprächspartner kann ein wirkliches Gegenüber sein. Deshalb: Um einen Gesprächstermin bitten und das Thema ankündigen, um das es gehen soll, ohne gleich inhaltlich einzusteigen: «Frau Liedlich, ich würde gerne mit Ihnen über die Entwicklung im Projekt Neuschanz sprechen; ich habe den Eindruck, dass wir da unterschiedliche Einschätzungen haben und mir ist es ein Anliegen, dass wir uns da einmal abgleichen. Damit wir Zeit und Ruhe haben, sollten wir uns dafür eine Stunde Zeit nehmen. Würde es Ihnen am Montag um 11 Uhr passen?»

Im Gespräch

Gesprächseinstieg: Je heikler das Thema, desto markanter sollte der Gesprächseinstieg sein: «Frau Liedlich, ich möchte heute mit Ihnen über die Entwicklung des Projektes Neuschanz sprechen. Sie haben ja gegenüber dem Kunden bereits einen Liefertermin zugesagt, und mir scheint die Einhaltung dieses Termins aufgrund der personalen Engpässe zunehmend schwierig. Mir liegt sehr daran, dass wir heute gemeinsam zu einer verbindlichen Einschätzung kommen, die wir dem Kunden gegenüber vertreten können ...»

Um den heißen Brei herumzureden («Frau Liedlich, wie schön, dass Sie da sind. Wie geht's Ihnen denn so? Wie war der Urlaub?») trägt nicht zur Entspannung bei. Gleichzeitig sollte der Gesprächsinitiator nicht gleich zu zielstrebig mit der Tür ins Haus fallen, dies kann ebenso hinderlich für den Kontakt sein (s. Abb. 26).

Klärung der Standpunkte: Beide Beteiligten schildern ihre Sicht der Dinge. Idealerweise versuchen sie dabei, die gegenseitigen und manchmal gegenteiligen Sichtweisen zu verstehen. Es kann hilfreich sein, die unterschiedlichen Standpunkte zu → visualisieren. In dieser Phase geht es ausdrücklich noch nicht um Einigungen und Lösungen!

Klärung der **Hinter- und Untergründe** (→ Eisberg-Modell): Nun

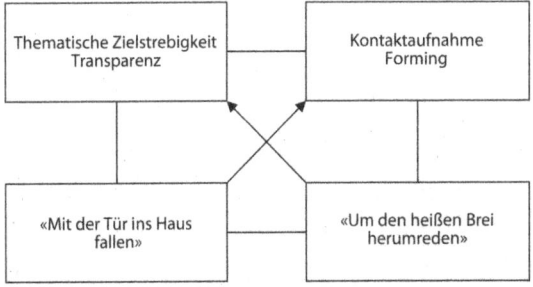

Abb. 26: Gesprächseinstieg im Spannungsfeld von thematischer Transparenz und menschlicher Kontaktfindung

gehen die Gesprächspartner einen Schritt tiefer und tauschen sich darüber aus, was dem Thema möglicherweise zugrunde liegt: «Meiner Einschätzung nach haben Sie sich mit dem Liefertermin zu weit aus dem Fenster gelehnt. Und das betrifft nicht nur die Verbindlichkeit gegenüber dem Kunden, sondern stört mich auch persönlich. Denn Sie hätten diese Terminzusage zunächst mit mir besprechen müssen und nicht eigenmächtig entscheiden dürfen. So haben Sie mich vor vollendete Tatsachen gestellt, die nun sowohl mich persönlich als auch uns beide dem Kunden gegenüber in eine unangenehme Lage bringen.»

Bleiben die Hinter- und Untergründe für den Konflikt im Dunkeln (hier die persönliche Verärgerung), ist die Gefahr groß, dass man sich auf oberflächliche Lösungen einigt, welche die eigentliche Problematik aus der Welt schaffen. Der nächste Konflikt ist dann bereits vorprogrammiert.

Lösungssuche: Auf der Basis der deutlich gewordenen Unterschiede und subjektiven Wahrheiten gehen die Beteiligten nun auf Lösungssuche und machen Vorschläge. Dabei gilt: so konkret wie möglich. Also nicht: «Wir sind uns also einig, dass das nicht mehr vorkommt?!» Sondern stattdessen: «Ich möchte, dass Sie bei den Projekten der A-Priorität künftig Termine mit mir absprechen, bevor

Sie sie an den Kunden geben. Sollte dies nicht möglich sein, weil ich außer Haus bin, wäre mein Vorschlag, dass Sie sich an meinen Stellvertreter Herrn Kleer wenden …»

Bilanz: Diese Phase ist in der Praxis eher selten. Dennoch kann es gerade bei Gesprächen, in denen es «hoch her» ging oder die für die Beteiligten in ungewohnter Weise verliefen, sehr sinnvoll sein, die innere Bilanz zu veröffentlichen: «Ich bin froh, dass wir das geklärt haben. Zwischenzeitlich hatte ich den Eindruck, Sie verstehen meinen Ärger gar nicht …» Auf diese Weise kann sich zwischen den Beteiligten stückweise eine Gesprächskultur für künftige Gespräche entwickeln.

■ **Literatur**
Schulz von Thun, F. / Ruppel, J. / Stratmann, R.: Miteinander reden. Kommunikationspsychologie für Führungskräfte, S. 107–122.

Gewaltfreie Kommunikation

Die Gewaltfreie Kommunikation (GFK) ist eine von Marshall Rosenberg (2005) propagierte Form eines guten Miteinander-Umgehens, auch und gerade wenn sich Menschen als Gegner gegenüberstehen.

Inspiriert von Carl Rogers, entwickelte Rosenberg seinen Ansatz in den 1960er Jahren, zu Zeiten der Bürgerrechtsbewegung und der Rassenkonflikte in den USA. Damals arbeitete er auch mit verfeindeten Straßengangs. Er fragte sich: Welche Art von Kommunikation ist förderlich, um Gewalt zu verhindern? Und enthalten viele Kommunikationsformen nicht in sich schon so etwas wie Gewalt, wenn sie es darauf anlegen, den anderen zu kränken, zu beschuldigen, herabzusetzen, zu demütigen, ihn durch Moralisierung, Pathologisierung und Diskriminierung kaputt zu machen?

Eine Einübung der gewaltfreien Kommunikation beginnt mit

→ Empathie und Selbstempathie und setzt darauf, anstelle von herabsetzenden Beziehungsbotschaften eine Schrittfolge von vier Komponenten anzustreben:

1. Beobachtung und Beschreibung der Tatsachen ohne Bewertung (z. B. «Du bist dann gegangen», statt: «Du hast dich aus dem Staub gemacht.»)

2. Das eigene Gefühl benennen, ohne den anderen dabei implizit zu beschuldigen (z. B. «Ich war traurig darüber», statt: «Ich fühlte mich ausgegrenzt / missachtet.»)

3. Das Bedürfnis, das zu dem Gefühl führt, erkennen und benennen (z. B. «Ich würde gerne vollwertig dazugehören und über alles informiert werden.»)

4. Eine konkrete Bitte an den anderen formulieren, wie er dazu beitragen kann, dass das Bedürfnis (in 3.) erfüllt wird (z. B. «Würdest du mich direkt ansprechen, wenn du dich über mich geärgert hast?»)

Gemeinsamkeiten und Unterschiede, Verträglichkeiten und Unverträglichkeiten mit der Kommunikationspsychologie von Schulz von Thun diskutiert Larissa Stierlin (2010).

■ **Literatur**
Rosenberg, M.: Gewaltfreie Kommunikation.
Stierlin, L.: Kommunikationspsychologie nach Schulz von Thun und Gewaltfreie Kommunikation nach Rosenberg – eine gegenseitige Bereicherung? In: Schulz von Thun, F. / Kumbier, D. (Hg.): Impulse für Kommunikation im Alltag, S. 115 ff.

Gruppe

Kommunikationsseminare finden in Gruppen statt. Das ist (gegenüber dem Einzelcoaching) nicht nur ökonomischer, sondern eröffnet auch die Möglichkeit, das Aneinandergeraten von Menschen live zu erleben und/oder in Rollenspielen zu simulieren. Der Gruppenleiter/Trainer muss der → Gruppendynamik gewachsen sein, um die Interaktionen der Teilnehmer so zu leiten und zu begleiten, dass die Gruppe arbeitsfähig ist (→ Leitung).

■ **Literatur**
Schulz von Thun, F.: Bin ich ein Trainer? In: Schulz von Thun, F./ Kumbier, D.: Impulse für Führung und Training, S. 165 ff.

Gruppendynamik

Sobald Menschen in → Gruppen zusammenkommen und dort miteinander interagieren, werden Kräfte frei: Sympathie und Antipathie, Solidarität und Rivalität, Vereinzelung und Cliquenbildung, Vertrauen und Fremdeln. Und über kurz oder lang entstehen fast unweigerlich Konflikte. Wie viel persönliche Themen haben Platz in einem Kommunikationsseminar, in dem es um professionelle Gesprächsführung geht? Wie viel Raum darf der Einzelne sich in der Gruppe nehmen? Gruppendynamik findet statt, sobald Menschen aufeinandertreffen, die ein gemeinsames Ziel verfolgen (müssen). Das gilt für die erste Zusammenkunft der Teilnehmer eines Volkshochschulkurses ebenso wie für ein Lehrerkollegium, das seit 15 Jahren zusammenarbeitet. Sich wiederholende Phasen der Auseinandersetzung, Einigung und Kooperation sind nötig, damit sich eine Gruppe weiterentwickeln kann.

Von B. W. Tuckman (1965) stammt die Differenzierung von Gruppenprozessen in die vier Phasen Forming (Findungsphase), Storming (Konfrontationsphase), Norming (Vereinbarungsphase) und Performing (Kooperationsphase). Die vier Phasen gehen nicht stufenförmig, sondern fließend ineinander über, und sie werden meist nur in dem Umfang durchlaufen, der zum aktuellen Zeitpunkt gerade notwendig ist. So streitet man sich in einer konstruktiven Stormingphase nicht um alle denkbaren strittigen Punkte, sondern nur um die gerade vordringlichen. Diese Strukturierung ist ein Versuch, das komplexe Gruppengeschehen zu verstehen – darüber hinaus kann sie Führungs- und Leitungskräften dabei helfen, Gruppen in ihrer Entwicklung zu unterstützen (s. Abb. 27).

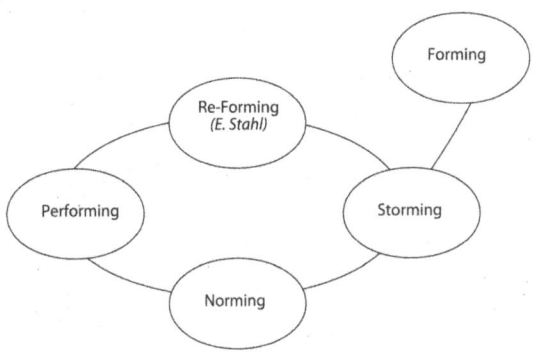

Abb. 27: Wiederkehrende Phasen des Gruppen-/Teamprozesses (nach Tuckman, erweitert von Stahl)

Jede der Phasen beinhaltet im Kleinen alle Phasen in ihrer Gesamtheit.

Forming: Das Thema dieser Phase ist «Kontaktaufnahme». Die Teilnehmer einer mehrteiligen Seminarreihe lernen sich im ersten Kurs in der Vorstellungsrunde kennen. Konventionen bestimmen den Umgang miteinander, man siezt sich und macht Smalltalk. In den Pausengesprächen werden Gemeinsamkeiten gesucht («Urlaub in Andalusien wollen Sie machen? Ja, da war ich auch schon mal, wunderschöne Gegend!»). Konflikte werden in dieser Phase eher vermieden, zu groß ist die Gefahr, gleich als Unruhestifter dazustehen. Es geht darum, eine erste Orientierung darüber zu bekommen, wie man sich in dieser Gruppe (besser nicht) verhält, was man tun und was man vielleicht lieber lassen sollte.

Storming: Hier stehen die Unterschiedlichkeit der Beteiligten und die daraus resultierenden Konflikte im Vordergrund. Die Anfangsunsicherheit legt sich mehr und mehr, die Unterschiede der Gruppenmitglieder treten dadurch stärker in den Vordergrund. Einige Teilnehmer verfügen über mehr Berufserfahrung, haben vielleicht in der Vergangenheit bereits ein thematisch ähnliches Seminar besucht, während andere mühsam mit dem Transfer der Seminarinhalte auf ihren beruflichen Kontext beschäftigt sind. Die Gruppenmitglieder geraten mit ihren unterschiedlichen Vorstellungen über das Was (Ziele der Gruppe) und Wie (Verfolgung der Ziele) aneinander. Die Ersten meinen «Man profitiert doch von der Unterschiedlichkeit der Erfahrung», die Zweiten finden, «Profilneurotiker sollten sich woanders ausleben», und die Dritten sind der Auffassung: «Das Tempo muss an die Langsamsten angepasst werden!»

Norming: In dieser Phase geht es um Regelungen und Vereinbarungen. Das Norming bildet das Fazit des Storming, die Konsequenzen aus der Konfrontation werden gezogen. Die Gruppe erarbeitet sich eine Antwort auf die Frage, wie sie angesichts der deutlich gewordenen Unterschiede miteinander arbeiten will: Wie kann den verschiedenen Teilnehmerbedürfnissen Rechnung getragen werden? Was können die Einzelnen, was kann die Leitung und was kann die Gruppe dazu beitragen? Ergebnis eines Normings könnte sein, die Seminargruppe in Kleingruppenarbeitsphasen bewusst unter dem Aspekt Homogenität versus Heterogenität aufzuteilen, also Teilnehmer mit ähnlichen Berufsfeldern oder vergleichbaren Kenntnisständen zusammenzubringen.

Performing: Das Thema dieser Phase ist Kooperation. Die im Norming erarbeiteten Vereinbarungen und Regeln werden im Performing einer Realitätsprüfung unterzogen. Im Idealfall erlebt die Gruppe ihre gemeinsame Nützlichkeit (Synergieeffekt), das Miteinander-Arbeiten ist produktiv und wird vom Engagement jedes Einzelnen getragen. Die Teilnehmer können erkennen und anerkennen, dass sowohl in der Perspektive der Erfahreneren als auch der jungen «Hasen» Wertvolles für die Gruppe und das Thema steckt. Die Gruppe «performt» so lange, bis eine Überarbeitung der getroffenen Vereinbarungen nötig wird, weil diese nicht mehr zur Gruppe passen.

E. Stahl hat die vier Phasen von Tuckman um die Phase des Re-Forming ergänzt.

Re-Forming: Diese Phase steht im Zeichen der Bilanzierung, des Innehaltens und Überprüfens, der Neuausrichtung und Standortbestimmung. Stimmt das Vorgehen noch? Jedes neue Zusammentreffen der Teilnehmer in der Gruppe am Morgen eines Seminartages ist ein kleines Re-Forming. Zwischen den Seminaren zieht jeder für sich Bilanz, ob Kosten und Nutzen in einem guten Verhältnis stehen und ob die Teilnahme sich für ihn lohnt. Mit diesen inneren Bilanzen treffen die Teilnehmer im nächsten Seminar aufeinander, einer weiteren Re-Forming-Situation.

■ **Literatur**
Stahl, E.: Dynamik in Gruppen.
Tuckman, D. W. (1965): Developmental sequences in small groups. Psychological Bulletin, 63, S. 384–399.

H

Hamburger Verständlichkeitsmodell

Das Hamburger Verständlichkeitsmodell wurde von Langer, Schulz von Thun und Tausch (1974) entwickelt, um die Verständlichkeit von Texten und Vorträgen zu verbessern. Kernstück des Modells sind die **vier Verständlichmacher**: Einfachheit, Gliederung/Ordnung, Kürze/Prägnanz und Verlebendigung (ursprünglich «zusätzliche Stimulanz» genannt). In einem Forschungsprojekt fanden Langer et al. heraus, dass die Ausprägung dieser vier Komponenten ausschlaggebend für die Verständlichkeit von Texten ist.

Jedes Merkmal ist durch verschiedene Eigenschaften definiert. Das Merkmal *Einfachheit* ist am bedeutsamsten für die Verständlichkeit von Texten. Es lässt sich erreichen durch einfache Darstellung, kurze, einfache Sätze, geläufige Wörter, erklärte Fachwörter, konkrete und anschauliche Formulierungen. An zweiter Stelle folgt *Gliederung/Ordnung*, dafür ausschlaggebend sind: Gliederung, Folgerichtigkeit, Übersichtlichkeit, gute Unterscheidung von Wesentlichem und Unwesentlichem, roter Faden und Logik der Abfolge. Der nächste Verständlichmacher *Kürze/Prägnanz* sucht das optimale Maß zwischen den Extremen der knappen und gedrängten Ausdrucksweise einerseits und der Weitschweifigkeit andererseits. Entscheidend ist, ob die Länge des Textes im guten Verhältnis zum Informationsziel steht. Das vierte Merkmal *Verlebendigung* kann durch Beispiele, persönliche Anrede, wörtliche Rede verwirklicht werden. Auch Metaphern, «Stories» und alle Stilmittel, die auch Emotionen ansprechen, gehören dazu. Hier kann man jedoch des Guten zu viel tun, sodass die anregenden Zusätze den Inhalt erschlagen.

Ein wesentlicher Teil des Verständlichkeitskonzeptes ist das Messverfahren für die Verständlichkeit von Texten. Dabei wird mittels eines *Beurteilungsfensters* abgebildet, wie stark die vier Verständlichmacher ausgeprägt sind. Der Beurteilung liegt folgende Ratingskala zugrunde (s. Abb. 28):

++	+	0	-	--

Abb. 28: Ratingskala zur Verständlichkeit

++ bedeutet: alle oder fast alle positiven Eigenschaften, die zu einem Merkmal gehören, sind deutlich vorhanden, und – –: alle oder fast alle negativen Eigenschaften, die zu einem Merkmal gehören, sind deutlich vorhanden (z. B. Einfachheit: komplizierte Darstellung, verschachtelte Sätze, ungeläufige Wörter, Fachwörter werden nicht erklärt usw.). (s. Abb. 29)

Einfachheit	Gliederung/Ordnung
++	++
Kürze/Prägnanz	Verlebendigung
0	+

Abb. 29: Beurteilungsfenster eines optimal verständlichen Textes

■ **Literatur**
Langer, I. / Schulz von Thun, F. / Tausch, R.: Sich verständlich ausdrücken.
Miteinander reden 1, S. 171 ff. (S. 150 ff.)

Humanistische Psychologie

Dies ist ein Sammelbegriff für verschiedene Therapieverfahren und psychologische Strömungen, die sich im Dienste eines gesunden und schöpferischen Menschen sehen. Der Mensch wird hier als ein intaktes, einmaliges und vom Grund her gutes Wesen betrachtet, welches gemäß seinen Möglichkeiten immer danach strebt, sich wesensgemäß zu entwickeln und zu entfalten. Das Grundanliegen der Humanistischen Psychologie ist es, den Menschen zu befähigen, das in ihm wohnende Potenzial zu entfalten: «Sei du selbst – und werde, der du bist!» – ein Aufruf zu Authentizität und Selbstverwirklichung.

In den 1950er Jahren in den USA entstanden, hatte die Humanistische Psychologie ab den 1970ern in Europa großen Einfluss auf Erwachsenenbildung und Psychotherapie. Der Humanistischen Psychologie zugeordnet sind beispielsweise die klientenzentrierte Gesprächspsychotherapie nach C. Rogers, die Gestalttherapie nach F. Perls, die → Themenzentrierte Interaktion nach R. Cohn sowie das Psychodrama nach J. L. Moreno. Die Humanistische Psychologie gilt neben der Psychoanalyse und dem Behaviorismus als sogenannte «dritte Kraft». Sie setzt sich von dem deterministischen Menschenbild der Psychoanalyse und des Behaviorismus ab, sieht also den Menschen nicht nur durch Mangel getrieben und durch Reize geleitet, sondern als aktiven Gestalter seines Daseins. Stattdessen betont sie das autonome Subjekt – in der Formulierung von Sartre: «Jeder kann jederzeit aus dem etwas machen, was man aus ihm gemacht hat!»

Der Kommunikationspsychologie von Schulz von Thun liegt ein humanistisch-systemisches Menschenbild zugrunde: Der Mensch wird als nach Selbstverwirklichung strebendes Geschöpf gesehen, welches sich gemäß seinen Möglichkeiten entwickelt und entfaltet. Dabei ist der Mensch immer zugleich Teil des Ganzen (der Mensch im System) und selbst ein Ganzer (der Mensch als System). Somit gilt es, den inneren Menschen zu verstehen (→ Inneres Team) und zu seinem Wachstum zu verhelfen (→ Werte- und Entwicklungsquadrat). Es gilt aber immer auch, ihn als Teil eines Systems zu begreifen, zu dessen Gelingen er beitragen will und soll. Kommunikation dient beidem zugleich: mich selbst zu vertreten in dem, was mich ausmacht und was mir wichtig ist, und zum Gelingen der Sache und eines guten Miteinanders beizutragen.

■ Literatur

Schulz von Thun, F.: Klarkommen mit sich selbst und anderen, S. 119 ff.

Imperativ

Imperativ (lat.) heißt Befehl, Aufforderung («Mach die Tür zu!»). Im Unterschied zur Bitte oder Empfehlung enthält diese Form des → Appells einen Machtanspruch und die unbedingte Erwartung, dass der Empfänger gehorcht. Wenn der Empfänger sich verweigert, kann dies ein Protest gegen den Inhalt des Appells sein («Nein, ich möchte die Tür offen lassen, um die Klingel zu hören») und/oder ein Protest gegen die implizite Beziehungsbotschaft («Du hast mir gar nichts zu befehlen!»).

Imperative gibt es aber nicht nur zwischenmenschlich, sondern auch innerhalb des Menschen. Innere Teammitglieder (→ Inneres Team) werden als *imperativisch aufgeladen* bezeichnet, wenn von ihnen ein unabdingbarer Befehl, ein Gebot oder ein Verbot ausgeht, wie man unbedingt zu sein hat bzw. was man keinesfalls sein darf. Zum Beispiel «Ich darf nicht neidisch sein!» oder «Ich muss immer freundlich sein!» Solche verinnerlichten Glaubenssätze werden auch → Introjekte genannt. Wenn dieser Imperativ oder das Introjekt auf etwas zielt, was sich bereits anders ereignet hat (zum Beispiel ich bin neidisch, sollte aber laut Imperativ anderen stets Gutes gönnen und mich mit ihnen freuen), erzeugt dies innerlich einen → Konflikt, der häufig von Schuldgefühlen, Scham und Minderwertigkeit begleitet wird. Äußerlich geht damit meist eine Handlungsblockade einher.

■ **Literatur**
Miteinander reden 3, S. 164 ff. (S. 142 f.)
Wagner, A. u. a.: Bewusstseinskonflikte im Schulalltag.

Inneres Team

Das Ideal unserer Kommunikationslehre ist mit dem Begriff der
→ Stimmigkeit bezeichnet: Kommuniziere so, dass du in Übereinstimmung mit dir selbst und mit der «Wahrheit der Situation» (→ Situationsmodell) bist!

Aber wie reagiere ich «in Übereinstimmung mit mir selbst», wenn
widerstreitende Impulse in mir sind und um Vorherrschaft ringen?
Der Mensch ist mit sich selbst nicht ein Herz und eine Seele, die
«innere Pluralität» ist der Normalfall in schwierigen Situationen. Die
Kommunikationspsychologie bildet sie in der gruppendynamischen
Modellvorstellung des Inneren Teams ab. Sie nimmt das Miteinander, Gegeneinander und Nebeneinander innerer «Mitspieler» in Au-
genschein und deutet es kommunikationspsychologisch aus: Welche «Botschaft» steckt in den Mitspielern, welches Anliegen
verfolgen sie, und wie gehen sie (im inneren Selbstgespräch des
Menschen und in seinen inneren Machtkämpfen) miteinander um?

Das Modell enthält drei Anwendungsperspektiven für Selbstbe-
ratung und Coaching: 1. Selbstklärung, 2. Innere Teamentwicklung,
3. «Gut aufgestellt» zu sein bei besonderen Herausforderungen
(s. Abb. 30).

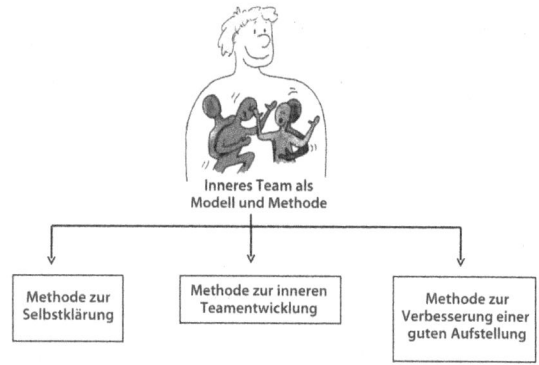

Abb. 30: Inneres Team als Modell und Methode

1. Selbstklärung

Meine beste Freundin berichtet freudestrahlend, sie habe einen wunderbaren Job gefunden. Wie reagiere ich darauf? Ich spüre in mir widerstrebende Gefühle. Das Modell vom Inneren Team geht davon aus, dass sich mehrere Seelen in der Brust zu Worte melden und sich, durcheinander redend, zu einem «diffusen Gemenge» vermischen, sich manchmal auch gegenseitig aufheben und eine innere Leere übrig lassen. Die Methode der Selbstklärung besteht darin, jede einzelne Seele separat zu erfassen, ihr einen Namen zu geben und ihre «Botschaft» in einer Sprechblase festzuhalten (s. Abb. 31).

Abb. 31: Identifizierung der inneren Seelen

Von einem «Inneren Team» kann anfangs meist noch keine Rede sein, eher von einem «zerstrittenen Haufen». Die Verheißung des Modells aber lautet: Es ist menschenmöglich, aus dieser Not eine Tugend zu machen. Dazu ist das **Oberhaupt**, der Chef / die Chefin des Inneren Teams ausersehen: Es hat die Aufgabe, zu den einzelnen Mitgliedern einen guten Draht herzustellen, ihr Anliegen zu verstehen und zu akzeptieren, ohne sich mit einem von ihnen gemein zu machen («Jawohl, du bist *auch* ein Teil von mir, aber auch *nur ein Teil* von mir!»).

Indem das Oberhaupt eine **innere Ratsversammlung** nach den Regeln der Kunst einberuft, kann es die einzelnen Perspektiven seiner Teilnehmer (denn dumm sind sie alle nicht!) zu einer Gesamtweisheit integrieren (s. Abb. 32).

Die bewusste Zusammenkunft und Aussprache aller inneren Mitglieder, die sich zu der aufgeworfenen Frage melden, unter der Leitung des Oberhaupts mit dem Ziel, eine Antwort zu (er-)finden, die auf einer inneren Vereinbarung basiert und die adäquater und authentischer ist, als wenn nur ein Mitglied oder eine Clique von Mitgliedern vorhanden gewesen wäre oder allein das Sagen gehabt hätte.

Abb. 32: Innere Ratsversammlung

Häufig stellt sich heraus, dass sich das Oberhaupt mit einem oder einigen seiner «Lieblinge» überidentifiziert oder gar mit ihm verschmolzen ist, während andere der inneren Missbilligung oder Verachtung anheimfallen. Dies leitet über zur zweiten Anwendungsperspektive:

2. Innere Teamentwicklung

Wer zum **inneren Außenseiter** geworden ist (z. B. ein innerer Drückeberger, ein «Weich-Ei», ein Schweinehund, eine Ego-Zicke, ein Anlehnungsbedürftiger …), kann seine Qualität nicht im Team einbringen und es braucht Energie, ihn eingesperrt zu halten. Dies ist nur eine der möglichen Komplikationen und Verwerfungen in der inneren Gruppendynamik, weitere lassen sich aus Abb. 33 erahnen.

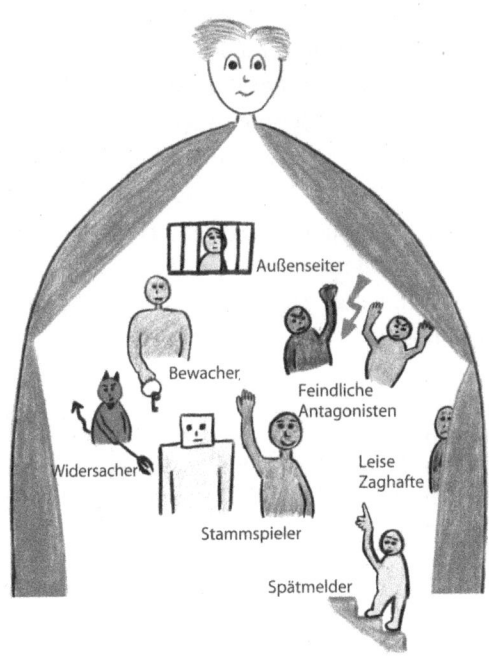

Abb. 33: Typen von Teammitgliedern

Aus dieser Sicht unterstützen Beratung / Coaching / Psychotherapie das Oberhaupt dabei, mit seinen «Pappenheimern» und der entfesselten Gruppendynamik fertig zu werden. Dadurch treten seine Aufgaben deutlich hervor: Innere Moderation, innere Konfliktmediation, innere «Personalentwicklung», innere Teambildung und innere «Mannschaftsaufstellung». Die letztgenannte Aufgabe leitet zur dritten Anwendungsperspektive über:

3. Innere Aufstellung

Besonders in herausfordernden Situationen (ein Vortrag, eine Rede, ein Kritikgespräch, eine Beziehungsaussprache, eine Vertragsverhandlung) steht und fällt die gute Kommunikation mit der guten inneren Aufstellung: Habe ich alle beisammen? Fehlt einer? Drängt sich jemand in den Vordergrund, der in dieser Situation alles verdirbt? Wer sollte zum Spielführer werden, oder welches Duo, welches Trio? Gibt es jemanden, der mir nicht nur hier, sondern überhaupt im Leben fehlt? Zum Beispiel einer, der sich selbstbehauptend abzugrenzen weiß? Wie kann ich den in mir aufbauen und trainieren?

Innere Wahrheit – äußere Klarheit, Harmonie nach innen – Wirksamkeit nach außen: das sind Ideale einer integralen Persönlichkeit, die sich mit dem Modell und den Methoden des Inneren Teams fördern lassen.

■ **Literatur**
Miteinander reden 3.
Schulz von Thun, F. / Stegemann, W.: Das Innere Team in Aktion.
Schulz von Thun, F.: Miteinander reden: Fragen und Antworten, S. 111 ff.
Schulz von Thun, F. / Kumbier, D. (Hg.): Impulse für Beratung und Therapie.

Integration

Integration im kommunikationspsychologischen Sinne hat zum Ziel, widerstreitende innere Anteile, Werte oder Impulse aus ihrer scheinbaren Ausschließlichkeit zu befreien und zusammenzuführen. Nicht «entweder oder», sondern «sowohl als auch» ist dabei der Leitgedanke.

Beispiel: Herr Maiser legt sehr viel Wert darauf, seinen Mitarbeitern ein offenes und ehrliches → Feedback zu geben. In dem Bemühen, mit Kritik nicht hinter dem Berg zu halten und dadurch auch Entwicklungsmöglichkeiten zu eröffnen, schießt Herr Maiser jedoch manchmal über das Ziel hinaus. Er hat den Ruf, in Mitarbeitergesprächen «knallhart und schonungslos» zu sein. Deshalb möchte er sein Feedbackverhalten verändern. Er möchte lernen, Feedback so zu geben, dass «bei meinem Gegenüber nicht gleich die Jalousie runtergeht», das heißt, dass die Botschaft nicht nur ehrlich und prägnant ist, sondern für den Empfänger auch so formuliert ist, dass er sie möglichst annehmen kann. Dafür ist es notwendig, dass Herr Maiser sensibler für die Wirkung seines Verhaltens wird, dass er lernt, sich diplomatischer und taktvoller auszudrücken. Wenn er jedoch im Zuge dieser Entwicklung seine offene und direkte Art gänzlich über Bord werfen würde, wäre das ebenso wenig wünschenswert. Denn ein ausschließlich diplomatisches und wirkungsorientiertes Verhalten birgt die Gefahr der → Manipulation. Ein Feedback soll für den Empfänger zwar annehmbar sein (also mit der Selbstachtung vereinbar), aber auch ehrlich und offen formuliert werden (sonst könnte man es sich ebenso gut sparen). Der Integrationsgedanke zielt nicht darauf ab, dass Herr Maiser seine Offenheit ausmerzt, sondern dass er sie um eine komplementäre Fähigkeit ergänzt, die es erst noch zu entwickeln gilt. Die Integration von Offenheit und Wirkungsbewusstsein, von Ehrlichkeit und taktvoller Sensibilität ermöglicht erst ein konstruktives Feedback.

Der Integrationsgedanke ist ein zentraler Aspekt des → Werte-

und Entwicklungsquadrats. Darüber hinaus spielt er eine wichtige Rolle bei der Arbeit mit dem → Inneren Team (Integration der ungeliebten Mitglieder) oder mit dem → Kommunikationsquadrat (Integration der vier Ebenen, Entwicklung quadratischer Sensibilität).

Interaktion

Im Unterschied zum weiter gefassten Begriff der Kommunikation, die schon bei einer bloßen Mitteilung beginnt, bezeichnet Interaktion das Hin und Her von solchen Mitteilungen und betont dabei besonders die zwischenmenschliche Wechselwirkung. «Kommunikation ist keine Einbahnstraße», sagte Watzlawick und wollte damit betonen, dass Menschen in ständiger Wechselwirkung aufeinander bezogen sind. Wenn ich mich dir gegenüber äußere oder verhalte, ist diese Aktion immer auch eine Re-Aktion auf dich, wie ich dich vorher wahrgenommen habe. Am deutlichsten wird dies im zirkulären Interaktionsmodell (→ Teufelskreis).

Eine kommunikative Situation kann mehr oder minder interaktiv gestaltet sein. Zum Beispiel weniger interaktiv bei Vorträgen und Verlautbarungen, hoch interaktiv bei Kolloquien, Pressekonferenzen mit Nachfragemöglichkeiten, bei Unterrichtsgesprächen oder Elternabenden.

Interkulturelle Kommunikation

Die Kommunikation zwischen Menschen unterschiedlicher Nationalitäten findet vor dem Hintergrund der jeweiligen kulturellen Gepflogenheiten und Konventionen statt. Diese werden dabei vom Kulturangehörigen nicht als kulturspezifisch empfunden – sie sind im Gegenteil so verinnerlicht, dass er sie als «richtig» und «normal» empfindet. Damit einher geht oft die implizite und unbewusste Annahme, überall auf der Welt müsse ein ähnlicher Code herrschen.

Solange wir mit Menschen kommunizieren, die den eigenen kulturellen Code teilen bzw. um diesen wissen und sich deshalb entsprechend verhalten, können wir uns auf einen gewissen Stil des Umgangs verlassen. Beispiel: Ich frage in Hamburg einen Fußgänger nach dem Weg zum nächsten Bahnhof. Dann kann ich davon ausgehen, dass er mir entweder den Weg erklärt oder aber antwortet, dass auch er den Weg nicht weiß. Die kulturellen Regeln, die bei der Reaktion des anderen ins Spiel kommen, könnten beispielsweise lauten:

1. Antworte, wenn dich jemand etwas fragt!
2. Zeige dich hilfsbereit!
3. Wenn du den Weg nicht weißt, dann sage das! Wenn du den Weg kennst, dann erkläre ihn!

Entsprechend bin ich gewöhnt, nur «richtige» Informationen zu bekommen; in diesem Fall bedeutet das für mich: Was mir der andere sagt, wird stimmen – so oder so. Ich lege also zugrunde, dass der andere mir (sachlich betrachtet) die Wahrheit sagen wird. Wenn ich dagegen durch Bangkok gehe und einen Fußgänger nach dem Weg frage, kann das damit enden, dass ich orientierungslos durch die halbe Stadt laufe. Warum? Zu den kulturellen Regeln in Thailand gehört, dem Fragenden und Hilfesuchenden in jedem Fall eine Antwort zu geben, auch wenn diese ihn nicht an das gewünschte Ziel führt und nach seinem Verständnis sogar «falsch» ist. Die kulturellen Regeln, die hier zur Anwendung kommen, könnten lauten:

1. Antworte, wenn dich jemand etwas fragt!
2. Zeige dich hilfsbereit!
3. Erkläre auf jeden Fall einen Weg; wahre dein Gesicht und das des Gegenübers!

In beiden Fällen greift also die Regel, einen Fragenden zu unterstützen und ihm zu antworten. In beiden Fällen haben die Personen «wahr» geantwortet – jedoch auf der Basis eines ganz unterschiedlichen Grundverständnisses der Situation. Während es für mich als Deutsche in Hamburg in allererster Linie um die Wegbeschreibung geht, könnte es dem Thai in Bangkok in erster Linie um das Wahren der persönlichen Ehre und der guten Beziehung gegangen sein. Das Situationsverständnis lautet hier: Es ist unhöflich, einen Fragenden ohne Empfehlung gehen zu lassen.

Das Maß der kulturellen Gemeinsamkeit, der Kommunalität, auf das wir in der Kommunikation bauen dürfen, ist umso höher, je enger das soziale Netz gestrickt ist, in dem wir uns bewegen. Wenn ich im Hausflur unseres Mehrparteienhauses meine Nachbarn treffe, grüßen wir uns kurz und haben damit der Form Genüge getan. Wenn sich daraus ein Schwätzchen ergibt, ist das schön, es gibt aber diesbezüglich keine Erwartungshaltung. Ganz anders stellt es sich dar, wenn ich in meinem Wochenendhäuschen auf dem Lande bin. Dort gilt die Regel: Wenn Nachbarn sich auf der Straße treffen, halten sie einen kurzen «Schnack» über Neuigkeiten. Wer die kulturellen Normen des Dorfes nicht teilt (und dazu gehören auch soziale Aktivitäten wie der Besuch des Schützenfestes), muss damit rechnen, als Sonderling angesehen und vielleicht sogar ausgegrenzt zu werden. Es kann also auch zwischen Menschen einer Nationalität zu folgenreichen kulturellen Zusammenstößen kommen.

Wenn ich lernen möchte, mit kulturell bedingten Irritationen und Störungen besser umzugehen, kann die Auseinandersetzung mit so genannten «kulturellen Dimensionen» hilfreicher sein als die mühsame Analyse von Einzelfällen. Eine zentrale kulturelle Dimension ist das Spannungsfeld zwischen Kollektivismus und Individualismus. Kollektivismus bedeutet, dass ein Angehöriger einer Kultur sich in erster Linie über seine Zugehörigkeit zum größeren Ganzen (zur Nation, Firma, Familie etc.) definiert und sein Handeln auf das Gelingen des übergeordneten Gemeinschaftsziels ausrichtet. Der Individualismus hingegen betont stark die persönliche Entfaltung und Verwirklichung des Einzelnen und sieht dies als Grundrecht an (wenn auch innerhalb bestimmter Grenzen).

Um solche kulturellen Dimensionen näher in den Blick zu nehmen und sie handhabbar zu machen, ist das → Werte- und Entwicklungsquadrat ein hilfreiches Werkzeug. In diesem Modell verkommt jeder Wert (z. B. Kollektivismus) zu einem Unwert, wenn er übertrieben wird. Daher braucht er einen Schwesterwert, mit dem er ausbalanciert werden muss. Erst in der Balance kann sich das Positive entfalten. Aus der Perspektive des Modells gewinnen wir wichtige Erkenntnisse über komplementäre kulturelle Werte im Allgemeinen und über Kollektivismus und Individualismus im Besonderen:

1. Die beiden Werte sind keine Gegensätze, sondern sie ergänzen sich in fruchtbarer Weise.

2. Jeder Wert ist ohne den anderen in Gefahr, in die Übertreibung abzurutschen. Reiner Kollektivismus führt zur Auslieferung des Einzelnen: «Du bist nichts, dein Volk ist alles!» Umgekehrt führt eine Überbetonung des Individualismus in den verantwortungslosen Egozentrismus (s. Abb. 34).

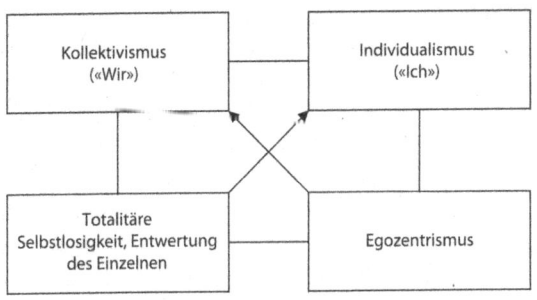

Abb. 34: Kommunikation im Spannungsfeld zwischen «Ich» und «Wir»

3. Zu interkulturellen Befremdungen kann es kommen, wenn man sich im Wertehimmel der eigenen Kultur sonnt («Bei uns zählt der Einzelne noch etwas, und jeder kann seines eigenen Glückes Schmied sein!») und den anderen in «der Finsternis der Übertrei-

bung» verortet («Bei denen ist der Einzelne austauschbar und wird in unmenschlicher Weise eingemeindet!»).

4. Entsprechend liefert uns das Modell aber auch die «Würdigungs- und Entdeckungsrichtung» für das, was eine wertvolle Ergänzung in der eigenen Kultur sein könnte. So würde uns als eher individuumsorientierter Kultur ein wenig mehr Gemeinschaftsorientierung sicherlich gut tun.

Das Werte- und Entwicklungsquadrat kann uns dabei unterstützen zu erkennen, dass kulturelle Unterschiede nicht grundsätzlich, sondern graduell bestehen. Für die Vertiefung und Differenzierung dieser Erkenntnis hilft uns das Modell vom → Inneren Team ebenso wie das → Kommunikationsquadrat und das Modell vom → Teufelskreis.

■ **Literatur**
Kumbier, D. / Schulz von Thun, F. (Hg.): Interkulturelle Kommunikation.

Interpunktion

Interpunktion ist ein wichtiger Begriff von Paul Watzlawick; er hat nichts mit Punkt und Komma zu tun, sondern mit zwischenmenschlichen Wechselwirkungen. Am besten lässt sich Interpunktion an Watzlawicks Urbeispiel von einem Ehepaar erklären.

Die Frau nörgelt an ihrem Mann herum, weil er sie immer wieder alleine lässt, um z. B. das Wirtshaus aufzusuchen. So sieht sie es, so interpunktiert sie die beiden Ereignisse (s. Abb. 35).

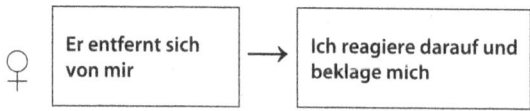

Abb. 35: Interpunktion der Frau

Er hingegen sieht Ursache und Wirkung genau andersherum: Weil meine Frau immer an mir herumnörgelt, ziehe ich mich mehr und mehr zurück (s. Abb. 36).

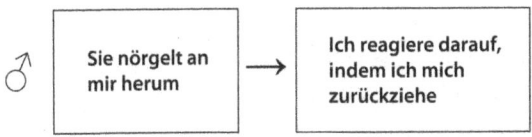

Abb. 36: Interpunktion des Mannes

Der Mann nimmt dieselben Tatsachen wahr wie die Frau, interpunktiert sie aber anders. Beide sind überzeugt, auf den anderen zu reagieren! Wer hat denn nun recht? Wer von beiden hat «angefangen»? Fast immer ist das unmöglich zu ermitteln und fast nie führt diese Frage weiter, da sie eine Einteilung in Täter und Opfer enthält. Es ist daher aussichtsreicher, die Angelegenheit «systemisch» zu betrachten und auf die Schuldfrage zu verzichten. Nach systemischer Betrachtungsweise besteht zwischen zwei Menschen in einer Beziehung eine «zirkuläre» (kreisförmige) Wechselwirkung (s. Abb. 37).

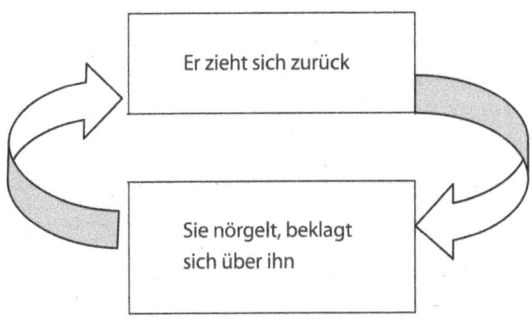

Teufelskreis der Interpunktionen

Abb. 37: Teufelskreis der Interpunktionen

Im Schaubild wird die Wechselwirkung betont: Jedes Verhalten ist Ursache und Wirkung zugleich. Bei dieser Sichtweise werden Vorwürfe und Schuldzuweisungen außer Kraft gesetzt (diese würden einen → Teufelskreis verewigen), stattdessen kann die Energie auf die Lösung gerichtet werden: Wie kommen wir aus diesem unheilvollen «Zusammenspiel» wieder heraus?

Die «Interpunktion von Ereignisfolgen» ist eines der fünf pragmatischen → Axiome von Watzlawick.

■ **Literatur**
Watzlawick, P.: Zwischenmenschliche Kommunikation.
Miteinander reden 1.

Intervention

Intervenieren heißt «dazwischengehen» oder «eingreifen». Eine Intervention ist ein zielgerichtetes Eingreifen eines ausgebildeten Beraters / Therapeuten / Klärungshelfers. Zum Beispiel, wenn zwei sich streiten und dem Gespräch eine andere Wendung gegeben werden soll (→ Klärungshilfe).

In der kommunikationspsychologischen → Beratung nutzen wir verschiedene Interventionen wie z. B. das → Doppeln, um die unterschwellig anklingenden Botschaften auf allen vier Seiten des → Kommunikationsquadrates bewusst zu machen.

Die kommunikationspsychologische Interventionslehre (Thomann, Chr. / Schulz von Thun, F., 2003) unterteilt nach

1. Interventionen zur Selbstklärung (S. 90–114)
2. Interventionen zur Kommunikationsklärung (S. 122–169)
3. Interventionen zur Persönlichkeitsklärung (S. 205–262)
4. Interventionen zur Systemklärung (S. 332–348)

■ **Literatur**
Thomann, Chr. / Schulz von Thun, F.: Klärungshilfe 1.

Intrapersonale Kommunikation

Intrapersonale (intra = innerhalb) Kommunikation ist das innere Selbstgespräch, **interpersonelle Kommunikation** (inter = zwischen) ist die zwischenmenschliche Kommunikation. Die Kommunikationspsychologie schenkt beiden Vorgängen viel Beachtung, denn eine gute (intrapersonelle) Selbstklärung ist die Voraussetzung für klare zwischenmenschliche Kommunikation auf allen vier Seiten des → Kommunikationsquadrates. Wichtige Unterstützung zur Selbstklärung bietet das Modell vom → Inneren Team.

Intrapersonaler Konflikt

Ein intrapersonaler Konflikt bezeichnet einen Konflikt innerhalb einer Person, wenn diese hin und her gerissen und somit nicht entscheidungs- und handlungsfähig ist. Beispielsweise bei der Frage «Sage ich meinem Vorgesetzten meine kritische Meinung oder behalte ich sie aus Sorge vor unangenehmen Konsequenzen für mich?» Das Modell vom → Inneren Team verdeutlicht diese → Ambivalenzen und fördert die Klärung innerer Uneinigkeit (s. Abb. 38).

■ **Literatur**
Miteinander reden 3, S. 137 ff. (117 ff.)

Abb. 38: Innerer (intrapersonaler) Konflikt zwischen zwei Mitgliedern des Inneren Teams

Introjekt

Wenn etwas von außen (von anderen Menschen) in die Seele importiert worden ist (z. B. die Normvorstellung «Jungen weinen nicht!»), kann dies zu einem Introjekt werden. Und zwar dann, wenn der Betreffende diese Norm «verinnerlicht», wenn er sie sich zu eigen macht und nicht mehr als importierten Fremdkörper erkennt und empfindet. Wenn Pia als Kind von ihrer Mutter oft zu hören bekommen hat: «Das kannst du aber noch besser, streng dich an!», dann kann ihr diese Ermahnung derart in Fleisch und Blut übergehen, dass sie fortan von ihr selbst ausgeht. Introjekte können sowohl negativ blockierend als auch positiv unterstützend wirken. Die Zuversicht, die ich bei einer wichtigen Bezugsperson in einer schwierigen Situation erlebt habe, kann als Introjekt in mir wirksam werden.

Im Modell des → Inneren Teams erscheinen Introjekte als Souffleure, die sich mit ihrer Botschaft an das Oberhaupt wenden und so Einfluss auf das innere Bühnengeschehen nehmen, z. B. in Gestalt eines **inneren Widersachers**, der alles schlechtredet und niedermacht («Deine Entwürfe taugen allenfalls als Schmierpapier – überlass das lieber Menschen, die etwas davon verstehen!»). Solche Stimmen behindern uns bisweilen, besonders wenn sie sich mit befehlender Unabdingbarkeit aufdrängen, der wir uns nur schwer entziehen können. In einem solchen Fall kann es sich lohnen, sich mit diesem Introjekt bewusst auseinanderzusetzen. Der unverdaute Fremdkörper kann dann entweder «abgestoßen», vielleicht langsam durch eine neue Philosophie ersetzt werden (z. B. «Schön, wenn ein ganzer Mann berührbar ist!»). Oder aber er kann durch bewusste Aneignung und Anverwandlung («So stimmt es für mich!») zu einem bewussten Teil meiner selbst werden, getreu dem Satz von Goethe: «Was du erbst von deinen Vätern, erwirb es, um es zu besitzen!» (s. Abb. 39).

«Geschluckt! Ich hab es übernommen.
Doch ist mir's gar nicht gut bekommen!»

Abb. 39: Introjekt

K

Klärungshilfe

Klärungshilfe ist ein spezielles, von Christoph Thomann entwickeltes Vorgehen bei Konflikten zwischen zwei (**Zweier-Klärung**) oder mehreren Parteien (**Team-Klärung**): Ein Klärungshelfer strukturiert und moderiert die Auseinandersetzung, wenn die Beteiligten zum Beispiel aufgrund der Eskalation des Konfliktes alleine nicht mehr oder noch nicht imstande sind, ein konstruktives Gespräch zu führen. Ziel einer Klärungshilfe ist es, für Klarheit und Transparenz zwischen den Beteiligten zu sorgen sowie Spielräume für mögliche Lösungen auszuloten. Die Klärungshilfe hebt sich dadurch von anderen Mediationsverfahren ab, dass sie viel Augenmerk auch und gerade auf solche Emotionen der Beteiligten legt, die «negativ» sind und den Wunsch nach einer friedlichen Lösung zunächst einmal zu gefährden scheinen.

Die Aufgabe des Klärungshelfers besteht darin, alle Beteiligten in ihrer Sichtweise genau zu verstehen, die unausgesprochenen Inhalte (→ Botschaft) und auch unangenehmen Dinge zwischen ihnen spruchreif zu machen, die Emotionen spürbar und die Hintergründe sichtbar werden zu lassen sowie die Beteiligten beim Umgang mit der «Wahrheit der Situation» (→ Situationsmodell) zu unterstützen.

Das Hauptziel der Klärungshilfe ist nicht die Lösungsfindung, sondern die Klärung der schwierigen Situation. Chr. Thomann hat das Vorgehen als **Klärungshilfe-Brücke** dargestellt, die sieben Phasen umfasst (s. Abb. 40).

Phase 0:   Auftragsklärung
Phase 1:   Anfangsphase mit Kontaktaufnahme und Regelvereinbarung

Phase 2:	Selbstklärung der beiden Konfliktparteien (nacheinander), jeweils im Dialog mit dem Klärungshelfer (→ Aktives Zuhören)
Phase 3:	Beziehungsklärung zwischen den Konfliktparteien, bei welcher der Klärungshelfer psychologische Übersetzungsarbeit leistet (→ Doppeln)
Phase 4:	Erklärungen und Lösungen, theoretische Einordnung der Konfliktthemen durch den Klärungshelfer, Treffen von Vereinbarungen zwischen den Beteiligten
Phase 5:	Abschluss, Benennen offener Punkte, Vereinbarung weiterer Sitzungen
Phase 6:	Nachsorge: Bericht der Beteiligten über die Ergebnisse der Klärungshilfe

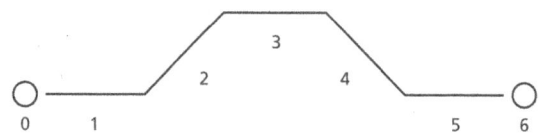

Abb. 40: Phasen des Klärungsprozesses

■ **Literatur**
Thomann, Chr. / Schulz von Thun, F.: Klärungshilfe 1.
Thomann, Chr.: Klärungshilfe 2.
Thomann, Chr. / Prior, Chr.: Klärungshilfe 3.

Kommunikation

Wenn einer etwas kundtut, sei es durch Worte oder Taten oder Mimik / Gestik, und diese → Äußerung kommt bei einem anderen an und dieser kann mehr oder minder gut entschlüsseln, wie die Äußerung gemeint ist und welche Botschaften in ihr enthalten sind, dann ist eine Mitteilung gelungen und Kommunikation hat stattgefunden. Kommunikation ist also, wenn einer einem anderen etwas kundtut. Dies setzt voraus oder stiftet einen → Kontakt. Nicht unbedingt, aber häufig ist dieser Kontakt in eine → Interaktion eingefügt, in eine wechselseitige Bezogenheit und gegenseitige Einflussnahme. Kommunikations-, Interaktions- und Kontaktfähigkeit sind daher nicht identisch, aber eng benachbart und werden unter dem Begriff der **sozialen Kompetenz** zusammengefasst.

Charakteristisch für menschliche Kommunikation ist, dass so vieles gleichzeitig passiert: sich zeigen (verbergen) und erkannt (verkannt) werden; einen Sachverhalt (→ Sache) darstellen und verstanden (missverstanden) werden; eine → Beziehung stiften und eine Beziehungsdefinition anbieten (die akzeptiert oder verworfen werden kann); der Versuch einer Einflussnahme (→ Appell), der befolgt, ignoriert oder reaktant verweigert werden kann.

Diese Gleichzeitigkeit, die sich implizit und explizit, verbal und nonverbal realisiert, stellt für den Wissenschaftler, mehr noch für den Kommunikator selbst (→ Empfangsvorgang) eine große Herausforderung dar, weil die Simultaneität bewältigt werden muss und auf jeder dieser vier Ebenen etwas schief gehen kann.

Das → Kommunikationsquadrat soll dafür das Bewusstsein schärfen. Auf dem Wege zu einer authentischen und situationsgerechten Kommunikation (→ Stimmigkeit) haben sich außerdem folgende Modelle als aussichtsreich erwiesen:

- das → Innere Team als entscheidende Hilfe zur Selbstklärung
- das → Riemann-Thomann-Modell zur Erklärung von menschlichen Unterschieden

- das → Werte- und Entwicklungsquadrat zur Verdeutlichung der dialektischen Struktur von Werten, menschlichen Qualitäten und Herausforderungen
- das → Teufelskreis-Modell zur Veranschaulichung typischer zwischenmenschlicher Dynamiken
- das → Situationsmodell zum Verständnis der «Wahrheit der Situation» und ihrer innewohnenden Logik.

Kommunikation bedeutet im existenziellen Sinne: Nicht nur «Miteinander reden», sondern «Mit sich selbst und miteinander gut klarkommen». Ausgehend von der Tatsache, dass menschliches Miteinander im privaten, im beruflichen, im politischen Bereich mehr oder minder gut gelingen und im Extremfall völlig scheitern kann, verbindet sich mit dem Begriff der Kommunikation das Credo, dass es lohnend und menschenmöglich sei, zu lernen, so miteinander umzugehen, dass eine Verständigungsbrücke von Mensch zu Mensch entsteht, dass wir auf der Welt miteinander koexistieren und einander gelten lassen, dass das Liebevolle und Kooperative unter den Menschen wo immer möglich die Oberhand gewinnt, dass – besonders im Konfliktfall – ein gutes Miteinander-Reden vieles heilsam regeln kann, was sonst in Gefahr steht, in einer Tragödie zu münden – sowohl im privaten Mikrokosmos wie auch im Makrokosmos dieses Planeten.

Kommunikationsquadrat

Das Kommunikationsquadrat (früher: **Nachrichtenquadrat**) ist ein Modell zur Analyse der zwischenmenschlichen Kommunikation. Es basiert auf der Grundannahme, dass jede → Äußerung vier Aspekte hat, die sich in den vier Seiten des Quadrates wiederfinden:
- einen Sachinhalt: worüber ich informiere
- eine Selbstkundgabe: was ich von mir zeige

- einen Beziehungshinweis: was ich vom anderen halte und wie ich zu ihm stehe
- einen Appell: was ich beim anderen erreichen möchte

(s. Abb. 41).

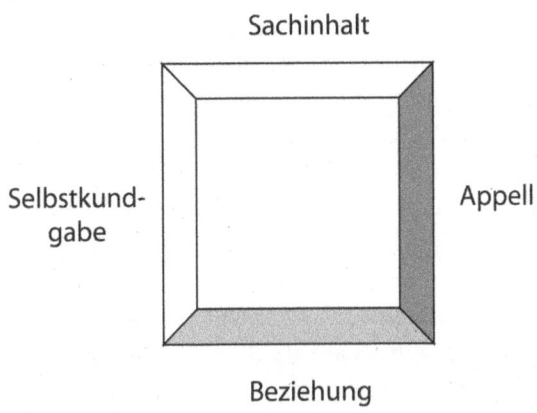

Sachinhalt

Selbstkund-
gabe

Appell

Beziehung

**Abb. 41: Kommunikationsquadrat: Vier Ebenen der zwischenmensch-
lichen Kommunikation**

Ein Beispiel: Stephan mäht an einem Sonntagnachmittag seinen Rasen. Auf der anderen Straßenseite taucht sein Nachbar Bernd auf und deutet auf den Rasenmäher: «Ganz schön spät!» Uns fehlt zwar die Vorgeschichte der beiden (z. B. ob sie eine jahrelange gute Nachbarschaft verbindet oder sie Gegner in einem Gerichtsprozess wegen anhaltender Lärmbelästigung sind), dennoch können wir Bernds Satz einmal zu Übungszwecken unter das Kommunikationsquadrat legen.

Wenn wir zunächst die **Sachseite** (→ Sache) betrachten, lautet die Frage: Welche rein sachliche Information steckt in der Äußerung? Auf dieser Seite des Kommunikationsquadrates interessieren wir uns nur für Zahlen, Daten und Fakten, die man nach Überprüfung als richtig oder falsch bezeichnen kann. Die Sachinformation in Bernds Äußerung ist der zeitliche Aspekt, den er direkt anspricht: «Ganz schön spät!» Damit könnte er meinen, dass Stephans Rasen schon früher Pflege nötig gehabt hätte, nach dem Motto: Wer zu spät mäht, den bestraft der Rasen! Oder aber, dass der Sonntagnachmittag unangemessen ist für Lärm produzierende Aktivitäten.

Schauen wir auf die **Selbstkundgabeseite** (→ Selbstkundgabe): Was erfahren wir möglicherweise über Bernd, wenn er diesen Satz sagt? Was teilt er über sich selbst mit? Was ist ihm wichtig? Wie ist er wohl gestimmt? Dafür sollten wir uns in Bernd hineinversetzen: Vielleicht fühlt er sich gestört in seiner nachmittäglichen Ruhe? Vielleicht will er andeuten, dass er selbst seinen Rasen schon längst versorgt hat? Es kann aber auch sein, dass aus ihm der stolze Gartenfachmann spricht, der über die optimalen Mähzeiten Bescheid weiß.

Auf der **Beziehungsseite** (→ Beziehung) interessiert uns, welche Beziehungshinweise in dem Satz «Ganz schön spät!» stecken: Was denkt Bernd wohl über Stephan, wie steht er zu ihm und was hält er von ihm im Hinblick auf diese Situation? Möglich, dass darin der Vorwurf steckt, Stephan sei mit seiner nachmittäglichen Aktivität eine Zumutung für die Nachbarschaft. Oder dass er schlicht keine Ahnung von Rasenpflege habe.

Schließlich fragen wir uns auf der **Appellseite** (→ Appell) des Quadrates, was Bernd wohl mit seiner Äußerung bei Stephan bewirken möchte. Was soll Stephan tun oder unterlassen, was soll er denken und fühlen? Der Appell könnte sein, dass Stephan aufhören soll, den Rasen zu mähen. Oder dass er sich nächstes Mal besser früher um seinen Rasen kümmern soll. Vielleicht aber auch, dass Stephan Bernd um Rat fragen möge, wann der richtige Zeitpunkt zum Rasenmähen ist (s. Abb. 42).

Es wird deutlich, dass eine einfach anmutende Äußerung gleich in vierfacher Hinsicht gehaltvoll ist. Was hat Bernd wirklich zu Stephan sagen wollen? Wenn wir ihn fragen würden, könnte er uns sagen, wie er den Satz gemeint hat. Damit sind wir beim ersten Fallstrick der zwischenmenschlichen Kommunikation angelangt: Das Gesagte

Sachinhalt
Dies ist nicht der richtige
Zeitpunkt für Rasenmähen.

Selbstkundgabe
Ich fühle mich gestört.
Ich weiß Bescheid.

«Ganz schön
spät!»

Appell
Mäh deinen Rasen
beim nächsten Mal
früher!

Beziehung
Du hast keine Ahnung von
Rasenpflege.

Abb. 42: Eine Äußerung – viele mögliche Botschaften

ist nämlich keinesfalls immer identisch mit dem Gemeinten, oft senden wir gerade heikle Dinge als unterschwellige → Botschaften. Dies kann absichtlich und bewusst ebenso geschehen wie unabsichtlich und unbewusst. Den eigenen Ärger über die nachmittägliche Störung in dem Hinweis zu verpacken, dass es «ganz schön spät» sei, ist deutlich weniger heikel als zu sagen: «Ich fühle mich gestört.»

Um zu mehr Klarheit in der zwischenmenschlichen Kommunikation zu gelangen, ist es hilfreich, sich zu vergegenwärtigen, was man eigentlich gemeint hat. Dafür braucht es (besonders in Konfliktsituationen) ein Minimum an Selbstempathie und Ehrlichkeit sich selbst gegenüber. Im zweiten Schritt kann man überprüfen, welche der vier Seiten man primär ansprechen wollte – und welche man explizit angesprochen hat. Im Modell des Kommunikationsquadrates verfügt der Sender entsprechend den vier Seiten über vier **Schnäbel**. Der Ausdruck «Schnabel» leitet sich aus der deutschen Redewendung ab «reden, wie einem der Schnabel gewachsen ist» (es sind allerdings vier Schnäbel gewachsen!). Bernd hat in seiner Äußerung «Ganz schön spät!» den Sachschnabel in Gebrauch. Hätte er dagegen gesagt: «Ich fühle mich gestört», wäre der Selbstkundgabeschnabel zum Einsatz gekommen. Der Appellschnabel formuliert Wünsche, Bedürfnisse und Ziele («Ich möchte, dass du aufhörst zu mähen.») und der Beziehungsschnabel ist für Hinweise zuständig, wie ich den anderen bzw. unser Verhältnis gerade sehe («Du störst mich!» oder «Du bist ziemlich rücksichtslos!»).

Damit ich mit meiner Äußerung auch beim anderen ankommen kann, braucht es auf Seiten des Empfängers → Vier Ohren. Wenn wir nicht Bernd fragen würden, was er gesagt hat, sondern Stephan, was er gehört hat, würden wir vielleicht ganz andere Informationen bekommen. Damit landen wir beim zweiten Fallstrick: Was beim Empfänger ankommt, ist nicht zwangsläufig identisch mit dem, was der Sender gemeint hat. Mehr noch, bisweilen ist es sogar das Gegenteil. Der Empfänger ist ebenso wie der Sender am kommunikativen Endergebnis beteiligt (→ Empfangsvorgang) und nimmt Einfluss auf den Gesprächsverlauf, indem er Botschaften hineinhört und / oder überhört.

Wenn nun alle Menschen mit vier gleichermaßen deutlich ausgebildeten Schnäbeln und vier gleichermaßen hellhörigen Ohren auf die Welt kommen würden, dann wäre gelungene Kommunikation ein wahrscheinlicheres Ereignis. Wir alle entwickeln im Laufe unseres Lebens bestimmte Empfangsgewohnheiten und sind im Einsatz mancher Schnäbel und Ohren sehr geübt, in anderen dagegen weniger oder gar nicht. Welcher Schnabel oder welches Ohr bevorzugt zum Einsatz kommt, hat mit unserer → Persönlichkeit und unserer Lebensgeschichte, aber auch mit der jeweiligen Situation, dem Gesprächspartner und unserer → Rolle zu tun. Dementsprechend wird manch eine Äußerung mit einem Schnabel adressiert, der nicht zum Gemeinten passt (z. B. Patient beim Arzt «Es ist halbzehn!» statt «Sie lassen mich seit 30 Minuten warten, ich bin darüber einigermaßen verärgert!»). Und manche Information landet in einem Ohr, für das sie nicht bestimmt war: Es könnte zum Beispiel sein, dass Stephan in Bernds Äußerung nicht die sachliche Feststellung, sondern die Kampfansage gehört hat: «Du bist eine nachbarschaftliche Zumutung!» In diesem Fall wäre bei Stephan nicht das

Sach-Ohr, sondern das Beziehungs-Ohr auf Empfang geschaltet gewesen. Ein großer Teil der Kommunikationsstörungen rührt daher, dass der eingesetzte Schnabel und das auf Empfang geschaltete Ohr nicht zueinander passen.

Der Nutzen des Kommunikationsquadrates für den zwischenmenschlichen Alltag besteht unter anderem darin,

- schwierige Gespräche im Nachhinein zu analysieren, um daraus zu lernen: Was ist auf welcher Ebene schiefgelaufen und warum? Das Modell erleichtert die → Metakommunikation.
- Gespräche vorzubereiten (→ Gesprächsführung): Worum geht es mir sachlich? Persönlich? Mit meinem Gesprächspartner? Was möchte ich erreichen?
- ein strukturiertes → Feedback zu erarbeiten, beispielsweise in Mitarbeitergesprächen, unter Kollegen, in Teams etc.
- durch Bewusstwerdung der vier Ebenen eine gemeinsame Gesprächsebene herzustellen: Wenn Bernd über den idealen Mähzeitpunkt redet und Stephan über das Nachbarschaftsverhältnis, reden beide aneinander vorbei.

Schulz von Thun hat das Modell erstmals 1977 publiziert; damals führte er ein Sprachmodell von Karl Bühler und die Watzlawick'sche Unterscheidung von Inhalts- und Beziehungsebene zusammen. Im Rowohlt-Taschenbuch «Miteinander reden» (1981) kamen die «Vier Ohren» hinzu, neuere Erkenntnisse sind in «Miteinander reden: Fragen und Antworten» (2007) zusammengestellt.

■ **Literatur**
Miteinander reden 1.
Schulz von Thun, F./Ruppel, J./Stratmann, R.: Miteinander reden.
    S. 33 ff.
Schulz von Thun, F.: Miteinander reden: Fragen und Antworten.
    S. 11 ff.

Kommunikationsstile

Menschen unterscheiden sich in der Art und Weise, wie sie mit anderen in Kontakt treten. Die Unterschiede sind nicht angeboren, sondern entwickeln sich im Laufe des Lebens als Ergebnis unserer Erfahrungen mit anderen Menschen. Die sichtbare «Außenseite» unseres Verhaltens und unserer Kommunikation ist immer auch ein Ausdruck der weniger offensichtlichen «Innenseite», also unserer Ängste, Bedürfnisse und Wünsche. Auf dieser Grundlage entwickelt jeder Mensch seinen eigenen Kommunikationsstil. Besonders prägend ist dabei, wie wir im Zusammenleben mit den wichtigsten Bezugspersonen der ersten Jahre unseren Platz behauptet und uns vor Verletzungen geschützt haben. Schulz von Thun unterscheidet acht verschiedene Stile, wobei jedem Stil eine Grundbotschaft zugeordnet ist, die ein Mensch mit seiner Kommunikation (unterschwellig) aussendet:

1. Bedürftig-abhängiger Stil
2. Helfender Stil
3. Selbst-loser Stil
4. Aggressiv-entwertender Stil
5. Sich beweisender Stil
6. Bestimmend-kontrollierender Stil
7. Sich distanzierender Stil
8. Mitteilungsfreudig-dramatisierender Stil

(s. Abb. 43)

Der jeweilige Kommunikationsstil prägt unsere Kontaktgestaltung. Ihm liegt ein seelisches → Axiom zugrunde, eine unbewusst wirksame Überzeugung, wie beispielsweise beim bedürftig-abhängigen Stil: «Ich bin schwach und hilflos, alleine bin ich dem Leben nicht gewachsen» oder beim selbst-losen Stil: «Ich bin unwichtig – nur im Einsatz für andere kann ich zu etwas nütze sein!»

Jeder Stil enthält für eine gute Kontaktgestaltung ein bestimmtes Potenzial und eine typische Falle. Der selbst-lose Stil zum Beispiel

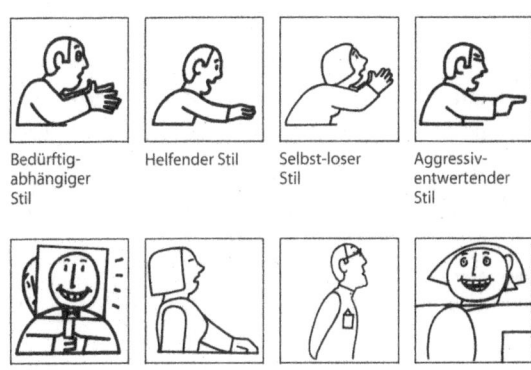

Bedürftig-
abhängiger
Stil

Helfender Stil

Selbst-loser
Stil

Aggressiv-
entwertender
Stil

Sich beweisen-
der Stil

Bestimmend-
kontrollierender
Stil

Sich distanzie-
render Stil

Mitteilungs-
freudig-dramati-
sierender Stil

Abb. 43: Kommunikationsstile

enthält das Potenzial der Hingabefähigkeit. Diese kann, wenn sie im Übermaß gelebt wird, zu einer selbstentwertenden Aufopferung verkommen. Diese Gefahr ist besonders dann gegeben, wenn die Tugend der Hingabe nicht hinreichend durch die Schwestertugend der Selbstachtung und Selbstbehauptung ausgeglichen wird. Das → Werte- und Entwicklungsquadrat kann diese Zusammenhänge verdeutlichen (s. Abb. 44).

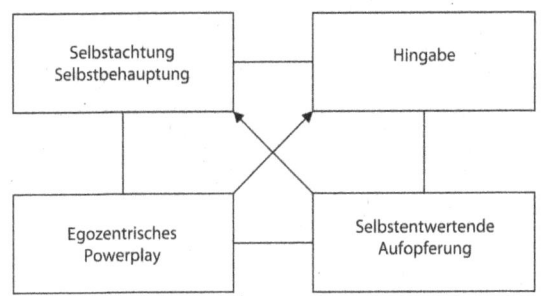

Abb. 44: Beziehungsgestaltung im Spannungsfeld von Selbstbehauptung und Hingabe

Die Pfeile in den Diagonalen weisen die Entwicklungsrichtungen im Kommunikationstraining. Wer zum Beispiel allzu sehr dem selbstlosen Stil verhaftet ist und nach unten rechts «abgerutscht» ist, könnte und sollte durch ein Training in Selbstachtung / -behauptung die entsprechende Schwestertugend erobern. In gleicher Weise lässt sich dies für alle acht Kommunikationsstile «durchbuchstabieren».

■ **Literatur**
Miteinander reden 2.

Kommunikationstraining

Kommunikationstraining bezeichnet eine ein- oder mehrtägige Veranstaltung, in deren Rahmen die Teilnehmer ihre Kommunikationskompetenzen entwickeln und erweitern. Die Kommunikationstrainings nach Schulz von Thun wurzeln im **Verhaltenstraining** der 1970er Jahre, haben jedoch über die Jahre eine folgenreiche Wandlung und Entwicklung erfahren. Damals waren die Teilnehmer zunächst Lehrer, später auch Führungskräfte, und das Lernziel lautete: «Mehr Partnerschaftlichkeit!» Der Begriff der «sozialen Kompetenz» entwickelte sich als Inbegriff all der Fähigkeiten, die das Menschliche und Zwischenmenschliche betreffen. Der Mensch im beruflichen Kontext sollte künftig nicht mehr nur fachlich-sachlich, sondern auch in sozialer Hinsicht kompetent sein! Diesem Entwicklungsbedarf folgend, begannen die Assistenten von R. Tausch (Inghard Langer, Bernd Fittkau und Friedemann Schulz von Thun) Verhaltentrainings mit Rollenspielen und Feedback durchzuführen, was nicht nur ein neues Verhalten anstrebte, sondern auch eine neue Form der Erwachsenenbildung bedeutete.

Aus den Erfahrungen mit diesem Ansatz sind im Laufe der Jahre viele zentrale Erkenntnisse gewachsen, die zu einer großen Veränderung der Trainings und zu einem neuen Verständnis der Trainer-rolle geführt haben. Besonders bedeutsam dabei war die Erkennt-nis, dass die Annahme eines für alle Menschen und Situationen gültigen Idealverhaltens geradewegs in eine Verhaltensuniform führt, die dem wahrhaften Menschen darunter ebenso wenig Platz lässt wie den Besonderheiten der Situation.

Weiterhin wurde deutlich: Die Menschen sind unterschiedlich, und das gilt auch für die Teilnehmer von Kommunikationsseminaren! Während Herr Müller sich damit schwer tut, seinen Standpunkt gegenüber den Kollegen klar zu vertreten, hat Frau Meyer diese Fähigkeit schon im Übermaß und erweckt aufgrund ihrer Vehemenz bei ihren Mitarbeitern den Eindruck «Diskutieren zwecklos!» Die beiden nun gleichermaßen darin zu schulen, die eigene Meinung eindeutig und standhaft zu vertreten, würde bedeuten, Frau Meyer einen Bärendienst zu erweisen – jedenfalls solange nicht herausgearbeitet wird, dass die Fähigkeit zur klaren Selbstvertretung eine Ergänzung braucht: nämlich die Bereitschaft und die Fähigkeit, sich auch auf die Sichtweise des Gegenübers einzulassen. Dass sich die Entwicklungsrichtungen von Menschen «überkreuzen», lässt sich im Modell des → Werte- und Entwicklungsquadrates verdeutlichen, siehe auch → Kommunikationsstile.

Aus diesen Einsichten hat sich eine Kommunikationspsychologie entwickelt, die dem Ideal der → Stimmigkeit folgt: Unser Verhalten sollte zum einen dem Gehalt der Situation entsprechen, also dem Anlass der Begegnung, dem Rahmen, der eigene Rolle, dem Auftrag und dem Ziel gerecht werden. Zum anderen sollte die Kommunikation auch in Übereinstimmung sein mit dem, was den Menschen und seine Persönlichkeit ausmacht: Welche Gedanken und Gefühle regen sich angesichts einer Situation in mir? Bin ich ärgerlich, enttäuscht, verwirrt, unsicher, überrascht oder erstaunt? Was davon möchte ich mitteilen, und welche Art, das auszudrücken, entspricht mir? Die Antworten auf diese Fragen lassen sich in keinem Lehrbuch finden, sie müssen individuell entwickelt und gestaltet

K

werden. Eine Verbesserung der Kommunikation impliziert eine Selbstauseinandersetzung mit dem inneren Menschen, der in mir sein Wesen und manchmal sein Unwesen treibt. Kommunikationsmodelle helfen bei dieser Auseinandersetzung mit sich selbst, insbesondere das → Innere Team. Die Rolle des «Trainers» erweitert sich hier zum (Selbst-)Klärungshelfer.

Die Ausrichtung am Ideal der Stimmigkeit («wesensgemäß und situationsgerecht») statt wie früher an einer standardisierten Verhaltensnorm hat auch den Sinn und Geist unserer Seminare verändert: Das Üben bestimmter Verhaltensweisen ist nach wie vor ein wichtiger Bestandteil – jedoch vor dem Hintergrund der individuell bestimmten Entwicklungsrichtung. Wenn ich erkannt habe, dass ich in manchen Situationen unbedingt die Fähigkeit brauche, «nein» zu sagen; wenn ich erkundet habe, welcher seelische Anteil in mir mich ständig bremst, dies tatsächlich zu tun, dann ist der erste, wichtige Schritt getan. Damit aber aus der Erkenntnis eine Fähigkeit werden kann, braucht es einen Übungsraum, in dem ich erproben kann, wie es ist, «nein» zu sagen. Idealerweise habe ich dann wohlwollende Menschen an meiner Seite, die mir ein Feedback darüber geben, wie das wirkt, was ich da tue. In diesem Sinne spielt das Einüben eines Verhaltensrepertoires eine wichtige Rolle in unseren Kommunikationstrainings, aber es ist nur eine der vier Lernstraßen, die mit «Kopf, Herz, Hand und Fuß» bezeichnet werden können:

- «Kopf»: Vorträge, Theorien und Modelle zur kognitiven Erschließung der Kompetenzfelder
- «Herz»: Die Erkundung des inneren Menschen mit seinen Gefühlen und Strebungen
- «Hand»: Das Einüben von wichtigem Basisverhalten (z. B. aktives Zuhören) sowie von individuell angestrebtem Repertoire im Training
- «Fuß»: Erkundung des eigenen Standpunktes auf dem systemischen Feld: Systemanalyse zur Ermittlung der «Wahrheit der Situation» (→ Situationsmodell)

■ **Literatur**
Schulz von Thun, F.: Klarkommen mit sich selbst und anderen,
   S. 11 ff.
Schulz von Thun, F.: Bin ich ein Trainer? In: Schulz von Thun, F. /
   Kumbier, D.: Impulse für Führung und Training, S. 165 ff.

Konflikt

Jeder weiß, was ein Konflikt ist. Eine Definition ist trotzdem nicht leicht. «Wenn wir in Streit geraten»? Ja, aber es gibt neben solchen «heißen» Konflikten auch «kalte» Konflikte, die unausgesprochen im Raume sind und die Atmosphäre «frostig» machen, wo wir aber gerade *nicht* aneinandergeraten. Oder handelt es sich um einen Konflikt, wenn wir unterschiedliche Meinungen oder Wünsche haben? Nicht unbedingt: Du willst heute Abend ins Kino, ich würde am liebsten zu Hause bleiben? Das wäre (noch) kein Konflikt. Glasl (1980) definiert ihn so: «Unterschiede im Denken, Fühlen oder Wollen, die zu einem Verhalten führen, das der andere als Beeinträchtigung erlebt». Aber auch das reicht noch nicht. Vieles, was mein Nachbar, mein Kollege, mein Chef tut, stört mich. Zum Beispiel hindert mich die laute Party nebenan am Einschlafen. Aber ok, der Mann feiert seinen Geburtstag, ich nehme Ohropax und lege mich wieder hin. Kein Konflikt! Deswegen ergänzt Thomann die Definition von Glasl: «... und *die er nicht akzeptiert*». Wenn ich also den Lärm nicht akzeptiere, beim Nachbarn klingele und mich über den Lärm beschwere – wäre dann der Konflikt «perfekt»? Auch noch nicht! Entschuldigt sich der Nachbar und macht er die Musik sogleich leiser, dann hat es eine Verständigung gegeben, bevor ein Konflikt ausgebrochen ist. Erst wenn der Nachbar die erbetene Rücksicht verweigert («Einmal im Jahr habe ich Geburtstag, das können Sie wohl einmal hinnehmen!») und ich diese Zumutung nicht akzeptieren will, ist der Konflikt perfekt.

Wir definieren also: «*Ein Konflikt ist gegeben, wenn Unterschiede im Denken, Fühlen und / oder Wollen zu einem Verhalten führen, das der andere als inakzeptable Beeinträchtigung erlebt und das der eine nicht oder nicht hinreichend zu ändern bereit ist, wenn er von dieser Beeinträchtigung erfährt.*»

Die meisten Menschen erleben Konflikte als unangenehm, auch schon spürbare Unterschiede im Vorfeld eines Konfliktes. Tatsächlich gehen sie «unter die Haut», lösen Angst aus: Angst vor Verletzung und Disharmonie, vor Ablehnung und Feindseligkeit, vor «bösem Blut». Gleichzeitig sind Konflikte im menschlichen Miteinander normal und nicht zu vermeiden, besonders im partnerschaftlichen Verhältnis, wo nicht nur einer «das Sagen hat», sondern beide ihre Interessen, Bedürfnisse und Eigenarten einbringen dürfen und sollen. Das ist ein soziales Grundgesetz: Menschen, die miteinander zu schaffen haben, machen einander zu schaffen! Dies gilt gerade für Inhaber von → Rollen, in welchen Konflikte bereits «einprogrammiert» sind, bevor der eine oder andere Mensch die Rolle übernimmt.

Konflikte sind also erstens *bedrohlich* und zweitens *unumgänglich*. Und drittens können sie *fruchtbar* sein: ein konstruktiv ausgetragener Konflikt kann, da «die Wahrheit zu zweit beginnt» (→ Dialog), neue und kreative Lösungen hervorbringen und überdies die Beziehung der Kontrahenten stärken und vertiefen. Ob es gut oder böse ausgeht, hängt nun sehr von der *Konfliktfähigkeit* der Kontrahenten ab, einer der entscheidenden Komponenten der sozialen Kompetenz! Gelingt es ihnen, *Selbstbehauptung* und *Konzilianz* (um Versöhnen bemühtes Entgegenkommen) miteinander zu verbinden, so dass sie weder in eine sture Selbstgerechtigkeit / Rechthaberei noch in eine selbst verleugnende Nachgiebigkeit abrutschen? Gelingt es ihnen, → Empathie und Selbstempathie in der Balance zu halten? Gelingt ihnen ein «Miteinander im Gegeneinander»? Oder macht das Gespräch alles noch schlimmer, fließt böses Blut im boshaften Gemetzel oder gefriert es im eisigen Schweigen?

Idealtypisch lassen sich zwei **Konfliktphasen** unterscheiden:

1. die Konfrontationsphase (der Ausbruch)
2. die Reflexionsphase (die Klärung)
(s. Abb. 45)

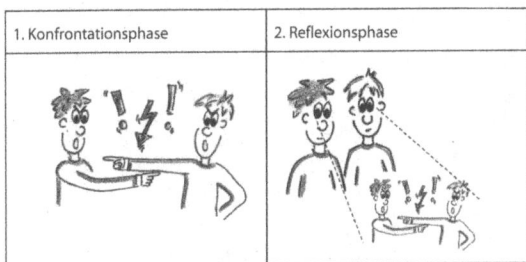

| 1. Konfrontationsphase | 2. Reflexionsphase |

Abb. 45: Zwei Phasen im Konflikt

Die erste ist die Phase des Aneinandergeratens, in der es zu Gefühls-
ausbrüchen, Vorwürfen und Streit kommt. In der zweiten Phase
schauen die Beteiligten gemeinsam und mit Distanz zum Geschehen auf den Konflikt. Sie besprechen und reflektieren das Erlebte,
auf diese Weise kann der Konflikt zur Klärung beitragen und auch
Veränderungsimpulse entfalten. Für eine konstruktive Konflikt-
austragung sind beide Phasen essenziell. Fehlt die erste Phase und
steigen die Beteiligten sofort in die → Reflexion ein, wird schon
bearbeitet, was noch gar nicht ans Tageslicht gekommen ist. Die
Klärung läuft dann Gefahr, oberflächlich zu bleiben, häufig belastet
Unausgesprochenes und Unausgebrochenes dann noch unterschwellig die Beziehung. Fehlt hingegen die zweite Phase, kommt
es zwischen den Beteiligten nur zur Konfrontation, nicht jedoch
zur Reflexion, kann der Konflikt weder geklärt noch beigelegt werden. Es entsteht kein Verständnis für das Vorgefallene, es gibt keine
Lösung und die Beziehung bleibt belastet.

Zur Differenzierung von Konflikten ist es hilfreich, zwischen der
→ Sache und der → Beziehung zu unterscheiden. Das Vier-Felder-
Schema der Konflikte greift diese Differenzierung auf (s. Abb. 46).

Beziehung

	einig	uneinig
Sache einig	Doppelte Einigkeit	Beziehungs- konflikt
uneinig	Sach- konflikt	Doppel- konflikt

Abb. 46: Vier-Felder-Schema der Konflikte

Im Feld 1 kann es sich zwar um eine Rüge oder einen Vorwurf handeln, allerdings besteht zwischen den Beteiligten sowohl Einigkeit über die Sachlage als auch über die Beziehung, somit handelt es sich nicht um einen Konflikt. Beispielsweise wenn Karin ihren Mann Werner rügt, weil er zu selten den Müll runterbringt und Werner ihr inhaltlich («Stimmt, ich bin wirklich mal wieder dran!») ebenso wie auf der Beziehungsseite («Mit dem Tonfall deiner Kritik bin ich einverstanden») zustimmt.

Im zweiten Feld gibt es zwar eine Übereinstimmung auf der Sachebene («Stimmt, ich bin wirklich mal wieder dran!»), aber eine Uneinigkeit auf der Beziehungsebene («Dennoch finde ich den Tonfall deiner Kritik unangemessen – so nicht!»). In diesem Fall ist eine Klärung der Beziehung angeraten («In welchem Tonfall reden wir miteinander?»), nicht der Sachlage («Wer ist wann dran, mit Müll rausbringen?») Die Beteiligten müssen nun aufpassen, dass sich Sach- und Beziehungsthemen nicht vermischen, dass sie nicht das Beziehungsthema auf der Sachebene austragen und sich beispielsweise in einen Streit darüber verstricken, wie häufig Werner den Müll rausbringt – während es eigentlich um den Tonfall geht (→ Konfliktverschiebung).

Im dritten Feld sind sich die Beteiligten auf der Sachebene uneinig («Stimmt nicht, ich habe den Müll gestern rausgebracht und heute schon das Bad geputzt!»), jedoch in der Beziehung einig («Dennoch ist es okay, dass du mich in dieser Art und Weise ansprichst»). In einer solchen Situation ist ein Dialog über die Sache angebracht.

Im vierten Feld besteht sowohl Uneinigkeit in der Sache («Stimmt nicht!») als auch in der Beziehung («Und außerdem nicht in diesem Ton!»). Ein solcher **Doppelkonflikt** birgt die Gefahr, dass sich Sach- und Beziehungsthemen im Streit zu einem schwer sortierbaren Gemenge vermischen. Hier ist ratsam, Sache und Beziehung voneinander zu trennen und beides nacheinander zu betrachten. Dabei gilt: Beziehungsklärung vor Sachklärung, da es in der Regel schwierig ist, sich über Sachthemen zu einigen, solange die Beziehung belastet und ungeklärt ist.

Eberhard Stahl (2010) unterscheidet vier Beziehungsmodi, in denen man sich im Konflikt begegnen kann (Partner, Parteien, Gegner oder Feinde), sowie drei inhaltliche Kategorien (Streit um Wahrheit [Fakten], um Bewertungen [Meinungen], oder um Interessen [Prioritäten]). Diese Unterscheidungen bilden die Grundlage für 12 Konflikttypen, die jeweils einen unterschiedlichen Charakter aufweisen und daher mit verschiedenen Kommunikationsempfehlungen einhergehen.

Eine typische Dynamik in Konflikten wird im Modell des → Teufelskreises beschrieben.

■ **Literatur**
Miteinander reden 1, S. 52 ff., 229 ff. (S. 48 f., 198 ff.)
Benien, K.: Schwierige Gespräche führen, S. 69 ff.
Glasl, F.: Konfliktmanagement.
Stahl, E: Konfliktinszenierungen. In: Schulz von Thun, F. / Kumbier, D.: Impulse für Kommunikation im Alltag. S. 40 ff.
Thomann, Ch.: Klärungshilfe 2.

Konfliktverschiebung

Der Begriff Konfliktverschiebung beschreibt den Fall, dass der Konflikt oder die Konfliktenergie (häufig unbewusst) an eine andere (weniger bedrohliche) Stelle verschoben wird. Beispielsweise wenn sich eine Abteilung nicht mit den Differenzen innerhalb der eigenen Gruppe auseinandersetzt, sondern alle Aggression und Feindschaft gegen die Nachbarabteilung richtet. Die Abteilung hat sich dann einen **Außenfeind** gesucht und kann auf diese Weise die Auseinandersetzung innerhalb der eigenen Abteilung (zumindest eine Zeit lang) vermeiden und umgehen. Mit Hilfe dieses Außenfeindes lässt sich das gefährdete Zusammengehörigkeitsgefühl retten. So kann beispielsweise auch der gemeinsame Zwist gegen den Nachbarn die Eheleute einen.

Eine andere Art der Konfliktverlagerung ist die Suche nach einem **Sündenbock** innerhalb des Systems (der Abteilung, der Familie, etc.). Um das Zusammengehörigkeitsgefühl zu erhalten, würde die Abteilung in diesem Fall ihre Konfliktenergie auf eine Person innerhalb der Abteilung richten («Nur weil Kollege Hermann so unfähig ist, haben wir immer wieder den Schlamassel. Ohne Hermann könnte alles so schön sein!»). Wie beim Außenfeind wird die Konfliktenergie verlagert und eine Auseinandersetzung mit möglicherweise brisanten Themen «erfolgreich» vermieden.

Eine dritte Art der Konfliktverlagerung ist die **Aggression gegen sich selbst**. Die Konfliktenergie wird auch hier nicht an den eigentlichen Konfliktpartner adressiert, sondern richtet sich gegen die Person selbst (z. B. «Ich bin ja selbst schuld, wenn ich wieder an der Wand stehe und nichts gebacken kriege!»). Solche Selbstaggressionen ersparen einem zwar den Kampf mit dem Gegenüber, können aber depressive Entwicklungen nach sich ziehen. Psychotherapeuten wissen: Hinter einer Depression verbergen sich oft unausgetragene Konflikte, ist manche nicht ausgedrückte Wut (gegen jemand anderen) verschüttet und muss erst noch freigelegt werden.

Eine vierte Variante der Konfliktverschiebung besteht darin, dass zwei Konfliktpartner nicht das eigentliche Thema zu fassen kriegen (wollen). Dies ist immer dann der Fall, wenn es um «Kleinigkeiten» geht, der Streit aber vehemente und/oder zähe Formen annimmt, die in keinem stimmigen Verhältnis zum Konfliktanlass stehen. Die Beteiligten fechten dann ein **Pseudoscharmützel** aus und streiten über die falschen – oft weniger heiklen – Themen.

Kontakt

Kontakt bezeichnet die Verbindung zwischen zwei oder mehreren Personen. Zwischenmenschlicher Kontakt entsteht in der Gleichzeitigkeit von Berührung und Abgrenzung. Fehlt die Abgrenzung, entsteht Verschmelzung und Konfluenz. Fehlt die Berührung, entsteht eine «Mauer». Insofern bezeichnet «Kontakt» und «In Kontakt sein» einen für die Kommunikation erstrebenswerten Zustand. Voraussetzung dafür ist auch ein guter Kontakt zu sich selbst (→ Inneres Team). Die Kontaktfähigkeit eines Menschen hängt davon ab, ob ihm dieser doppelte «Draht» gelingt: zu sich selbst und zum Gegenüber. Davon zeugt auch die Redewendung «Zu dem kriege ich keinen Draht!». Die virtuose Handhabung der vier Seiten des Kontaktes (→ Kommunikationsquadrat) trägt zur Kontaktfähigkeit ebenso bei wie die eigene Präsenz, das «Ganz da»-Sein im Hier und Jetzt. Zu einem Menschen, der innerlich woanders ist, gelingt kein wirklicher Kontakt.

Die Kontakt-Aufnahme kann sowohl verbal durch eine → Äußerung erfolgen als auch nonverbal zum Beispiel durch Augenkontakt, Berührung, Mimik oder Gestik. Welches Ausmaß an Kontakt und welche Kontaktintensität als stimmig empfunden wird (→ Stimmigkeit), kann je nach Person erheblich voneinander abweichen (→ Riemann-Thomann-Kreuz). Als **Störung im Kontakt** bezeichnet man Irritationen und Missverständnisse, die in der Kommunikation entstehen und Verunsicherung oder Ärger auslösen können. Zur Analyse und Klärung dieser Irritationen kann das → Kommunikationsquadrat dienen. Eine **Kontaktstörung** hingegen bedeutet eine pathologische (d. h. krankhafte oder neurotische) Eigenschaft, die eine normale Kommunikation und das In-Kontakt-Treten behindert (z. B. Autismus oder narzisstische Persönlichkeitsstörung).

Kränkung

Wenn jemand durch Worte oder Taten eines anderen in seinem Selbstwertgefühl verletzt wird, sprechen wir von einer Kränkung. Es scheint, als habe der moderne Mensch die drei klassischen Kränkungen der Menschheit ganz gut überwunden. Das waren erstens, dass die Erde nicht der Mittelpunkt des Kosmos ist (Kopernikus), sondern dass wir als Staubkorn des Universums im Irgendwo herumkreisen. Zweitens, dass der Mensch «vom Affen abstammt»: dass er nicht direkt als Ebenbild Gottes genuin geschaffen wurde, sondern wie jedes Tier eine animalische Ahnenreihe hat (Darwin). Drittens, dass er nicht einmal «Herr im eigenen Haus» ist, sondern teilweise unbewussten Antrieben unterliegt, die keineswegs alle das zivilisatorische und humanistische Gütesiegel in sich tragen (Freud).

Ganz anders verhält es sich jedoch mit den Kränkungen, die uns ganz persönlich treffen: Äußerungen oder Handlungen, die unseren Wert, unsere Würde, unsere Ehre in Frage stellen. Ich werde nicht eingeladen, öffentlich zur Schnecke gemacht, aus dem Job entlassen, von einem Freund verraten oder von einem Beziehungspartner verlassen ... Der Stachel solcher Verletzungen ist lang und spitz geblieben.

Schon harmlose Bemerkungen können schwere Kränkungen auslösen, wenn wir unversehens in ein «Fettnäpfchen» getreten sind, d. h. einen wunden Punkt beim anderen berührt haben. Man spricht auch von «narzisstischen Kränkungen» (→ Narzissmus), weil jemand, der von einer starken und permanenten Sorge um seinen Selbstwert erfasst ist, besonders «kränkbar» ist und mit einem hochempfindlichen Beziehungsohr (→ Vier Ohren) hört.

Schulz von Thun schlägt hypothetisch eine «Kränkungsformel» vor, die das Ausmaß der Kränkung K abhängig macht von vier Faktoren:

1. Das «Kaliber» (Ka): Eine Äußerung wie «Sie sind doch ein Totalversager!» hat ein größeres Kaliber als «Bei Ihnen bin ich mir nicht ganz sicher, ob Sie das hinkriegen.»

2. Die «Empfindlichkeitstiefe» (Et): Je nachdem, ob ich an der Stelle einen wunden Punkt habe, bin ich «tief getroffen» oder nur oberflächlich tangiert. Der kränkende «Täter» ist nur ein «Auslöser», die Kränkung immer eine Koproduktion von Sender und Empfänger.

3. Das Ausmaß der Öffentlichkeit (N): Wenn ich im Beisein vieler Leute bloßgestellt werde, ist es schlimmer, als wenn es unter vier Augen geschieht. Öffentlich in den Medien am Pranger zu stehen, enthält ein extrem hohes Kränkungspotenzial.

4. Die Abwehrkapazität (Ak): Wenn ich in der Lage bin, der Kränkung «schlagfertig» zu begegnen, bleibt sie weniger tief stecken, als wenn ich sie passiv erleiden muss.

Daraus ergibt sich die Formel (s. Abb. 47):

$$K = \frac{Ka \times Et \times (1 + N)}{Ak}$$

Die Formel ist weniger dazu gedacht, mit konkreten Zahlen gefüllt zu werden und das Maß der Kränkung quantitativ zu bestimmen – wenn man das wollte, müsste man zuvor Schätzskalen für Ka, Et und Ak konstruieren. Vielmehr kann sie den Zusammenhang zwi-

Abb. 47: Hypothetische Kränkungsformel (Schulz von Thun)

schen den wichtigen Faktoren verdeutlichen und in der Kommunikationsberatung mögliche Optionen aufzeigen. Beispiel: Jemand fühlt sich durch die Unverschämtheit seines Chefs schwer gekränkt. Berater: «Ich sehe jetzt zwei Möglichkeiten: Wir könnten entweder daran arbeiten, Ihre Reaktionsfähigkeit (Ak) in solchen Momenten zu erhöhen, und/oder einmal herausfinden, warum der Stachel so tief eindringen konnte (Et). Was hätte für Sie Vorrang?»

Zwar können und sollten wir anstreben, Kränkungen im Umgang miteinander zu vermeiden (→ gewaltfreie Kommunikation), aber wir werden das Phänomen nicht aus der Welt schaffen. Es lohnt sich daher, auf die eigenen erlittenen Kränkungen einen Rückblick zu werfen. Unbearbeitet nagen diese an der Seele, rauben Energie und verleiten zu unverhältnismäßigen Reaktionen. Manchem gewalttätigen Ausbruch liegt eine alte Kränkung zugrunde, die aus dem Untergrund ihre Munition abfeuert.

L

Leitung

Die Leitung innezuhaben bedeutet, eine besondere → Rolle zu übernehmen. Zu den Aufgaben einer **Gruppenleitung** gehört das Begleiten und Anleiten anderer Menschen mit bestimmten Methoden und Inhalten sowie mit einem bestimmten Ziel. Der Leiter eines → Kommunikationstrainings vermittelt Erklärungs- und Anwendungswissen über die Kommunikation zwischen Menschen mit Hilfe von Vorträgen, Demonstrationen, Praxisbeispielen und Übungen. Im Unterschied zur → Führung gehört zur Leitungsrolle keine disziplinarische Verantwortung.

Die Leitungsrolle beinhaltet zwei Herausforderungen, die es immer neu auszubalancieren gilt: Neben dem Ziel, hier die Vermittlung kommunikationspsychologischer Grundlagen, sollte der Leiter stets auch den Prozess und die → Gruppe im Blick haben. Jedenfalls dann, wenn er aufmerksame Teilnehmer erwartet und den Anspruch hat, ein gutes Lern- oder Arbeitsklima zu unterstützen. Wenn sich am Morgen des zweiten Seminartages zeigt, dass ein Großteil der Teilnehmer einige Inhalte des ersten Tages noch nicht verstanden hat und diese noch einmal aufgreifen möchte, macht es Sinn, das Seminarprogramm zu verändern und Inhalte erneut aufzugreifen. Der hierfür notwendige Abstimmungsprozess mit der Gruppe fordert den Leiter als Prozessbegleiter! Aus der Balance von Ziel- und Prozessorientierung heraus muss der Leiter entscheiden, was in der aktuellen Situation angemessen ist. Schulz von Thun schreibt: «Der Trainer muss auch ein professioneller Gruppenleiter sein, ein kundiger und bewusster Anstifter, Diagnostiker und Moderator des Prozesses; und einer, der den unweigerlichen Komplikationen auch menschlich gewachsen ist.» (2009, S. 168)

Leitet man nicht alleine, sondern zu zweit oder dritt, wird von **Co-Leitung** gesprochen. Dieser Begriff lässt noch offen, ob es sich um ein gleichberechtigtes Nebeneinander zweier oder mehrerer Leiter handelt oder ob der Co-Leiter dem Leiter, der die Hauptverantwortung trägt, nachgeordnet ist. Co-Leitung bietet viele Vorteile: Sie erweitert nicht nur die didaktischen Möglichkeiten etwa um die Halbgruppenarbeit, sondern zwei Leiter gemeinsam verfügen auch über mehr Kompetenz und Sachverstand, sie können sich in schwierigen Seminarsituationen gegenseitig unterstützen, und die Teilnehmer erleben unterschiedliche Leitungsstile.

Mit der Co-Leitung sind jedoch auch Gefahren verbunden, zum Beispiel unterschiedliche Vorstellungen über die Leitungsrolle, Konkurrenz um Anerkennung von den Teilnehmern, interne Hierarchie durch unterschiedliche Leitungserfahrung etc. Damit aus den bestehenden Unterschieden kein Fallstrick, sondern ein fruchtbares Ergänzungsverhältnis wird, ist es unerlässlich, dass die Leiter ihr jeweiliges Rollenverständnis und ihre Erwartungen aneinander klären. Zum Beispiel schlagen Heiland und Stratmann (2009) für die «ungeschriebenen Gesetze der Co-Leitung» vier «Paragraphen» vor:

§ 1 Co-Leiter sollten sich gegenseitig über den Seminarverlauf in größtmöglicher Offenheit informieren, gerade auch über schwierige Entwicklungen.

§ 2 Ist ein Co-Leiter in Not, sollte der andere die Leitungsverantwortung übernehmen.

§ 3 Nach jeder schwierigen Seminarsituation haben in der nächsten Pause der Austausch und die Absprachen der Leitung Vorrang vor der Interaktion mit der Gruppe.

§ 4 Keine Veränderung des Seminarplans ohne Zustimmung des Co-Leiters!

Der Leiter hat qua seiner Rolle die Aufgabe, das Gruppengeschehen anzuleiten und prozessbezogen zu intervenieren (→ Intervention). Gleichzeitig nimmt er aber auch selbst Anteil am Gruppengeschehen und beeinflusst dieses mit seinem Verhalten, denn die Übernahme der Leitungsrolle und der damit verbundenen Funktionen bedeutet nicht, dass der Leiter von dem Beziehungsgeschehen nicht selbst auch betroffen wäre! Er ist ebenso Teil davon wie die Teilnehmer.

Diese beiden Aspekte – Distanz und Teilhabe – werden im Prinzip der **partizipierenden Leitung** (→ Themenzentrierte Interaktion) aufgegriffen: Es gilt die Balance zu halten! Manche Leiter betonen die Leitungsrolle zu stark und werden dadurch «abgehoben». Andere wiederum überbetonen die Gleichbetroffenheit mit den Teilnehmern und vergessen dabei, das Zepter in der Hand zu halten. In unseren Seminaren ist ein Ort für die Partizipation die Morgenrunde (→ Metakommunikation). Leitung und Teilnehmer berichten dabei, was das Seminargeschehen bei ihnen auslöst, was in ihrem Kopf und Herzen vorgeht. Indem die Einzelnen ihre persönlichen Reaktionen veröffentlichen, kann in der Gruppe bewusst und besprechbar werden, was sonst aus dem Verborgenen wirkt.

■ **Literatur**

Heiland, R. / Stratmann, R.: Die Kunst der Co-Leitung, in: Schulz von Thun, F. / Kumbier, D.: Impulse für Führung und Training, S. 205 ff.

Schulz von Thun, F.: Bin ich ein Trainer? In: Schulz von Thun, F. / Kumbier, D.: Impulse für Führung und Training, S. 165 ff.

M

Manipulation

Als Manipulation bezeichnet man eine Einflussnahme, die einen Vorteil für den «Manipulierenden» anstrebt und gleichzeitig darauf abzielt, intransparent zu bleiben, also unbemerkt von der Person, die manipuliert wird. Wenn ich also jemanden durch geschickte Kommunikation beeinflusse, ohne dass er es merkt und ohne dass er durchschaut, dass es nicht zu seinem, sondern zu meinem Vorteil geschieht, dann «manipuliere» ich ihn. Zum Beispiel: Ein Verkäufer schmiert einem Kunden gezielt und geschult «Honig um den Bart»: «Bei Ihnen, Herr Winterfeld, ist ein hohes Qualitätsbewusstsein vorhanden, das merkt man sofort!» Er spekuliert darauf, dass der Kunde sich geschmeichelt fühlt und daraufhin den Wunsch entwickelt, sich dieser Einschätzung als würdig zu erweisen – und sich für ein entsprechend «hochwertiges» (= teures) Produkt entscheidet.

Kommunikation will immer (auch) Einfluss nehmen. Um von «Manipulation» zu sprechen, müssen die beiden oben genannten Komponenten hinzukommen: das schwer Durchschaubare und das Verbergen des Eigenvorteils. Dadurch hat «Manipulation» einen moralisch anrüchigen Klang. Es gibt in zwischenmenschlichen Beziehungen aber auch unbewusste Manipulationen, die der Manipulator selbst nicht durchschaut. Zum Beispiel: Ein Ehepartner entwickelt starke Ängste, zu Hause allein zu sein (unausgesprochener Appell an den Partner: «Lass mich nicht allein, fang bloß nicht an, eigene Wege zu gehen!»). Der Partner ist besorgt und betroffen von dieser «Krankheit» und stellt sein Leben darauf ein.

Manipulation ist im menschlichen Miteinander ein zweischneidiges Schwert und in aller Regel nicht empfehlenswert. Und zwar nicht nur wegen der moralischen Fragwürdigkeit, sondern auch, weil sie anfällig dafür ist, die gegenteilige Wirkung zu erzielen. Der aufgeklärte Empfänger riecht häufig den Braten: «Man merkt die Absicht und ist verstimmt!» Dann ist mit → Reaktanz und → Widerstand zu rechnen. Wenn der Kunde aus dem Beispiel das «dick aufgetragene» Kompliment des Verkäufers zu hören bekommt, ist es wahrscheinlich, dass er den verdeckten → Appell «Kauf mir das teure Produkt ab!» heraushört und einen Manipulationsversuch argwöhnt. Das ist der Anfang einer Beziehungsstörung.

Metakommunikation

Metakommunikation bedeutet wörtlich: Die Kommunikation über die Kommunikation. Wenn wir miteinander reden, findet Kommunikation statt. Wenn wir aber darüber reden, wie wir miteinander reden, findet Metakommunikation statt. Bei ihr tauschen wir uns über die Art des Miteinanders aus, es wird gemeinsam reflektiert (→ Reflexion): Wie erleben wir den Umgang miteinander? Wie sind die gesendeten → Äußerungen gemeint und wie die empfangenen → Botschaften interpretiert worden, und welche Reaktionen (→ Empfangsvorgang) folgen darauf? Jetzt geht es um Fragen wie: Wie hast du das gemeint? Wie ist es bei mir angekommen? Wie habe ich darauf innerlich reagiert? Wie empfinde ich unseren Kontakt? Wie geht es mir mit dir in diesem Gespräch? Wie gehen wir grundsätzlich miteinander um und wie geht es uns dabei?

Metakommunikation dient einerseits der Konfliktprophylaxe und ist andererseits ein wichtiges Vorgehen, wenn Personen bereits in einen → Konflikt involviert sind. In diesem Fall begeben sich die Beteiligten gleichsam auf einen «Feldherrnhügel», um sich mit innerer Distanz zum ausschlaggebenden Anlass darüber auseinandersetzen zu können (s. Abb. 48).

Metakommunikation bietet die Chance, Erkenntnisse über die

Abb. 48: Die «Feldherrnhügel» der Metakommunikation: Sender und Empfänger machen die Art, wie sie miteinander umgehen, zum Gegenstand des Gesprächs.

Art der praktizierten Kommunikation zu gewinnen und sich auf eine Verbesserung zu verständigen. Natürlich kann sich ein ungutes Gemetzel auch bei der Metakommunikation fortsetzen. Wenn es richtig schwierig wird, ist es womöglich ein Segen, wenn ein Klärungshelfer (→ Klärungshilfe) das Metagespräch moderiert, sowohl im beruflichen Feld als auch in der Ehe.

Für ein gutes Miteinander ist eine metakommunikatorische Grundhaltung von großer Bedeutung. In Worte gefasst lautet sie so: Wie wir (Ehepartner, Vorgesetzter und Mitarbeiter, Vater und Tochter …) gut miteinander klarkommen, das steht in keinem Lehrbuch. Das müssen wir herausfinden! Störungen und Konflikte sind keine peinlichen Betriebsunfälle in einer Beziehung, die sich normalerweise und mit etwas gutem Willen harmonisch und vernünftig gestaltet, sondern normale Ereignisse einer Beziehungsentwicklung.

In Seminaren findet Metakommunikation häufig in Form einer täglichen **Morgenrunde** statt, die den Austausch über den bisherigen Seminarverlauf ermöglicht. Die Morgenrunde bietet Raum für inhaltliche Fragen, offene Punkte, persönliche Eindrücke und Befindlichkeiten, Irritationen und Konflikte im Miteinander, sowie für

Wünsche und Bedürfnisse. Auch in vielen Unternehmen hat eine «metakommunikatorische Runde» im wöchentlichen oder monatlichen Turnus bereits Einzug erhalten.

■ **Literatur**
Miteinander reden 1, S. 101 ff. (S. 91 ff.)
Schulz von Thun, F. / Ruppel, J. / Stratmann, R.: Miteinander reden: Kommunikationspsychologie für Führungskräfte, S. 29 f.

Minderwertigkeitsgefühl

Der Begriff wurde von dem Tiefenpsychologen Alfred Adler geprägt und fand schnell und dauerhaften Eingang in die Alltagssprache. Wer kennt es nicht, dieses Gefühl, den Herausforderungen des Lebens nicht zu genügen? In letzter Zeit aber ist der Begriff aus der Mode gekommen, man spricht eher von «Selbstzweifeln».

Minderwertigkeitsgefühle entstehen aus dem Erleben tiefgreifender persönlicher Unzulänglichkeit. Sie nähren sich aus der Differenz zwischen dem «So bin ich» und dem «So sollte ich sein!» Mit dem Grundgefühl der eigenen Unzulänglichkeit verbindet sich die Angst, zu versagen, heruntergemacht zu werden, in eine unterlegene Position zu kommen oder ausgegrenzt zu werden. Das Minderwertigkeitsgefühl taucht besonders dann auf, wenn der betreffende Mensch sich in irgendeiner Form bewähren oder beweisen muss, also in Bewertungssituationen, bei der Konfrontation mit neuen Aufgaben oder unbekannten Situationen.

Meist ist der Grundstein eines solchen Mangels an Selbstwertgefühl in der Kindheit gelegt: Das Kind erlebt und erleidet den Zusammenstoß seines Klein-Seins mit den «großen» Erwartungen der Leistung und des Wohlverhaltens. Wird die Abweichung mit Liebesentzug und schweren Kränkungen geahndet und / oder ist der Anspruch an ein Idealverhalten zu ehrgeizig oder verfehlt die Wesensart des Kindes, dann droht das Kind die Grundbotschaft «So wie du bist, bist du nicht in Ordnung» zu verinnerlichen und im Extremfall einen «Minderwertigkeitskomplex» zu entwickeln.

Was hat das alles mit Kommunikation zu tun? Zum einen sehen wir bereits, dass Minderwertigkeitsgefühle ein Resultat von herabsetzender und verachtender Kommunikation sind. Zum anderen verführen unbewältigte Minderwertigkeitsgefühle ihrerseits zu bestimmten Kommunikationsweisen, auch beim Erwachsenen. Da ist erstens die Tendenz zum Imponiergehabe. Nach Adler strebt die menschliche Psyche danach, einen empfundenen Mangel auszugleichen («Kompensation»), und schießt dabei «gern» über das Ziel hinaus («Überkompensation»). Wer sich also im Innern minderwertig fühlt, versucht sich nach außen hin besonders großartig darzustellen, meist unbewusst.

Da ist zum Zweiten eine Tendenz, das Gegenüber herabzusetzen, im äußersten Fall als erbärmlichen Verlierer hinzustellen (Adler sprach von → «Entwertungstendenz»). Was man selbst erlitten hat, fügt man jetzt anderen zu und kann sich durch das Herabdrücken des anderen ein wenig selbst erhöhen, gleichzeitig das eigene Gefühl von Minderwertigkeit auf das Gegenüber (oder auf nicht anwesende Dritte) projizieren (→ Projektion: «Was ich an mir nicht leiden kann, das häng ich einem andern an!»).

Das ist drittens eine erhöhte Kränkbarkeit (→ Kränkung). Das Beziehungsohr (→ Vier Ohren) ist hochempfindlich und schlägt schon bei harmloser Kritik oder auch nur einem Blick an («Was guckst du so? Willst du eine in die Fresse?!»). Denn jede Äußerung eines anderen kann die alte Wunde anrühren, «nicht ok» zu sein.

Viertens können Minderwertigkeitsgefühle sich sprachlich in einer Selbstabwertung ausdrücken: «Mit mir ist eh nicht viel los … Das schaffe ich nie … Dafür bin ich zu dumm …!»

Für Schulz von Thun führte nicht zuletzt die Auseinandersetzung mit der Adlerianischen Individualpsychologie zu der Erkennt-

M

nis, dass eine Verbesserung der Kommunikation nicht einfach durch Training, sondern nur in Auseinandersetzung mit dem «inneren Menschen» erreichbar ist.

■ **Literatur**
Miteinander reden 1, S. 112 ff. (S. 100 ff.)
Ansbacher, H. / Ansbacher, R.: Alfred Adlers Individualpsychologie.

Missverständnisse

Missverständnisse sind normal. Denn was ich im Kopf und im Herzen habe, das kann ich dir nicht direkt übermitteln.

Wenn ich, sagen wir, einen Apfel habe, dann kann ich ihn dir reichen und dich hineinbeißen lassen – dann weißt du genau, was ich habe. Wenn ich aber einen Gedanken habe oder etwas auf dem Herzen, dann ist das zunächst «in mir drin». Wenn ich dir das mitteilen möchte, kann ich mich nicht aufschließen und sagen: «Fass es gern an und beiße hinein!» Geht nicht!

Aber es gibt einen Notbehelf: Ich kann das, was in mir drin ist, in Zeichen übersetzen (enkodieren), in sprachliche und nichtsprachliche Zeichen. Diese Zeichen kann ich auf die Reise schicken, sodass sie bei dir ankommen können, wenn alles gut geht. Wohlgemerkt, die Zeichen kommen bei dir an, nicht die Sache selbst, für die sie stehen. Wenn du in der Lage bist, diese Zeichen zu verstehen (zu decodieren) – ich meine jetzt: nicht nur akustisch, sondern auch ihre Bedeutung –, dann bekommst du eine Ahnung davon, was «in mir drin ist». Dann hörst du nicht nur, was ich gesagt habe, sondern ahnst auch, wie ich es gemeint habe.

Wunderbar! Durch diesen Notbehelf können wir einander (mehr oder weniger) erreichen und müssen nicht auf der Insel unserer Innenwelt allein bleiben und vereinsamen. Verständnis ist möglich!

Allerdings steht und fällt der Turm von Babel mit meiner Fähigkeit, das, was in mir ist, in eine Sprache zu übersetzen, die für das Gemeinte passend ist und die so verständlich ist, dass du ihr das Gemeinte entnehmen kannst. Und er steht und fällt mit deiner Fähigkeit, aus dem Gesagten das Gemeinte herauszuhören. Beides ist eine hochakrobatische Leistung und kann immer nur mehr oder minder gut gelingen. Deswegen sind Missverständnisse normal.

Es ist nämlich so: In dem Moment, in dem der Sender etwas in Worte fasst, haben diese Worte eine Bedeutung, sagen wir: eine Senderbedeutung. Werden diese Worte «auf die Reise geschickt», kann ihre Bedeutung nicht mitgesendet werden. Der «Apfel» bleibt beim Sender, abschicken kann er nur das Lautgebilde «Ap-fel» (sagen Sie das zehnmal hintereinander, und Sie können empfinden, was für ein sinnloses Lautgebilde das ist). Wenn dieses Lautgebilde aber auf einen Empfänger trifft, der dieses Zeichen kennt und für den es ebenfalls eine Bedeutung hat, dann erhält es im Augenblick des Ankommens seine Bedeutung zurück.

Nein, das ist falsch ausgedrückt! Das Lautgebilde erhält keineswegs «seine» Bedeutung «zurück», sondern es erhält erneut eine Bedeutung, aber diesmal eine, die der Empfänger ihm verleiht. Einem ankommenden Lautgebilde eine Bedeutung zu verleihen, ist ein Hoheitsakt des Empfängers. Da der Sender seinen Apfel nicht mitschicken konnte, muss der Empfänger, inspiriert von dem eintreffenden Lautgebilde, seinen eigenen Apfel pflücken. Dabei wird er auf Äpfel zurückgreifen müssen, die auf seiner Insel wachsen. Vielleicht sind sie rot und klein, während der Senderapfel groß und grün war, aber immerhin: die Verständigung hat einigermaßen geklappt.

Zuweilen können Missverständnisse sogleich aufgedeckt werden. Dann nämlich, wenn der Empfänger so reagiert, wie er die Sache verstanden hat (z. B. wenn er sich als Gast anschickt aufzubrechen, nachdem der Gastgeber auf die Uhr geschaut hat). Erkennt der Sender dann an der Reaktion, dass der Empfänger etwas «in den falschen

M

Hals» bekommen hat, kann er korrigierend eingreifen: «So habe ich das nicht gemeint, sondern ...» (z. B. «Ich wollte schauen, ob schon Zeit für das Abendessen ist, und ich hoffe sehr, dass Sie noch bleiben!»).

Aber viele Missverständnisse bleiben unaufgedeckt, weil das Gespräch auf der expliziten Ebene (→ Äußerung) erfolgreich weitergeführt werden kann, während sich das Missverständnis auf der impliziten Ebene (→ Botschaft) ereignet haben mag: dort, wo die Botschaften nicht ausgesprochen werden, sondern «zwischen den Zeilen» mitschwingen.

Das → Kommunikationsquadrat sensibilisiert für diese unausgesprochenen, aber in der Kommunikation unweigerlich enthaltenen impliziten Botschaften. Der geschulte Kommunikator spürt, wenn auf dieser Ebene kleine Irritationen aufkommen, und greift dann metakommunikatorisch (→ Metakommunikation) ein.

■ **Literatur**
Schulz von Thun, F.: Missverständnisse. In: Missverständnisse auf allen vier Ohren (mit C. Trautwein). In: Missverständnisse – Stolpersteine der Kommunikation.

Mobbing

Die Würde des Menschen ist unantastbar – so steht es im Grundgesetz. Aber die Lebenswirklichkeit sieht nicht selten anders aus. Von Mobbing spricht man, wenn eine Person systematisch über einen längeren Zeitraum schikaniert, belästigt, ausgegrenzt oder gekränkt wird. Einmalige Vorfälle, wie der Streit zwischen zwei Kollegen oder eine Ungerechtigkeit von Seiten des Vorgesetzten, werden nicht als Mobbing angesehen. Auch ein Konflikt zwischen zwei gleich starken Personen fällt nicht unter den Begriff. Um Mobbing im juristischen Sinne handelt es sich dann, wenn die betroffene Person unterlegen ist, beispielsweise wenn eine Mehrheit gegen eine Minderheit vorgeht oder ein Vorgesetzter gegen eine hierarchisch untergeordnete Person, und wenn dies häufig und wiederholt (mindestens einmal die Woche) über einen längeren Zeitraum (mindestens sechs Monate) auftritt. Mobbing kann sich äußern durch: Kompetenzentzug, Witze über die Person, ins Lächerliche ziehen, Drohungen, Demütigungen, Ausgrenzung, Verbreiten von Gerüchten. Mobbing kommt nicht nur am Arbeitsplatz vor, sondern auch im Verein, in der Nachbarschaft oder in der Familie.

Juristisch gesehen ist nachgewiesenes Mobbing eine Straftat mit rechtlichen/arbeitsrechtlichen Konsequenzen. Kommunikationspsychologisch gesehen enthält Mobbing eine Herausforderung

M

1. für den Täter: Welche Teufel reiten mich, dass ich derart fies werde? Was regt mich am Mobbing-Opfer besonders auf? Was hat das mit mir zu tun? Welche Alternativen habe ich oder kann ich entwickeln, mit meinem Ärger anders umzugehen?
2. für das Opfer: Wodurch mache ich mich zum Opfer? Welche «Einladungen» gehen von mir aus? Wie kann ich fiese Attacken wirkungsvoll parieren? Was ist mein Beitrag zu einem möglichen → Teufelskreis?
3. für den (in das Mobbing-Geschehen nicht involvierten und verstrickten) Vorgesetzten: Wie kann ich das Mobbing-Geschehen in eine konstruktive Konfliktklärung (→ Gewaltfreie Kommunikation, → Klärungshilfe) überführen? Wenn nichts mehr hilft: Wie kann ich die Beteiligten voneinander trennen? Wie kann ich in meinem Verantwortungsbereich eine Kultur fördern, in der jegliche Form von Herabwürdigung geächtet wird und alle Beteiligten zu einem konstruktiven Miteinander beitragen?

Moderation

Moderation ist die methodische Leitung eines Zusammentreffens von Personen, die gemeinsam ein bestimmtes Thema verfolgen. Beispiel: Bei einem Diskussionsabend zum Thema «Tempo 30 in unserem Stadtteil?» sorgt ein Moderator dafür, dass die Vertreter der verschiedenen Interessengruppen (z. B. Verkehrsplaner, Politiker, Anwohner) in einer Reihenfolge zu Wort kommen, die der Situationslogik entspricht, dass die Rednerliste eingehalten wird, dass die Bezüge der Beiträge zueinander und zum Thema deutlich werden, und dass wichtige Ergebnisse für alle sichtbar festgehalten werden.

Mit der → Rolle des Moderators sind somit konkrete Aufgaben und Verantwortlichkeiten verbunden. Diese können von Situation zu Situation variieren, je nachdem, ob es sich um eine Arbeitssitzung unter Kollegen, eine Stadtteilversammlung, eine Fachtagung oder eine interdisziplinäre Projektgruppe handelt.

Die Hauptaufgabe in der Moderation ist die Strukturierung und Steuerung des Prozesses (→ Prozessorientierung). Wenn wie im obigen Beispiel viele Menschen aufeinandertreffen, die gehört werden wollen, kann schnell eine chaotische und emotional aufgeladene Situation entstehen, in der eine konstruktive Auseinandersetzung unmöglich wird. Wer hätte dies nicht schon erlebt! Ein guter Moderator kann hier ein wahrer Segen sein. Je gefühlsgeladener ein Thema ist und je unterschiedlicher die Interessen sind, desto bedeutsamer ist seine Rolle. Damit nicht alle durcheinanderreden, auch die leiseren Stimmen Gehör finden und es in der Auseinandersetzung nicht drunter und drüber geht, sondern alles zielorientiert verläuft, braucht es jemanden, der die Zügel in der Hand hält und diese je nach Situation lockerlässt (damit eine Diskussion in Gang kommen kann) bzw. anzieht (z. B. wenn jemand dauerredet oder vom Thema abweicht).

Um einen Prozess so steuern zu können, dass es dem Ziel des Zusammentreffens dient, braucht der Moderator verschiedene Kompetenzen:

- Strukturierungskompetenz: Was steht auf der Tagesordnung? Wer ist anwesend und mit welchen Zielen? Wer kommt wann zu Wort? Wie lange dürfen die Redebeiträge dauern? Wann und wie lange soll diskutiert werden? Wann sollen Beschlüsse gefasst werden?
- Medien- und Methodenkompetenz: visuelle Strukturierung des Prozesses durch den Einsatz von Medien wie Pinnwand und Kärtchen, Flipchart, Overhead etc.
- Gesprächsführungskompetenz (→ Gesprächsführung): die Fähigkeit, → Aktiv zuzuhören, zusammenzufassen und Stellung zu beziehen.
- Gruppendynamische Kompetenz (→ Gruppendynamik): Wann braucht der Prozess mehr Struktur, wann weniger? Laufen die Beteiligten Gefahr, sich aus Harmoniewünschen zu schnell auf eine Position zu einigen? Droht eine → Polarisierung der Standpunkte?
- Störungskompetenz: Benennen der «Wahrheit der Situation» (→ Situationsmodell), das Zepter in der Hand behalten, auch wenn es zwischen den Beteiligten emotional hoch hergeht, Umgang mit → Konflikten und persönlichen Angriffen etc.

Neben diesen Kompetenzen braucht ein Moderator ein Bewusstsein für die eigene → Rolle. Um die Gruppe in ihrem Arbeitsprozess optimal unterstützen zu können, sollte er sich über folgende Fragen im Klaren sein: Mit welchem (heimlichen) Auftrag sitze ich hier? Bin ich inhaltlich neutral oder habe ich eigene Aktien in diesem Zusammentreffen (z. B. weil ich mit einer Position sympathisiere)? Komme ich von außen dazu oder bin ich Teil des Systems und selbst betroffen?

Um ein situationslogisch geeignetes Moderationskonzept zu entwerfen, ist es hilfreich, sich im Vorhinein die Besonderheiten der Situation mit Hilfe des → Situationsmodells zu erschließen.

Monolog

Spricht ausschließlich eine Person über längere Zeit alleine, ohne in den Austausch mit anderen zu treten, handelt es sich um einen Monolog. Vortrag und → Rede sind meist als Monolog konzipiert. Aber manche Menschen sind auch im Gespräch monologisch veranlagt. Die Gegenbegriffe lauten → Dialog und → Interaktion.

Motivation

«Heutzutage muss man seine Mitarbeiter motivieren – anbrüllen allein nützt nichts mehr!» Dieses Bonmot enthält ein Körnchen Wahrheit. Denn die hierarchische Macht (allein) garantiert keine wirksame Einflussnahme. Wie motiviere ich meine Mitarbeiter, dass sie sich mit dem Unternehmen nachhaltig identifizieren und ihre Einsatzbereitschaft steigern? Wie motiviere ich meinen Chef, mir respektvoller zu begegnen? Wie motiviere ich meinen Mann, weniger zu arbeiten und mehr für die Familie da zu sein? Wie motiviere ich meine Kinder, mehr zu lesen und weniger am Computer zu sitzen? Wie motiviere ich meinen Kunden, den Kaufvertrag zu unterschreiben (→ Manipulation)?

Wer seinen Einfluss auf seine Mitmenschen erhöhen will, wird solche Fragen an die Kommunikationspsychologie stellen. Gibt es «Gesetze», wie man die «Macht des Wortes» steigen kann? Ein weites Feld! Manchmal hängt es wirklich an der Formulierung, ob ein → Appell Aussicht auf Erfolg hat. «Würdest du die Spülmaschine ausräumen?» ist aussichtsreicher als «Würdest du wenigstens mal die Spülmaschine ausräumen?». Denn die zweite Version enthält als «korrelierte» → Botschaft einen Vorwurf, der die Befolgung des Appells erschwert. Die Akzeptanz des Appells kann auch als Akzeptanz der Kritik aufgefasst werden.

Allgemein lässt sich sagen, dass eine Ansprache, die den Empfänger zu einer Veränderung bewegen will, «quadratisch transparent» (→ Kommunikationsquadrat) und dabei auf der Beziehungsebene wertschätzend sein sollte. Quadratisch transparent ist die Kommunikation, wenn deutlich wird: 1. welcher Sachzusammenhang für die Bitte/Aufforderung maßgeblich ist; 2. welche persönlichen Überzeugungen/Absichten den Sender leiten und beseelen; 3. wie er die Beziehung zum Empfänger definiert: Spricht hier ein «Klugi», der weiß, wo es langgeht, zu einem «Dummi», der keine Ahnung hat? Oder spricht ein nachdenklicher Steuermann zu seinen Leuten, von denen er weiß, dass jeder seinen Wirklichkeitsausschnitt kompetent überschaut und von daher eingeladen werden sollte, seine Sichtweise zum Thema beizutragen?

In diesem Sinne kann man einen wirksamen Appell als Ergebnis guter vierseitiger Kommunikation bezeichnen. Besondere Bedeutung kommt der Vorentscheidung auf der Beziehungsebene zu: Sehe ich mein Gegenüber als trägen Esel an, der ungern Lasten schleppt, aber mit Zuckerbrot, Peitsche, Anreizsystemen, Incentives, mit Geld und guten Worten zu etwas «gebracht» werden muss? In diesem Fall versucht ein Subjekt ein Objekt zu motivieren. Oder begegnen wir uns von Subjekt zu Subjekt und verständigen uns auf gelingende Kooperation? Gehe ich als Führungskraft davon aus, dass mein Mitarbeiter prinzipiell motiviert ist (und nicht motiviert werden muss)? Und dass es meine Aufgabe ist, seine Motivation kennenzulernen (zuhören!), ebenso wie die Motivationshindernisse zu ergründen und wenn möglich zu vermindern? In diesem zweiten Fall ist eine erfolgreiche Motivierung deutlich wahrscheinlicher.

N

Nachricht

Nachricht ist der früher verwendete Begriff für → Äußerung. Gemeint ist, was jemand verbal und/oder nonverbal von sich gibt. Im → Kommunikationsquadrat ist die Äußerung in der Mitte abgebildet, die darin enthaltenen → Botschaften lassen sich den vier als Seiten des Quadrats dargestellten Ebenen der Kommunikation zuordnen.

In Miteinander reden 1 wurde die Äußerung noch Nachricht genannt. Im Laufe der letzten Jahre hat Schulz von Thun diesen Begriff jedoch durch Äußerung ersetzt. Zum einen ist der Begriff Äußerung in Hinblick auf die vier Seiten der Kommunikation neutraler, da Nachricht den Aspekt der Sachinformation (→ Sache) betonte. Zum anderen entspricht Äußerung dem zwischenmenschlichen Vorgang besser und ist somit menschengerechter. Aus ebendiesem Grund hat sich auch der Begriff Nachrichtenquadrat in → Kommunikationsquadrat geändert.

Narzissmus

«Hochmut kommt vor dem Fall», weiß der Volksmund. Bei einem Menschen mit narzisstischer Störung ist beides zugleich vorhanden, ein ständiges seelisches Hoch-Tief: das erhebende Selbstgefühl der Grandiosität und der nagende Selbstzweifel mit dem Generalverdacht, nichts wert zu sein (→ Minderwertigkeitsgefühl).

Es gibt wohl keinen Menschen, für den die Selbstwertfrage (Wie gut bin ich, wie komme ich an?) ohne Bedeutung wäre. Den «Narzissten» jedoch treibt diese Sorge übermäßig um. Dies hat charakteristische Folgen für seine Kommunikation und die Art, mit anderen Menschen umzugehen. Typisch ist ein Mangel an Sachlichkeit (er nimmt alles sehr persönlich) und an → Empathie (Einfühlung in andere Menschen), eine hohe Empfindlichkeit und Kränkbarkeit (→ Kränkung, empfindliches Beziehungsohr → Vier Ohren), ein Imponier- und Machtgehabe (→ Selbstkundgabe) sowie eine Tendenz, den anderen herabzusetzen und klein zu machen (um sich durch den Kontrast des eigenen Selbstwertes zu vergewissern). Ein begabter Narzisst kann aber auch eine positive Leuchtkraft und eine «gewinnende» Liebenswürdigkeit entfalten, sodass die Reaktionen der Mitwelt zwischen Bewunderung, Faszination, Belustigung, Empörung, Genervtheit und Angst vielfältig schwanken können.

Der gute Umgang mit einem «narzisstischen» Partner oder Vorgesetzten stellt eine kommunikative Herausforderung dar. Groß ist die Gefahr, sich infolge eigener starker Gegengefühle in einen zwischenmenschlichen → Teufelskreis zu verstricken und in Angst, Lähmung, Feindseligkeit oder in unkritische Idealisierung zu verfallen – oder in alles gleichzeitig. Anerkennung und Konfrontation, Empathie und Humor wären die vier wichtigsten Wegweiser, aber für ein gedeihliches Miteinander steht ein langer Weg bevor.

Eine narzisstische Störung hat wahrscheinlich frühe Wurzeln: Das kleine Kind musste eine liebende Spiegelung seines wahren Selbst entbehren und verfiel auf die Notlösung, ein gewinnendes / schützendes Selbst anstelle des «wahren» Selbst» aufzubauen und sich damit zu identifizieren. Neben dieser Individualgenese müssen aber auch Merkmale und Auswüchse unserer Gesellschaft beachtet werden. In einer «Casting-Gesellschaft» wird ständig der Scheinwerfer auf das Individuum und seine Qualitäten gerichtet. So wird sie zu einer Brutstätte des Narzissmus: Selbstmarketing und Selbstinszenierung werden zu Schlüsselqualifikationen, sich selbst gut «zu verkaufen» wird zum menschlichen Ideal. Top oder Flop!?

■ **Literatur**
Miteinander reden 2, S. 181 ff. (S. 153 ff.)
Winkler, M. / Commichau, A.: Reden, S. 13 ff.

Nonverbale Kommunikation

«Man kann nicht nicht kommunizieren» (P. Watzlawick). Jedes Verhalten hat Mitteilungscharakter, das gilt auch und besonders für das nonverbale (nichtsprachliche) Verhalten: Ich strecke jemandem zur Begrüßung die Hand hin und er nimmt sie nicht; jemand spricht mich an und ich schweige; mein Lehrer kritisiert mich und ich werde rot; wir sitzen miteinander am Tisch, der andere steht auf und geht. Nonverbale Ausdrucksformen (Gestik, Mimik, Blickverhalten, Körperhaltung, Distanz zum Gegenüber, Tonfall, Stimmlage etc.) begleiten immer das, was wir sagen, und ersetzen es zuweilen. Dadurch wird das Gesagte unterstützt bzw. ergänzt (jemand sagt «Mir geht es gut!» und lacht), oder aber in Frage gestellt (jemand sagt «Im Grunde bin ich sehr zufrieden» und sieht aus wie sieben Tage Regenwetter).

Ob uns ein Mensch «echt», glaubwürdig, authentisch und ehrlich vorkommt, hat viel damit zu tun, ob seine nonverbale → Selbstkundgabe mit dem übereinstimmt, was er sagt.

Auf der nonverbalen Ebene gibt man immer mehr preis, als einem bewusst und vielleicht auch als einem lieb ist: Man kann sich intensiv auf ein Bewerbungsgespräch vorbereiten und trotzdem stottern und am Hals rot anlaufen. Die Unwillkürlichkeit des Ausdrucks macht diese Ebene viel weniger kontrollierbar und «machbar» als die verbale Ebene. Da sie für den sensiblen und womöglich geschulten Empfänger gleichzeitig als Guckloch zur «eigentlichen Wahrheit» verstanden wird, ist sie für die zwischenmenschliche Kommunikation bedeutsam und brisant.

Die Beziehungsebene (→ Beziehung) «lebt» sehr stark vom non-

N

verbalen Drumherum des gesprochenen Wortes: Der Satz des Vorgesetzten Herrn Schering zu seinem Mitarbeiter «Sie sind heute dran mit dem Protokoll unserer Projektsitzung» kann je nach Art der nonverbalen Begleitmusik eine völlig andere Färbung bekommen. In freundlichem Tonfall und mit Blickkontakt ausgesprochen, wirkt er wie eine zugewandt-bestimmte Feststellung. Mit dem Zeigefinger in die Brust des Gegenübers bohrend, mit befehlshaft-aggressiver Stimmlage und hartem Gesichtsausdruck, wirkt die gleiche Äußerung wie eine Drohung oder Strafe.

Auch die nonverbale Kommunikation ist potenziell auf den vier Ebenen des → Kommunikationsquadrates wirksam. Wenn jemand beispielsweise schweigt, kann das unterschiedliche Bedeutungen haben (s. Abb. 49).

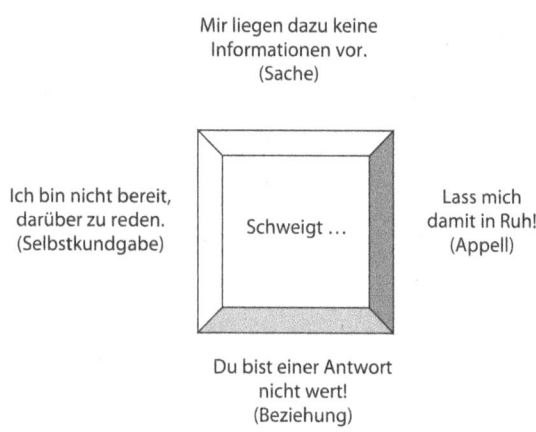

Abb. 49: Nonverbale Kommunikation

Welche der möglichen Botschaften die richtige ist, lässt sich schwer ermitteln: nonverbale Kommunikation ist wirkungsstark, aber uneindeutig. Ein geschulter Kommunikator greift daher die nonverbalen Botschaften seines Gegenübers zuweilen auf («Sie lächeln?»), um ihre Bedeutung zu entschlüsseln.

Eine Bewusstheit und Sensibilität für nonverbales Geschehen ist angeraten und lernbar. Hingegen ist der Versuch, den eigenen nonverbalen «Auftritt» zu schulen und zu «optimieren», von zweifelhaftem Wert, wenn die Authentizität und die Glaubwürdigkeit des Betreffenden darunter leiden. Ebenso die detektivische Haltung auf Seiten eines «geschulten» Empfängers («Aha, er hat den linken kleinen Finger abgespreizt, und das bedeutet, er führt noch etwas anderes im Schilde»).

N

O

Oberhand-Technik

Mit Oberhand-Techniken werden Techniken der → Gesprächsführung bezeichnet, die darauf abzielen, dem Gesprächsführer Überlegenheit zu sichern. Charakteristisch ist die Vermeidung einer partnerschaftlichen Auseinandersetzung mit den Argumenten des Gesprächspartners bei gleichzeitigem Bestreben, ihm seine Unterlegenheit (grell oder subtil) zu demonstrieren.

Zu den beliebten Oberhand-Techniken gehört es, das, was der Gegenüber sagt und tut, zu kommentieren und ihn dafür zu bewerten, z. B.

- «Sie werden ja ganz rot, ist Ihnen das Thema unangenehm?»
- «Das Argument hört man sehr oft, aber es wird dadurch nicht richtiger.»
- «Sie wollen sich doch nicht etwa drücken?»
- «Warum kommen Sie nicht herein, ich beiße nicht!?»
- «So weit ganz schön – haben Sie noch weitere Argumente?»
- «So habe ich in Ihrem Alter auch gedacht!»
- «Nun ja, jeder kämpft um seine eigene Laufzeitverlängerung, aber irgendwann muss man auch loslassen können, Herr Altmüller!»
- «Das haben Sie sehr schön gesagt, Frau Meierling! Diese Formulierung muss ich mir merken.»

An dem letzten Beispiel ist erkennbar, dass auch positive Du-Botschaften eine Beziehungsdefinition (→ Beziehung) enthalten können, die («gönnerhaft») von oben nach unten geht («Ich bin der, der benotet – du bist die, die benotet wird»).

Möchte man nicht rettungslos in die Unterhand geraten und sich «so klein mit Hut» fühlen, bedarf es der Kunst der gewaltfreien

Selbstbehauptung, um wieder «auf Augenhöhe» zu kommen. So könnte Frau Meierling, anstatt das «Lob» verlegen abzuwehren («Ach, das war doch nur ...») und dabei gleichzeitig ungewollt die Beziehungsdefinition zu bestätigen, stattdessen die Unterhand verweigern und kontern: «Vertrauen Sie lieber auf eigene Formulierungen, Herr Obermann, da sind Sie doch gar nicht so schlecht!»

■ **Literatur**

Stahl, E.: Die Kunst der Entfesselung. Vom Umgang mit lähmenden Beziehungsdefinitionen. In Schulz von Thun, F. / Kumbier, D.: Impulse für Kommunikation im Alltag, S. 71 ff.

P

Paradoxer Appell

Paradoxe Appelle sind eine spezielle Form von → Appellen. Bei ihnen gibt der Sender dem Empfänger das Gegenteil dessen auf, was er erreichen möchte. Sie versuchen sich die Tatsache zunutze zu machen, dass Appelle oft einen Druck ausüben, der beim Empfänger einen Gegendruck hervorruft (→ Reaktanz). Beispielsweise lässt sich beobachten, dass ein Kind, wenn seine Mutter es dazu anhält, noch lauter zu schreien und ja nicht damit aufzuhören, in der Regel den Reiz an seinem Tun verliert. Alfred Adler zufolge liegt hier das Prinzip zugrunde, dass das Kind seine Größe fühlt, indem es das Gegenteil dessen tut, was man von ihm möchte. So kann es zum Beispiel vorkommen, dass ein Empfänger sich einem Appell widersetzt, nicht weil er ihn sachlich ablehnen würde, sondern weil er ihn als unzulässigen Eingriff in sein persönliches Entscheidungsrecht und in seine Eigenständigkeit erlebt und die Befolgung somit dem Eingeständnis einer persönlichen Niederlage gleichkäme. Umgekehrt kann die Nichtbefolgung als Beweis der eigenen Unabhängigkeit erlebt werden, und somit als Gelegenheit, die eigene Größe zu fühlen (schon dadurch, dass dem appellierenden Sender ein Misserfolg beschert wird). Auch wenn ein paradoxes Vorgehen in der Erziehung punktuell überaus erfolgreich sein kann, gerät die aufrichtige Beziehung zwischen Eltern und Kind dadurch in Gefahr. Es sollte daher, wenn überhaupt, nur sparsam angewendet werden, und nur in einem humorvollen Kontext.

In manchen Therapieformen werden paradoxe Appelle bewusst eingesetzt, um ungünstige Verhaltensmuster zu «verstören». Zum Beispiel verändert sich das Streitverhalten eines Ehepaars, wenn ihm vorgegeben wird, nur noch an bestimmten Tageszeiten zu streiten. In ähnlicher Weise führt das absichtliche Herbeiführen eines Tics dazu, dass dieser seinen spontanen Charakter verliert. Der Klient wird Herr über sein Symptom, ist ihm nicht mehr ausgeliefert.

■ **Literatur**
Miteinander reden 1, S. 277 ff. (S. 237 ff.)

Persönlichkeit

Der Begriff bezeichnet die Gesamtheit kohärenter Eigenschaften, die den Charakter eines Menschen ausmachen. Diese Gesamtheit umfasst auch innere Ambivalenzen, Spannungsverhältnisse und Widersprüche. Denn in uns streben verschiedene, zum Teil widerstreitende Persönlichkeitsanteile nach Verwirklichung: Wir wollen Sicherheit und Freiheit, Teil eines größeren Ganzen sein und dennoch individuell einzigartig, fürsorglich für andere, aber auch selbstbehauptend sein etc. Die Art und Weise, wie wir das Leben angehen und bewältigen, macht unsere Persönlichkeit aus. Dazu gehört auch und nicht zuletzt, wie wir uns im Kontakt geben und wie wir zwischenmenschliche Beziehungen gestalten. Das ist der Teil, der für die Kommunikationspsychologie besonders interessant und bedeutsam ist. Denn wie jemand seine vier Schnäbel (→ Kommunikationsquadrat) und → vier Ohren gebraucht, ferner für welche → Teufelskreise er besonders anfällig ist: das hängt auch mit seiner Persönlichkeit zusammen.

Dem Begriff Persönlichkeit können wir uns auf vielfältige Weise nähern. Im Lichte des → Inneren Teams besehen, machen sich unterschiedliche Strebungen, Wünsche, Werte und Bedürfnisse in Form von inneren Instanzen bemerkbar, die als Botschafter in eigener Sache auftreten: So intensiv und wahrhaftig ich beispielsweise angesichts eines verlockenden beruflichen Angebotes einen «Sicherheitswächter» in mir spüre, der mich vor Risiken warnt («Lieber den Spatz in der Hand als die Taube auf dem Dach!»), so wahrhaftig macht sich ein anderer Teil in mir bemerkbar, der vehement fordert, im Leben etwas zu wagen («Ohne Risiko keine Veränderung!»). (s. Abb. 50)

Abb. 50: Widersprüchliche Strebungen innerhalb der Persönlichkeit

Im Modell des Inneren Teams ist der Begriff der Persönlichkeit dem ganzen Menschen als integrierende Instanz vorbehalten: Es ist das Ich, welches mit den verschiedenen inneren Anteilen Kontakt aufnehmen kann und sich gleichzeitig nicht von ihnen beherrschen lassen muss. Die Persönlichkeit eines Menschen zeigt sich in diesem Sinne als das Gesamt aller inneren Anteile, einschließlich ihrer inneren Dynamik und ihrer Integration zu einem mehr oder weniger geordneten Ganzen.

Für die Kommunikationspsychologie Schulz von Thuns und für die Klärungshilfe Thomanns hat sich das → Riemann-Thomann-

Kreuz der Persönlichkeit als besonders erhellend und Orientierung bietend erwiesen. Seine vier Pole (Nähe – Distanz – Dauer – Wechsel) sind nämlich sehr bedeutsam für die Art und Weise, wie Menschen Kontakte gestalten und Beziehungen eingehen. Da hier auch der innere Mensch mit seinen Gefühlen, Strebungen, Allergien und Ängsten verdeutlicht wird, hilft es dem Nutzer, sich in Menschen einfühlen zu können, die anders «ticken» als er selbst. Ferner wird es möglich, seiner selbst gewahr zu werden mit seinen Eigenarten, Werten, Stärken und Einschränkungen.

Solange unsere Grundbedürfnisse befriedigt sind und das Leben uns nichts abverlangt, was uns in Angst versetzt, sind wir innerlich meist stabil. Veränderungen in unserem Leben stellen uns jedoch zum Teil vor erhebliche Herausforderungen, die wir nicht ohne weiteres bewältigen können. → Persönlichkeitsentwicklung bedeutet, sich dieser Herausforderungen gestaltend anzunehmen und die Möglichkeiten des eigenen Verhaltens und Erlebens zu erweitern.

Persönlichkeitsentwicklung

Wenn Kommunikationsfortbildung nicht nur darauf abzielt, Sprechblasen zu optimieren und rhetorische Techniken anzuwenden, dann erfordert und befördert sie eine Entwicklung der Person. Das Verhältnis von «Reden» und «Sein» thematisiert Sten Nadolny in seinem Roman «Selim oder die Gabe der Rede»; darin lässt er seinen Helden, einen Kommunikationstrainer, sagen: «Für die nächsten Kurse 130 Anmeldungen, darunter drei Bundestagsabgeordnete. Was man von mir erwartet: Kniffe, Regeln und Checklisten. Sie wollen reden lernen, ohne ihr Leben zu ändern. Und die, die sich ändern wollen, kommen nie drauf, beim Reden anzufangen.» (Nadolny, S. 46)

Persönlichkeitsentwicklung bedeutet in diesem Sinne, dass wir uns selbst in den Blick nehmen: wie wir auftreten, auf andere Menschen reagieren und auf sie wirken, wofür wir stehen und womit wir uns schwer tun. Im Unterschied zum Verhaltenstraining geht es bei der Persönlichkeitsentwicklung im ersten Schritt um das Erforschen und Verstehen des inneren Erlebens und erst im zweiten Schritt um die Entwicklung des äußeren Verhaltens: «Willst du ein guter Leiter / Trainer / Vorgesetzter / Lehrer etc. sein, dann schau erst in dich selbst hinein!» Dabei bekommen wir es zwangsläufig mit unseren Sonnen- und Schattenseiten zu tun, unseren Wünschen, Ängsten, Sehnsüchten, Abneigungen, Schamgefühlen, Vorlieben, Eigenarten und Schwächen.

Diese Auseinandersetzung ist keine sterile Analyse, sondern oft eine sehr emotionale Angelegenheit, die uns einiges abverlangt. Bin ich bereit, mich auf diesen mühevollen und teilweise auch schmerzlichen Prozess einzulassen, dann darf ich hoffen, innerlich zu größerer Klarheit und Authentizität zu gelangen, mir quasi «Freiheitsgrade» zu erarbeiten. Wenn ich mich selbst kenne und zu mir stehen kann (und zwar auch zu den Teilen, die ich bisher als peinlich, beschämend oder unangemessen gegenüber meinem Ich-Ideal empfunden habe), dann wird Energie frei für die persönliche Weiterentwicklung.

Für die Selbstauseinandersetzung hält die Kommunikationspsychologie unterschiedliche Modelle bereit, wie beispielsweise das → Innere Team. Es kann uns dabei helfen, den inneren Anteilen auf die Spur zu kommen, die unser Verhalten und Erleben maßgeblich mitbestimmen. Das → Riemann-Thomann-Kreuz hilft uns zu verstehen, welche Grundbedürfnisse und Ängste uns im Leben leiten und was das für die privaten und beruflichen Beziehungen zu anderen Menschen bedeutet.

Im Verständnis der Kommunikationspsychologie nach Schulz von Thun zielt Persönlichkeitsentwicklung in erster Linie auf die → Integration verschiedener, oft widerstreitender innerer Anteile. Es geht dabei ausdrücklich nicht darum, dass wir uns auf ein «optimales Image» reduzieren und alles verbannen, was nicht linientreu und der Außenwirkung als Erfolgsmensch nicht förderlich ist. Entsprechend ist für uns in der Persönlichkeitsentwicklung der Gedanke leitend, dass «ich der werde, der ich bin» (C. Rogers) – und zu mir gehört die entwicklungsbedürftige, vielleicht sogar verbannte Schattenseite ebenso wie die Sonnenseite, die ich gerne zeige. Es gilt, beide Seiten als zu mir gehörig zu akzeptieren und zu ihnen zu stehen.

Das → Werte- und Entwicklungsquadrat kann helfen, die individuelle Richtung der Weiterentwicklung zu erkennen. Im Umgang mit Menschen gehören beispielsweise Wertschätzung und Kritik zusammen. Von Haus aus mag es dem einen leicht fallen, andere anzuerkennen und zu würdigen – hingegen tut er sich schwer damit, Unangenehmes zu konfrontieren und anderen Menschen Grenzen zu setzen. Persönlichkeitsentwicklung bedeutet hier, den meiner Natur entgegengesetzten Pol zu erobern und mich so in meinen Kontaktmöglichkeiten zu erweitern, hin zu einer integralen Persönlichkeit. Bei einem anderen mag es genau umgekehrt sein: Er macht aus seiner kritischen Einschätzung keinen Hehl und ist eher in Gefahr, eine demoralisierende Misantrophie auszustrahlen. Den anderen mit einer wertschätzenden Brille anzuschauen, die auch das halb volle Glas sieht und würdigt, wäre seine Richtung der Persönlichkeitsentwicklung – und wir ahnen, dass dies mit ein paar «effektiven» Formulierungsübungen nicht getan ist.

■ Literatur

Miteinander reden 2.
Schulz von Thun, F.: Klarkommen mit sich und anderen.
Nadolny, S.: Selim oder die Gabe der Rede.

Polarisierung

Menschen sind sich oft nicht einig. Der eine ist dafür, der andere dagegen. Im guten Fall kann der eine sehen und einräumen, dass sein Standpunkt auch Nachteile enthält und der Standpunkt des anderen durchaus auch Vorteile – und umgekehrt. Hier bestehen günstige Aussichten auf einen guten → Dialog, denn die Standpunkte sind zwar verschieden, haben sich aber nicht polarisiert. Von einer Polarisierung sprechen wir, wenn die Standpunkte auseinanderdriften bis hin zur völligen Unvereinbarkeit; wenn A in seinem Standpunkt nur noch die Vorteile sieht und glaubt, die Vernunft ganz auf seiner Seite zu haben, während ihm der Standpunkt des anderen geradezu als Ausgeburt der Unvernunft erscheint – und umgekehrt.

Menschliche Unterschiede tendieren leider zur Polarisierung. Es lohnt sich, diese Dynamik in ihrer seelischen Funktionsweise gut zu verstehen, erst dann kann man, vorbeugend oder heilend, etwas dagegen tun. Auch gegensätzliche Werte oder Bedürfnisse, die eigentlich in einem Ergänzungsverhältnis stehen, werden in der Polarisierung als getrennt und miteinander unvereinbar wahrgenommen.

Beispiel: Nähe und Distanz sind zwei sich ergänzende Bedürfnisse in der Partnerschaft. Idealerweise spüren und leben beide Partner ihre Nähe- bzw. Distanzbedürfnisse und respektieren sich hierin gegenseitig. Kommt es zwischen ihnen jedoch zu einer Polarisierung, übernimmt der eine Partner die «Näheposition» und der andere die «Distanzposition». Mit dieser fixierenden Aufteilung geht das ursprünglich dynamische Wechselspiel der beiden Pole verloren. Nähe und Distanz werden nicht mehr als sich ergänzende, sondern sich widersprechende Positionen wahrgenommen (s. Abb. 51).

Ist mit der Polarisierung zusätzlich eine Abwertung der anderen Position verbunden, zeigt sich diese oft in wechselseitigen Vorwürfen («Du klammerst!» bzw. «Du bist ein notorischer Einzelgänger!»).

Die Polarisierung ist ursächlich für die «Vorwurfsrichtung» bzw.

P

Abb. 51: Polarisierung von Nähe und Distanz

die Über-Kreuz-Kommunikation im → Werte- und Entwicklungsquadrat und wird gleichzeitig durch sie weiter verfestigt. Hier erkennen wir sehr schön und auf einen Blick, wie jeder der beiden sich in
der Wertezone verortet und den anderen mit seinem Verhalten im
«Keller» sieht, wo sich die Werte durch Übertreibung in Unwerte ver-
wandelt haben, und ihn dafür anprangert (s. Abb. 52).

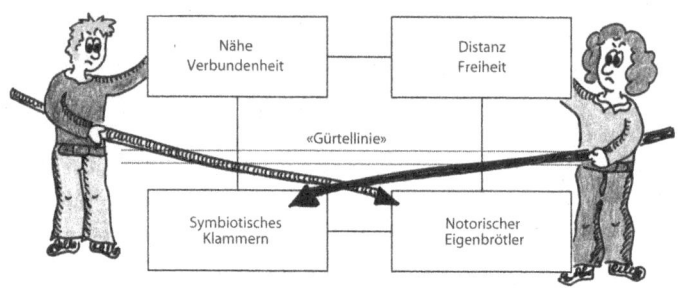

Abb. 52: Über-Kreuz-Kommunikation mit «Vorwurfsspießen»

Neben der zwischenmenschlichen Polarisierung gibt es auch eine
innermenschliche Polarisierung: eine Person spürt zwei oder mehrere innere Antriebkräfte in sich, die miteinander unvereinbar

scheinen. Eskaliert die Polarisierung dieser inneren Anteile, kommt es zu einer seelischen «Pattsituation» (→ Inneres Team) oder zu alternierenden Extremverwirklichungen (z. B. Hineinschlingen und Erbrechen).

Die **Depolarisierung**, also die Aufhebung der Polarisierung, wird mit Hilfe geeigneter → Interventionen angestrebt, z. B. eines Konfliktdialoges, der die Versöhnung der Gegensätze zu erreichen versucht. Ziel der Depolarisierung ist die → Integration der beiden Werte zu ihrem ursprünglich positiven Ergänzungsverhältnis (siehe Abb.)

■ **Literatur**
Schulz von Thun, F.: Miteinander reden – Fragen und Antworten, S. 153 f.

P

Positive Umdeutung

Positive Umdeutung oder auch **Reframing** bedeutet, dass eine → Äußerung, eine Verhaltensweise oder ein innerseelischer Vorgang mit einem neuen, positiven Bedeutungsrahmen versehen wird.

Beispiel: Neben Frau Meyer ist ein neuer Nachbar eingezogen. Am Tag nach dem Einzug klingelt er bei ihr, um sich vorzustellen. Die beiden kommen ins Gespräch, und der Nachbar stellt Frau Meyer eine Menge Fragen: «Wohnen Sie schon lange hier? Alleine? Was machen Sie denn so beruflich?» Frau Meyer empfindet diese Fragen vielleicht als zudringlich und den Nachbarn als neugierigen Störenfried. Im Sinne einer positiven Umdeutung des Verhaltens würde sie ihren Ersteindruck überdenken, könnte ihrem Nachbarn «Gutes unterstellen» und sein Verhalten als Ausdruck von Interesse und dem Wunsch deuten, ein gutes nachbarschaftliches Verhältnis aufzubauen. Je nachdem, welche Bedeutung Frau Meyer dem Verhalten zuschreibt, wird ihre Reaktion auf den neuen Nachbarn unterschiedlich ausfallen. In der zwischenmenschlichen Kommunikation kann uns die positive Umdeutung helfen, den guten Kern im Verhalten des anderen zu erkennen und zu würdigen (→ Werte- und Entwicklungsquadrat). Dann wird es auch leichter, aus → Teufelskreisen auszusteigen.

Positives Umdeuten kann auch ein Segen sein, wenn es um die Integration eigener, abgelehnter innerer Anteile geht: Bin ich z. B. angesichts von Kritik schnell am Boden zerstört und finde ich mich selbst überempfindlich und mimosenhaft, dann besteht die Gefahr, dass diese empfindlichen Anteile in mir der inneren Verachtung anheimfallen (→ Inneres Team). Durch eine Umdeutung dieser Anteile, die mir selbst so negativ erscheinen, könnte sich eine ganz andere Perspektive ergeben: Wie gut, dass ich berührbar bin und mir die Reaktionen meiner Umwelt nicht gleichgültig sind. Wie verheerend wäre es, wenn jegliche Kritik an einem dicken Fell abprallen würde!

Umdeutung soll jedoch nicht dazu führen, sich im Sinne einer Kritikvermeidung alles Unangenehme schönzureden. Es geht vielmehr darum, einmal eine andere Brille auszuprobieren, irritierbar zu bleiben und die eigene erstbeste Bedeutungszuschreibung in Frage zu stellen – auch und vor allem dann, wenn es innermenschlich oder zwischenmenschlich schwierig wird.

Professionalität

Professionalität hat in der Kommunikation in den letzten zwei Jahrzehnten eine enorme Wertsteigerung erfahren. Wer im Berufsleben den Wunsch hat, jemanden unmöglich zu machen, wirft ihm am besten vor, «unprofessionell reagiert» zu haben. Und tatsächlich, besonders in Krisen und schwierigen Momenten, auf der Kippe zwischen Gedeih und Verderb, hängt viel davon ab, ob jemand zum richtigen Zeitpunkt, im richtigen Kontext die richtigen Worte findet. Gut, wenn er/sie dann die Regeln der Kunst beherrscht und sich nicht allzu sehr dem Menschlich-Allzu-Menschlichen überlässt.

Professionelle Kommunikation macht es uns auch zur Aufgabe, zwischen Mensch und Rolle klar zu trennen. Wenn ich es am Flughafen-Schalter mit Reisenden zu tun bekomme, deren Koffer nicht mitgelandet sind, dann bin ich gut beraten, unflätige Schimpfkanonaden nicht persönlich zu nehmen. Die richtige («professionelle») Mannschaftsaufstellung wäre: die sachliche Aufklärerin und (ein wenig) die Empathische an der Kontaktlinie, die empfindliche «Kleine» irgendwo im Hinterland der Seele an einem sicheren Ort (→ Inneres Team).

Trotz alledem ist das Ideal der Professionalität für die menschliche Kommunikation nicht unproblematisch. Das Wesen der Professionalität liegt in der Rationalität, der Kontrolle und der Perfektion. Für die menschliche Seele sind das, im Übermaß angestrebt, fragwürdige Qualitäten: Zur **Menschlichkeit** gehört die Berührbarkeit im Gefühl, die Herzlichkeit, die «Natürlichkeit», die sich der einstudierten Norm entzieht, die Fehlbarkeit (nobody is perfect). Und der Ehrgeiz, alles (auch sich selbst) zu kontrollieren und «im Griff zu behalten», kann sich im zwischenmenschlichen Kontakt als ungut erweisen. Professionalität und Menschlichkeit stehen also in einem prekären Verhältnis zueinander – und sind doch für ein Gelingen der zwischenmenschlichen Kommunikation aufeinander angewiesen. Eine anspruchsvolle Partnerschaft!

Projektion

Projektion ist ein ursprünglich von der Psychoanalyse beschriebener Abwehrmechanismus: Gefühle, Eigenschaften oder Verhaltensweisen, die nicht mit dem → Selbstkonzept vereinbar sind, werden aus dem bewussten Erleben verdrängt und stattdessen mit Scharfeinstellung bei einem anderen Menschen wahrgenommen. Der seelische Vorteil: Was ich zutiefst ablehne, muss ich nicht als mir selbst zugehörig erkennen (und dort bekämpfen), sondern ich kann den Zorn mit reiner Weste auf jemand anders richten: «Wozu ich nicht recht stehen kann, das häng ich einem andern an!» Legt jemand eine Verhaltensweise an den Tag, die ich mir selbst nicht gestatten würde (beispielsweise auf den eigenen Vorteil zu achten), reagiere ich auf die Person mit Abwertung. Dabei reicht (wie bei einer allergischen Reaktion) eine Minimaldosis des abgelehnten Verhaltens aus, um die Abwertung innerlich in Gang zu setzen (s. Abb. 53).

Abb. 53: «Was ich an mir nicht leiden kann, das häng ich einem andern an!»

Ein Projektionsverdacht liegt nahe, wenn die eigene emotionale Reaktion auf eine andere Person unverhältnismäßig stark ist. Beispiel: Konkurrenz ist mit meinem Selbstbild unvereinbar. Infolge dieses inneren Verbotsschildes («Ich darf nicht jemanden übertreffen wollen!») reagiere ich mit Abscheu auf Menschen, die sich leistungsbetont geben. In dem Fall lohnt es sich, im Wege einer → Selbsterfahrung jenen Anteil in sich selbst aufzuspüren, der dort hinter Schloss und Riegel gehalten wird (→ Persönlichkeitsentwicklung).

■ **Literatur**
Miteinander reden 3, S. 260 (S. 224).

Prozessorientierung

«Geh mit der Energie der Gruppe!», lautet eine Empfehlung an einen Gruppenmoderator (→ Moderation), der allzu sehr an seiner vorgeplanten Struktur hängt. Er möge sich doch mehr an der lebendigen Dynamik des Prozesses orientieren und nicht nur am Ziel und am Ablaufplan! Ein solches Vorgehen erfordert vom Seminarleiter Flexibilität und Spontaneität, bietet jedoch die Chance, dass die Teilnehmer lebendiger und motivierter sind, weil innerer Antrieb und äußeres Geschehen zusammenpassen. Dennoch sollte er darauf achten, dass das Ziel weiter im Auge behalten und verfolgt wird (**Zielorientierung**), und seine Art zu leiten nicht im Chaos der Beliebigkeit endet (→ Werte- und Entwicklungsquadrat).

Prozessorientierung kann auch bedeuten, dass der Weg zu einem bestimmten Ziel, also das Vorgehen, als wichtiger angesehen wird als das Ziel selbst. In Outdoor-Übungen (= Übungen, die in der Natur durchgeführt werden) ist das häufig der Fall. Ein Team muss eine bestimmte Aufgabe lösen, beispielsweise mit geschlossenen Augen aus einem Seil ein Sechseck legen oder ebenfalls blind gemeinsam einen bestimmten Weg finden. In der Auswertung solcher Übungen ist die Vorgehensweise der Gruppe häufig wichtiger als das Ergebnis: Wie haben sich die Teilnehmer organisiert und miteinander kommuniziert?

R

Reaktanz

Reaktanz ist der Widerwille, appellgemäß zu handeln, nach dem Motto: «Nun gerade nicht!» Wenn A auf B Einfluss nehmen will und vielleicht mit Engelszungen auf ihn einredet, muss er mit Reaktanz rechnen. Auch dann, «wenn er es doch nur gut meint». Die Reaktanz hat viele, oft gute Gründe: Der Empfänger verteidigt seine Autonomie und seine Interessen. Nicht selten provoziert man Reaktanz aber auch durch die Art, wie man spricht. Zum Beispiel wenn eine neue Führungskraft, die manches anders machen will, zu erkennen gibt, dass in der betreffenden Abteilung erst einmal ein Augiasstall ausgemistet werden müsste. Dann wird sie auf Reaktanz stoßen, weil die Mitarbeiter sich für ihre bisherigen Bemühungen nicht nur nicht gewürdigt, sondern sogar geschmäht fühlen. Kommunikationspsychologisch ausgedrückt: Ein Appell, der auf den anderen Seiten des Kommunikationsquadrates anmaßende oder demoralisierende Begleitbotschaften enthält, ist reaktanzanfällig (s. Abb. 54).

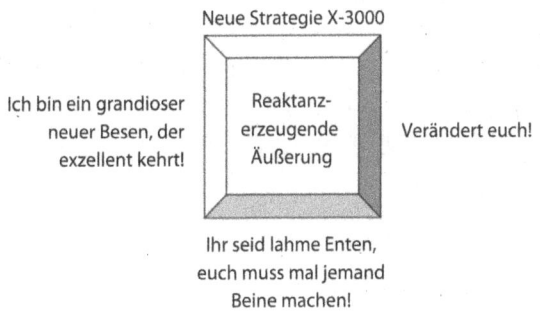

Abb. 54: Begleitbotschaften einer reaktanzanfälligen Äußerung

Rede und Vortrag

Die Rede ist eine spezielle Form der Kommunikation, bei der ein Sender über längere Zeit zu einer Zuhörerschaft spricht (→ Monolog), ohne mit dieser in einen → Dialog zu treten. Das Wesen einer Rede erkennen wir im Vergleich zu einem **Vortrag**. Der Vortrag gebührt einem Sachexperten, der sich im angekündigten Inhalt gut auskennt und diesen für interessierte Zuhörer (hoffentlich) verständlich und prägnant darstellt. Im Gegensatz zur Rede liegt bei einem Vortrag der Schwerpunkt deutlich auf der Sachebene des → Kommunikationsquadrates (s. Abb. 55).

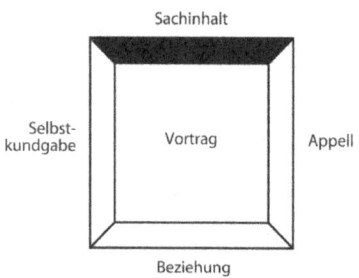

Abb. 55: Vortrag: Schwerpunkt auf der Sachebene

Gleichwohl spielen natürlich alle vier Aspekte des Kommunikationsquadrates eine wichtige Rolle für das Gelingen eines Vortrags, sie stellen gleichsam die **vier Aufgabenfelder des Vortragenden** dar (umgangssprachlich auch häufig die «vier Aufgabenfelder des Redners», obgleich es hier streng genommen um den Vortrag geht, nicht um die Rede): Auf der Sachebene (→ Sache) besteht die Aufgabe des Vortragenden darin, fachlich kompetent und verständlich über Inhalte zu informieren. Und obgleich hier der Schwerpunkt des Vortrags liegt, gilt: «Sachlich richtig ist zu wenig» und: «Erst quadratisch wird die Sache rund». Wer im Vortrag seine Zuhörer erreichen und überzeugen möchte, muss auch den anderen Ebenen des Kommunikationsquadrates Rechnung tragen. Die Selbstkundgabe-Seite (→ Selbstkundgabe) birgt die Herausforderung, sowohl als Experte als auch als Mensch auf authentische und glaubhafte Weise sichtbar zu werden und zu verdeutlichen, welche persönliche Überzeugung und Erfahrung und welcher persönliche Bezug zu dem Sachthema besteht. Die Beziehungsseite (→ Beziehung) stellt den Vortragenden vor die Aufgabe, Kontakt zur Zuhörerschaft aufzubauen und zu halten. Auf der Appell-Seite (→ Appell) gilt es, Einfluss zu nehmen und zu wirken.

Die Rede hingegen dient nicht der Information und Belehrung, sondern sie soll den Anlass des Zusammenkommens (Geburtstag, Jubiläum, Hochzeit etc.) herausstellen und würdigen und ihm eine sprachliche Gestalt geben. Die menschlichen und zwischenmenschlichen Komponenten des Kommunikationsquadrates sind stärker betont: die Selbstkundgabe («Es ist mir eine Freude und Ehre, hier dabei sein zu dürfen»), die Beziehung («Sie haben sich verdient gemacht!», «Ihnen gebührt unserer Dank und unsere Hochachtung») und, besonders bei Überzeugungsreden im beruflichen und politischen Bereich, der Appell («... und ich rufe Sie dazu auf ...!»). (s. Abb. 56)

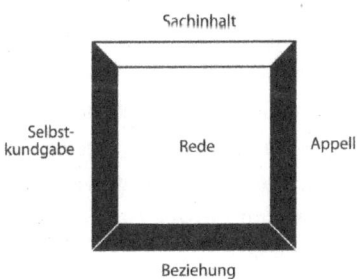

Abb. 56: Rede: Schwerpunkt auf Selbstkundgabe, Beziehung, Appell

■ **Literatur**
Winkler, M. / Commichau, A.: Reden.

Reflexion

Reflexion bedeutet, eine Erfahrung in Gedanken oder im Gespräch nochmals zu durchlaufen und dabei genauer zu betrachten, was geschehen ist und wie man sich das Geschehnis erklärt und bewertet. Reflektiert werden können sowohl das Verhalten anderer als auch das eigene Verhalten und Erleben, vergangene ebenso wie bevorstehende Situationen.

In Kommunikationsseminaren gewinnt die Selbstreflexion eine besondere Bedeutung: Wie will ich, angesichts der Umstände (→ Situationsmodell), angesichts meiner Rolle (und wie verstehe ich diese?), angesichts meiner Zielsetzung (und was genau will ich erreichen, warum?) und angesichts all meiner inneren Wortmelder (→ Inneres Team) – wie will ich in einer bestimmten Situation reagieren, auf der Sach- und auf der Beziehungsebene? Alle Kommunikationsmodelle dienen auch und nicht zuletzt der (Selbst-) Reflexion.

Resonanz

Was jemand tut und was er sagt, das löst bei seinem Gegenüber etwas aus, bringt bei diesem etwas zum Schwingen (lat. resonare = widerhallen). Wenn das Gegenüber diesen Widerhall in Worte fasst (und / oder in einer Mimik erkennbar werden lässt), dann gibt er Resonanz. Er teilt dem anderen also mit, wie er innerlich auf dessen Worte beziehungsweise auf dessen Tun reagiert und welche Emotionen es bei ihm hervorruft.

Resonanz wird meist gleichbedeutend mit → Feedback (Rückmeldung) gebraucht. Wenn man die Begriffe unterscheiden will, dann könnte man bezogen auf das → Kommunikationsquadrat sagen: Resonanz ist ein Feedback mit deutlichem Schwerpunkt auf der → Selbstkundgabe- und Beziehungsebene (→ Beziehung).

Manche Menschen sind sehr resonanzfähig: Wenn man ihnen etwas berichtet oder etwas von sich zeigt, dann «kommt etwas zurück», und das Gespräch erfährt eine Vitalisierung und eine Steigerung. Von anderen, die wenig resonanzfähig oder -bereit sind, «kommt nichts zurück», die Mitteilung verendet im Nirwana, das Gespräch erstirbt.

Resonanz ist eine wichtige Fähigkeit für die → Metakommunikation, zum Beispiel wenn Paul seiner Kollegin Karin zurückmeldet, dass er sich von oben herab behandelt fühlt und wütend wird, wenn sie ihn im Beisein von anderen darum bittet, Kaffee zu kochen.

Ressourcen

In der Kommunikation bezeichnet man mit Ressourcen menschliche Stärken, die einer Person zur Verfügung stehen, wie beispielsweise Charakterstärken, Fähigkeiten, Erfahrungen usw. Ressourcen sind eine wichtige Kraft, um Probleme und schwierige Situationen zu bewältigen. Zum Beispiel: Frau Merz hat Schwierigkeiten, ihrem Kollegen gegenüber die eigene Meinung zu vertreten. Bei ihrem Ehemann allerdings gelingt ihr dies gut. Damit verfügt sie durchaus über die Ressource, kann sie aber nur in einem Bereich zur Geltung bringen. In einer Beratung könnte sie lernen, die Ressource auch zur Selbstbehauptung gegenüber ihrem Kollegen zu nutzen.

Viele Beratungsansätze betonen heutzutage, dass sie ressourcenorientiert arbeiten. Damit ist gemeint, wenn der Klient ein Problem hat oder vor einer Herausforderung steht, konzentriert sich der Berater/die Beraterin nicht auf dessen Defizite (was ihm fehlt oder was bei ihm falsch läuft), sondern auf dessen Ressourcen. Er/sie erarbeitet mit dem Klienten, was diesem an Stärken und Potenzialen zur Verfügung steht, um das Problem zu lösen, die Herausforderung zu bestehen. Die Konzentration auf die Ressourcen soll ermutigen (statt zu demoralisieren) und auf die Lösung fokussieren (statt z. B. Vorverletzungen aus der Kindheit aufzuklären). Diese Orientierung auf das Positive hat sich in Beratung und Coaching oftmals als Segen erwiesen.

Sich allzu schnell und ausschließlich an der Lösung zu orientieren, kann jedoch auch rein oberflächliche Ergebnisse zeitigen, wenn die biographische Tiefendimension des selbst empfundenen Handicaps unverstanden bleibt. Deshalb scheint es sinnvoll, dass die ressourcenorientierte Grundhaltung mit einer unerschrockenen Analyse der Hindernisse einhergeht, welche der Nutzung der Ressourcen entgegenstehen.

■ **Literatur**
Schulz von Thun, F.: Ein paar Gedanken über «Lösungen» aus kommunikationspsychologischer Sicht. In: Schulz von Thun, F. / Kumbier, D. : Impulse für Beratung und Therapie, S. 41–42.

Riemann-Thomann-Modell

Menschen unterscheiden sich in ihrer Art zu kommunizieren, in Kontakt zu treten und Beziehungen einzugehen (→ Kommunikationsstile). Eine Rolle spielt dabei die → Persönlichkeit eines Menschen. Es gibt viele und sehr differenzierte Persönlichkeitstheorien. Eine allererste und für die zwischenmenschliche Kommunikation grundlegende Orientierung bietet das Riemann-Thomann-Modell. Es ist benannt nach dem Psychoanalytiker Fritz Riemann, der in seinem Buch «Grundformen der Angst» vier Ängste beschrieben hat, und nach Christoph Thomann, der das Werk Riemanns für die Alltagskommunikation weiterentwickelt und speziell unter dem Aspekt der Beziehungsdynamik untersucht hat.

Vier Grundstrebungen des Menschen werden hervorgehoben: Die

Nähe-Strebung als Bedürfnis nach liebevollem Nahkontakt mit anderen Menschen, nach Harmonie und Gefühlsintensität, die **Distanz-Strebung** als Bedürfnis nach Individualität, Freiheit und Unabhängigkeit, die **Dauer-Strebung** als Bedürfnis nach Beständigkeit, Kontrolle, Recht und Ordnung sowie die **Wechsel-Strebung** als Bedürfnis nach Veränderung, Entwicklung und Spontaneität. Alle vier Strebungen sind bei den meisten Menschen anzutreffen, allerdings in unterschiedlichem Maße, unterschiedlicher Intensität und Wichtigkeit.

Riemann beschreibt vier **Grundängste** der menschlichen Existenz: die Angst vor Isolation, vor Abhängigkeit, vor Kontrollverlust sowie vor Endgültigkeit. Diese Ängste beeinflussen uns neben den oben genannten Strebungen ebenfalls in unserer Kontakt- und Beziehungsgestaltung. Ein Mensch, der viel Angst vor Einsamkeit hat, vermeidet das Alleinsein und sucht die Geselligkeit, während ein Mensch mit Angst vor Abhängigkeit im Kontakt mit anderen seine Autonomie betont.

Die vier Grundstrebungen Nähe, Distanz, Dauer und Wechsel werden im Riemann-Thomann-Modell graphisch als Pole in einem Achsenkreuz dargestellt (s. Abb. 57).

Der Kreuzungspunkt der Achsen ergibt den Nullpunkt, von dem aus die Strebungen in vier Richtungen laufen. Je stärker eine Strebung ausgeprägt ist, desto weiter entfernt vom Nullpunkt wird sie eingeordnet.

Jede der vier Strebungen hat ihre Sonnen- und ihre Schattenseiten. Der Nähe-Strebung sind Einfühlungsvermögen und Hingabefähigkeit zugeordnet, gleichzeitig aber auch Konfliktscheu und übertriebene Anpassung. Die Distanz-Strebung hat ihr positives Potenzial in der Abgrenzungsfähigkeit (→ Abgrenzung) und Eigenständigkeit, während zu ihrer Schattenseite die Angst vor Nähe sowie die Tendenz zu arroganter Außenwirkung gehört. Die Dauer-Strebung ist durch Verlässlichkeit und Bodenständigkeit gekennzeichnet, aber auch durch Prinzipienreiterei, Pedanterie und Dogmatismus. Die

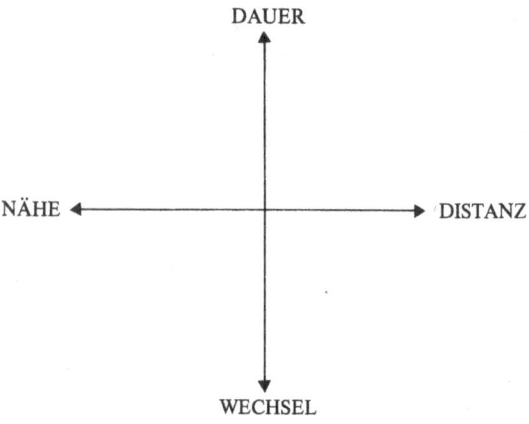

Abb. 57: Die vier Grundtendenzen

Wechsel-Strebung wiederum sonnt sich in Begeisterungsfähigkeit und Lebendigkeit, zu ihrer Schattenseite können jedoch Launenhaftigkeit, Theatralik und Unzuverlässigkeit gehören.

Stellt man die Ausprägung in den vier Strebungen für eine Person graphisch im Koordinatenkreuz dar, entsteht das **Heimatgebiet** der Person. Es spiegelt die Möglichkeiten und Grenzen ihres Verhaltens wider. Die Grenzen sind jedoch nicht starr, sondern entwickelbar. Zu jedem Heimatgebiet existiert ein **Schattengebiet**, welches dem Heimatgebiet über den Nullpunkt gesehen punktsymmetrisch gegenüberliegt (s. Abb. 58).

Das Schattengebiet beinhaltet Verhaltensweisen, Bedürfnisse und Werte, die die eigenen Grundängste berühren. Manche Mitmenschen haben ein ähnliches Heimatgebiet wie man selbst, man fühlt sich ihnen verbunden und vertraut. Andere Menschen, die ihr Heimatgebiet dort haben, wo das eigene Schattengebiet liegt, erscheinen uns dagegen oft eher fremd. Diese Fremdartigkeit kann sowohl faszinierend als auch abstoßend sein.

Je ferner uns ein Bedürfnis ist, welches an uns gerichtet wird,

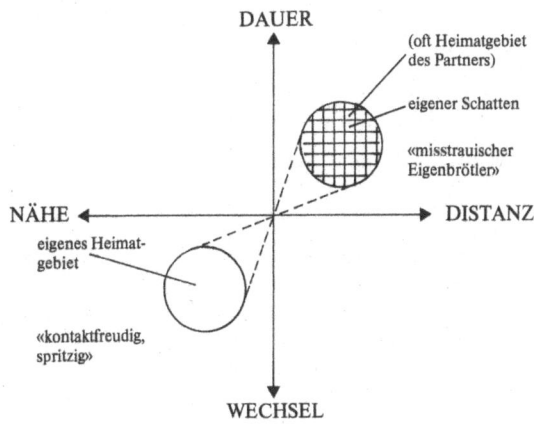

Abb. 58: Heimatgebiet und Schattengebiet

R

desto stärker reagieren wir abwehrend entsprechend unserem Heimatgebiet. Habe ich viele Anteile aus der Distanz-Strebung und mein Partner wünscht sich einen romantischen Urlaub zu zweit auf einer einsamen Insel, reagiere ich darauf vielleicht mit Ablehnung, da mein Bedürfnis nach Individualität bedroht ist («… aber nicht auf so einer Mini-Insel, wo man sich gar nicht mehr aus dem Weg gehen kann!»). Je mehr mein Partner mich von seiner Idee überzeugen will («Endlich mal nur wir beide, das hatten wir schon so lange nicht mehr!»), desto mehr werde ich mich sträuben («Wenn du da unbedingt hin willst, kannst du auch gerne alleine fahren. Mal zwei Wochen getrennt zu sein, täte uns bestimmt gut!»). Auf diese Weise kommt schnell ein → Teufelskreis in Gang, in welchem beide Partner sich ihre Bedürfnisse gegenseitig zum Vorwurf machen und dabei mächtig übertreiben: «Du bist eine unselbständige Klette!» «Und du bist ein antisozialer Eigenbrötler!» (→ Polarisierung).

Das Riemann-Thomann-Modell lässt sich auch als Entwicklungsmodell auffassen: Auf dem Wege zur «integralen Persönlichkeit» (G. Jun) kommt es darauf an, das angestammte Heimatgebiet zu erweitern und sich auch im Schattengebiet Terrain zu erobern. Der nähebegabte Mensch möge sich in Abgrenzung üben, der Dauerbegabte in Spontaneität und Improvisation, der Distanzbegabte in der Fähigkeit, sich einzulassen und der Wechselbegabte in der Kunst, Struktur, Ordnung, Beständigkeit und Ruhe walten zu lassen.

■ **Literatur**
Schulz von Thun, F.: Klarkommen mit sich selbst und anderen, S. 29 ff.
Thomann, Chr./Schulz von Thun, F.: Klärungshilfe 1, S. 173 ff.
Thomann, Chr.: Klärungshilfe 2, S. 230 ff.
Jun, G.: Unsere inneren Ressourcen.

Rolle

Die «Rolle» wird gemeinhin definiert als Summe der erwarteten Verhaltensweisen, die sich an den Inhaber einer Position richten. Diese Erwartungen betreffen die Beziehungen, die sich aus der Rolle ableiten (z. B. hierarchisch), sowie ihre Funktionalität (z. B. das Aufgabenprofil innerhalb einer Führungsrolle). Rollen regeln das soziale Miteinander auf eine sinnvolle Weise, indem sie Verhaltensnormen festlegen, die den Kommunikationspartnern Sicherheit geben.

Die Klärung der eigenen Rolle ist das A und O in der Kommunikation, besonders dann, wenn es schwierig wird. Der Abteilungsleiter Herr Trennscharf ist disziplinarischer Vorgesetzter von Herrn Stiehl und als solcher ihm gegenüber weisungsbefugt. Wenn Stiehl und Trennscharf jedoch im Rahmen der Projektgruppe «Innovatives Produktdesign» unter der Leitung von Herrn Retro gleichberechtigt zusammenarbeiten, bedeutet dies einen Rollenwechsel. Wichtig ist, dass dieser Wechsel auch von Stiehl und Trennscharf vollzogen wird, denn sonst kommt es schnell zu Irritationen. Beispielsweise wäre es unstimmig, wenn Herr Trennscharf auch in der Projektgruppe den gewohnten Ton anschlägt und Herrn Stiehl Anweisungen erteilt.

Wenn in der Kommunikationsberatung die Frage aufkommt «Wie soll ich hier am besten reagieren?», dann hängt die Antwort nicht zuletzt davon ab, welche Rolle der Fragesteller innehat und wie er selbst sie definiert (Rollen-Selbstverständnis). Bist du der Chef? Oder bist du externer Berater? Bist du der leibliche Vater oder der Stiefvater? Bist du die Mutter oder eine gute Freundin? Je nachdem wird eine stimmige Kommunikation anders ausfallen müssen. Darum ist die Auseinandersetzung mit der eigenen Rolle in einem gegebenen Feld die Voraussetzung für Sicherheit und eine «klare Linie» in der Kommunikation. «Was macht die Rolle mit mir, und was mache ich aus der Rolle?» gehört zu den Schlüsselfragen der Selbstreflexion.

Wer eine Rolle übernimmt, muss für Konflikte nicht sorgen. Sie kommen von selbst, da die unterschiedlichen Rollenpartner (z. B. Kunden, Kollegen, Lieferanten) durchaus nicht nur und nicht immer dieselben Erwartungen an den Rolleninhaber hegen. Die Mitarbeiter von Frau Scheff erhoffen, dass sie sich für sie stark macht und bessere Arbeitsbedingungen durchsetzt. Der Vorgesetzte von Frau Scheff erwartet, dass sie ihre Mitarbeiter zu verstärkter Einsatzbereitschaft motiviert. Wenn sie nun konfliktscheu nach der Devise «allen wohl und niemand weh!» agiert und kommuniziert, kommt sie bald in Teufels Küche. Notwendig ist die Erarbeitung eines Eigenstandpunktes, der dann nach beiden Seiten hin, notfalls auch mit Nachdruck, zu vertreten ist. Solche Konflikte, die innerhalb einer Rolle angelegt sind, werden **Intra-Rollenkonflikte** genannt.

Dagegen entstehen **Inter-Rollenkonflikte**, wenn jemand zwei oder mehr Rollen innehat und diese in einen Widerstreit geraten. In der Klasse von Lehrer Schimmelcent sitzt auch seine eigene Tochter. Wenn sie ihn zu Hause bittet, ihr bei der Vorbereitung auf die bevorstehende Klassenarbeit zu helfen, sind spätestens dann der Vater (der für seine Tochter das Beste will) und der Lehrer (der weiß, was drankommt) nur schwer voneinander zu trennen. Es kommt gar nicht so selten vor, dass jemand in einer gegebenen Situation «zwei Hüte» gleichzeitig auf dem Kopfe trägt. In dem Fall ist es günstig, wenn er klarmacht, aus welcher Rolle heraus er jeweils spricht (z. B. «Das sage ich jetzt nicht als Moderator, sondern als betroffener Abteilungsleiter»).

■ **Literatur**
Miteinander reden 3, S. 190 ff. (S. 163 ff.)

S

Sache

Das → Kommunikationsquadrat unterscheidet vier Ebenen, die in der zwischenmenschlichen Kommunikation gleichzeitig wirksam und prinzipiell bedeutsam sind: Sache, → Selbstkundgabe, → Beziehung und → Appell. Die Sache ist die obere Ebene.

Jedes Gespräch hat (mindestens) ein → Thema, beispielsweise das tagespolitische Geschehen, die aktuelle Unternehmensbilanz oder das Wetter. Geht es um Themen wie diese, steht offiziell die Sachseite der Kommunikation im Vordergrund: Gesprochen wird nicht über persönliche Befindlichkeiten oder die Beziehung der Gesprächspartner, sondern im Wesentlichen über Zahlen, Daten und Fakten. Man könnte meinen, die Sachseite der Kommunikation sei wenig störanfällig, aber weit gefehlt! Da jede Äußerung auf vier Ebenen wirken kann und Menschen verschieden sind, geht es selten nur um die Sache.

Kommunikationspsychologisch betrachtet ist auf der Sachseite zunächst einmal gefordert, den eigenen Standpunkt verständlich darzustellen (→ Hamburger Verständlichkeitsmodell). Verständliche Informationsvermittlung bedeutet, dass man alle relevanten Informationen in anschaulicher und prägnanter Form vermittelt, Zusammenhänge nachvollziehbar erklärt und dem Zuhörer unbekannte Fremdwörter erläutert. Entsprechend orientiert sich Verständlichkeit am Adressaten (z. B. ob dieser Laie oder Experte ist). Neben der verständlichen Informationsvermittlung ist ein Bewusstsein darüber, dass das Gegenüber vielleicht einen anderen Standpunkt vertritt, ein weiterer wichtiger Baustein auf dem Weg zur Sachlichkeit. Denn nur wenn beim Informationsaustausch die Unterschiedlichkeit der Sichtweisen akzeptiert und das Gegenüber respektiert wird, lässt sich Sachlichkeit erzielen. Die Sachseite der Kommunikation ist in dem Maße störanfällig, wie sie zum Schauplatz verdeckter Konflikte und zum Austragungsort von Machtfragen genutzt wird. Zwar wird Sachlichkeit allerorten gefordert («Lassen Sie uns bitte sachlich bleiben!»), tatsächlich gehört es jedoch hierzulande zu den ungeübtesten Fähigkeiten, eine kontroverse Diskussion ohne Herabsetzungen zu führen.

Beispiel: Auf der Versammlung aller Wohnungseigentümer eines Hauses soll über die Installation von Sonnenkollektoren auf dem Hausdach diskutiert werden. Um die Diskussion führen und anschließend eine Entscheidung fällen zu können, benötigen die Beteiligten grundlegende Informationen zum Thema Solarenergie. Hierfür haben sie ihren Nachbarn Herrn Schlaumeier eingeladen. Herr Schlaumeier hat bereits selbst eine Solaranlage auf seinem Dach installiert und berichtet stolz im Fachjargon von den Vor- und Nachteilen unterschiedlicher Anlagen. Nach zehn Minuten können die Ersten nicht mehr folgen, nach einer Stunde hat die Eigentümerversammlung sich gänzlich in ‹Eingeweihte› und ‹Unwissende› gespalten. Als die ‹Eingeweihten› sich für die Installation einer Anlage aussprechen, bekommen sie von den ‹Unwissenden› mächtigen Gegenwind: Diese verweigern kategorisch ihre Zustimmung, wollen plötzlich keinesfalls «so ein hässliches Ding» auf ihrem Dach haben. Die ‹Unwissenden›, die sich eben noch ohnmächtig und herabgesetzt fühlten, machen nun in der Entscheidungsphase durch ihr Veto ihre Macht deutlich. Aus einer ursprünglich sachlich orientierten Zusammenkunft hat sich so ein Streit auf der Beziehungsebene entwickelt, wo es um Macht und ums Rechthaben, um Kränkungen und Heimzahlungen geht.

Das Beispiel macht aber noch etwas anderes deutlich: Die Sachebene und die Beziehungsebene gehören urtümlich zusammen, wann immer Menschen miteinander zu tun haben. Es gilt, die Erfordernisse der Sache mit den Erfordernissen des Menschlichen und Mitmenschlichen in Einklang zu bringen. Sache und Beziehung sind vorstellbar als zwei Schienenstränge: Laufen sie parallel nebeneinander (= Einklang von Sachlichem und Menschlichem), kann der Zug (z.B. das Projekt einer Arbeitsgruppe) Fahrt aufnehmen. Leichtere Störungen im Schienenverlauf äußern sich als mehr oder weniger starkes Ruckeln des Zuges, größere Irritationen machen die Weiterfahrt unmöglich – der Zug muss langsamer werden oder sogar ganz stehen bleiben. Ist die (sachliche) Zusammenarbeit derart beeinträchtigt, hilft oft nur noch → Metakommunikation, um die Schienenstränge zu sortieren und zu klären, was im Argen liegt. Solange die (zwischen-)menschliche Ebene gestört ist, ist an sachliches Vorankommen nicht oder nur sehr eingeschränkt zu denken. Metakommunikation über die verschiedenen Ebenen der Zusammenarbeit (idealer Weise in ritualisierter Form, beispielsweise als Montagsrunde am Wochenanfang) kann helfen, Störungen früher zu erkennen und sie dort zu klären, wo sie ihren Ursprung haben.

■ Literatur
Miteinander reden 1, S. 147 ff. (129 ff.)
Schulz von Thun, F. / Ruppel, J. / Stratmann, R.: Miteinander reden.
Kommunikationspsychologie für Führungskräfte, S. 33 ff.

Schweigen

Schweigen scheint das Gegenteil von Kommunikation zu sein. Weit gefehlt! Es gibt ein «beredtes Schweigen», ein «demonstratives Schweigen», in manchen Situationen kann es geradezu ein kommunikativer Kunstgriff sein, durch Schweigen den anderen zu nötigen, als Erster Farbe zu bekennen. Mitunter ist Schweigen «Gold», wenn es darum geht, Informationen nicht an der falschen Stelle auszuplaudern. Oder «wenn der Worte genug gewechselt sind» und es als

Wohltat empfunden wird, wenn jemand «endlich mal die Klappe hält». In Kommunikationsseminaren wird das Schweigen nicht gelehrt und trainiert, es handelt sich um eine unterschätzte Schlüsselqualifikation. In der Schule gilt das Schweigen als Mangel (an Unterrichtsbeteiligung) und wird mit schlechten Noten für «das Mündliche» bestraft. Manche Menschen verhalten sich zeitlebens so, als ob es immer noch gute Noten für mündliche Beteiligung gäbe.

Nach diesem kleinen Loblied auf das Schweigen wollen wir aber nicht verhehlen, dass es auch eine «Mauer des Schweigens» gibt, die es wert ist, überwunden zu werden. Bin ich als Führungskraft, Seminarleiter oder Moderator einer Besprechung mit anhaltendem Schweigen konfrontiert, kann es sinnvoll und aussichtsreich sein, den Hintergrund des Schweigens zu erkunden. «Ist Ihr Schweigen ein andächtiges oder ein skeptisches, Herr Senkpiel?» «Weder noch, eher ein nachdenkliches.» «Nämlich?»

Unsere Erfahrungen lassen es zu, eine kleine «Typologie des Schweigens» vorzuschlagen, die auf den unterschiedlichen Hintergründen der Wortlosigkeit beruht:

1. Anspruchbefürchtung: Jemand hat Sorge, seine Äußerung könne zu banal, undurchdacht oder uninteressant für andere sein.

2. Blockade: Eine Person ist innerlich stark mit etwas beschäftigt, was sie im Moment weder aussprechen noch benennen kann.

3. Fehlende Passung: Jemand hat den Eindruck, dass das, was er zu sagen hätte, nicht zum Stand der Diskussion oder zum situativen Rahmen passt.

4. Meditatives Schweigen: Persönlich bedeutsame Themen können einen Menschen in einen Zustand des Innehaltens und Gewahrwerdens versetzen, in dem alle Aufmerksamkeit nach innen gerichtet ist. Man denke an «das Wort, das noch im Schweigen reift» (Rilke).

5. Verwirrung: Die Dichte, Vielfalt oder Menge an Information, die Intensität des Themas oder der eigenen inneren Beteiligung kann eine Äußerung erschweren.

6. Intimitätsschutz: Jemand schweigt, weil er etwas Intimes oder Persönliches nicht veröffentlichen möchte. «Was denkst du?» «Ach, nichts!»

7. Verweigerung: Hier hat das Schweigen abwehrenden Charakter und dient dazu, sich deutlich von dem ganzen Geschehen abzugrenzen.

Schweigen hat ebenso wie Äußerungen Mitteilungscharakter. Mit dem → Kommunikationsquadrat betrachtet, enthält Schweigen unterschiedliche Botschaften, z. B.

→ Selbstkundgabe: z. B. «Ich will mich nicht aufdrängen»

→ Beziehung: z. B. «Du schüchterst mich ein»

→ Appell: z. B. «Mach du den ersten Schritt»

Selbsterfahrung

Wissen allein reicht meist nicht aus, um soziale Kompetenzen zu verbessern. Diese Erkenntnis hat dazu geführt, in → Kommunikationstrainings auch die Selbsterfahrung anzuregen, die Auseinandersetzung mit sich selbst. Sie kann von außen (→ Feedback) oder von innen angestoßen werden: Wenn es Sarah schwerfällt, in bestimmten Situationen «nein» zu sagen, könnte sie z. B. mit Hilfe des → Inneren Teams herausfinden, wer in ihr dafür sorgt, dass sie Ja und Amen sagt, welches Anliegen verfolgt er damit, wovor hat er Angst? Eine solche Selbsterfahrung kann von starken Gefühlen begleitet sein. Persönliche Entwicklung (→ Persönlichkeitsentwicklung) wird jedoch begünstigt, wenn «Kopf, Herz und Hand» beteiligt sind. Besonders das «Herz» wird durch Selbsterfahrung erreicht.

■ **Literatur**
Schulz von Thun, F.: Praxisberatung in Gruppen.

Selbstklärung

Nach außen hin gut und klar kommunizieren kann nur, wer auch innerlich klar ist. Das bedeutet, sich seiner Gedanken, Impulse, Gefühle und Wünsche bewusst zu sein, beispielsweise in Bezug auf eine Person, Situation oder eine Entscheidung. Selbstklärung ist der Prozess, zu dieser inneren Klarheit zu gelangen.

Ein wichtiges Modell zur Selbstklärung ist das → Innere Team, das speziell zu diesem Zwecke entwickelt wurde: «Willst du ein guter Kommunikator sein, dann schau erst in dich selbst hinein!» Bei der Vorbereitung von Gesprächen (→ Gesprächsleitfaden) kann auch das → Kommunikationsquadrat der Selbstklärung dienen. Beispiel: Susanne hat einen Konflikt mit ihrer Schwester. Bevor sie ein Gespräch sucht, wäre es empfehlenswert, dass sie sich erst einmal vor Augen führt, was genau vorgefallen ist (→ Sache), welche Gefühle und Gedanken dadurch bei ihr entstanden sind (→ Selbstkundgabe), wie sie zu ihrer Schwester steht, eventuell auch, welche Vorwürfe sie ihr macht (→ Beziehung), und schließlich, welche Erwartungen oder Wünsche sie an sie hat (→ Appell). Vor wichtigen Gesprächen ist eine Selbstklärung ratsam, um gut sortiert einsteigen zu können: Selbstklärung vor Beziehungsklärung. Denn wer sich selbst versteht und «alle beisammen hat», kommuniziert besser!

Auch in der → Klärungshilfe stellt die Selbstklärung einen wichtigen Schritt und Schlüsselbegriff dar. Eine unterstützende Methode dabei ist das Selbstklärungsdoppeln (→ Doppeln) durch den Klärungshelfer.

■ **Literatur**
Miteinander reden 3.
Thomann, Ch. / Schulz von Thun, F.: Klärungshilfe 1, S. 27, 63 ff.

Selbstkonzept

Das Selbstkonzept (oder auch **Selbstbild**) bezeichnet die eigene Auffassung darüber, was man für ein Mensch ist: «So einer bin ich – mit diesen Charaktereigenschaften, Stärken und Schwächen!» Bei der Entstehung des Selbstkonzeptes spielen empfangene Beziehungsbotschaften (→ Beziehung) eine wichtige Rolle. Der Empfänger erhält durch die impliziten und expliziten Beziehungsbotschaften Informationen, wie er von verschiedenen Sendern gesehen wird. Zum Beispiel «Dummkopf», «Aus dir wird nie was!», «Du kannst gut malen!», «Du bist hier erwünscht!» usw. Das Kind ist bei der Suche nach seiner Identität auf solche Hinweise angewiesen. Mit der Zeit verdichten sich diese Beziehungsbotschaften zum Selbstkonzept: «Aha, so bin ich also!» (s. Abb. 59)

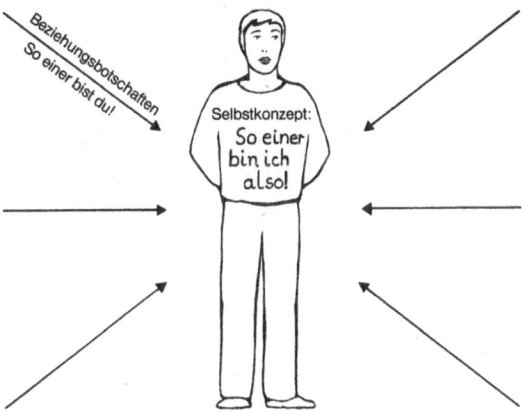

Abb. 59: Das Selbstkonzept als Verdichtungsresultat von Beziehungsbotschaften

Für die Kommunikation spielt das Selbstkonzept eine wichtige Rolle. Hat es sich einmal verfestigt, tendieren wir dazu, uns in Übereinstimmung mit ihm zu verhalten. Das heißt, es hat Einfluss darauf, wie wir Kommunikation und Kontakt gestalten, was wir wahrnehmen und wie wir das Wahrgenommene interpretieren (→ Empfangsprozess). Das Selbstkonzept dient gewissermaßen als Interpretationsschlüssel für unsere Erfahrungen. So schafft sich das Individuum eine Welt, in der sein einmal etabliertes Selbstkonzept immer wieder bestätigt wird (→ sich selbst erfüllende Prophezeiung). Wenn in Renates Selbstkonzept verankert ist: «Ich bin langweilig, es lohnt sich nicht, mir zuzuhören», dann wird sie gegenteilige Erfahrungen vermutlich als Zufall oder Glück ansehen und positive Rückmeldungen für eine Geste des Mitgefühls halten. Ferner wird sie in Unterhaltungen entsprechend ihrem Selbstkonzept einsilbig bleiben, mit der Folge, dass sie alternative Formen der Selbstpräsentation nicht einübt, was dazu führt, dass sie tatsächlich als langweilig empfunden wird.

Darüber hinaus verhindert ein starres Selbstkonzept, Gefühle wahrzunehmen, die nicht in das eigene Bild passen. Hege ich beispielsweise zutiefst die Selbstüberzeugung: «Ich bin eine liebevolle und verständnisvolle Ehefrau», dann ist es schwer, sich Empfindungen wie Wut und Aggression dem Ehemann gegenüber zuzugestehen. Gefühle, die nicht wahrgenommen werden und somit auch nicht ausgedrückt werden können, suchen sich häufig andere Wege, um ans Tageslicht zu gelangen, zum Beispiel einen psychosomatischen Weg über den Körper. In der Psychotherapie, vor allem in der Gesprächspsychotherapie nach Carl Rogers, wird daher viel Wert darauf gelegt, Gefühle zu entdecken und wertschätzend zuzulassen, die dem Selbstkonzept widersprechen. Mit der Zeit wird dieses weniger starr und stärker durchlässig für alles, was in mir aufkommen will: eine Voraussetzung für → Authentizität und Selbstkongruenz (Kongruenz → Äußerung).

■ **Literatur**
Miteinander reden 1, S. 134, 181, 216 ff., 227 (S. 119, 156, 187 ff., 196).

Selbstkundgabe

Sobald ich etwas *von* mir gebe, gebe ich auch etwas von *mir* (kund/preis). Die Selbstkundgabe stellt die Seite des → Kommunikationsquadrates dar, auf der der Sender Informationen über sich selbst gibt: Was für ein Mensch er ist, wie es ihm geht, was er fühlt und denkt, wie er gestimmt ist, usw. Auf der Selbstkundgabe-Seite werden somit **Ich-Botschaften** vernehmlich, explizit (→ Äußerung) oder zwischen den Zeilen (s. Abb. 60).

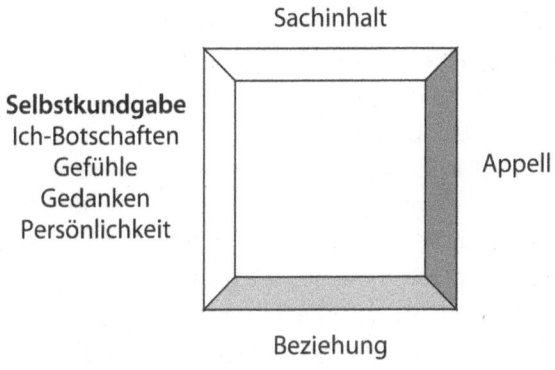

Abb. 60: Die Selbstkundgabe im Kommunikationsquadrat

Selbstkundgaben sind in jeder Äußerung enthalten, ob wir wollen oder nicht. Sie können mehr oder weniger bewusst sein, mehr oder weniger reichhaltig und tiefgreifend und mehr oder weniger getarnt und versteckt, aber sie können nicht nicht sein. Wird die Selbstkundgabe explizit (→ Äußerung, → Botschaft) geäußert, handelt es sich um eine gewollte Selbstkundgabe, beispielsweise «Ich kann mich heute nur schwer konzentrieren, da meine Mutter ins Krankenhaus gekommen ist und ich mir große Sorgen mache» oder «Ich bin 39 Jahre alt, arbeite seit 7 Jahren in diesem Unternehmen, bin verheiratet und habe zwei Kinder». Hier spricht der Sender mit seinem «Selbstkundgabe-Schnabel» (→ Kommunikations-quadrat).

Aber auch, wenn der Sender die Selbstkundgabe nicht explizit ausdrückt, ist sie implizit (→ Äußerung, → Botschaft) immer vorhanden. Beispiel: Frau Günther zu ihrer Nachbarin: «Ihr Kind wird immer lebhafter!» Auf der Selbstkundgabeseite könnte diese Aussage bedeuten: «Ich fühle mich durch Ihr Kind gestört» oder auch «Ich bin eine aufmerksame Person», «Ich kenne mich mit Kindern aus», «Ich habe Interesse daran, mit Ihnen über Ihr Kind ins Gespräch zu kommen», «Ich finde es beeindruckend mit anzusehen, wie sich Kinder weiterentwickeln». Die Nachbarin kann sich nicht sicher sein, welche dieser möglichen Selbstkundgaben die zutreffende ist, aber sie wird gewiss eine oder mehrere Botschaften auf ihrem Selbstkundgabe-Ohr (→ Vier Ohren) empfangen.

Dass wir mit jeder Äußerung unweigerlich etwas von uns selbst kundgeben, kann uns zuweilen beunruhigen und nervös machen: Wie stehe ich da? Was für einen Eindruck mache ich? Was werden die anderen von mir denken und halten? Diese Gedanken und Sorgen bezeichnen wir als **Selbstkundgabe-Angst**. Es ist, als ob wir in manche zwischenmenschliche Situationen eine Art Prüfungsangst mit hineinnehmen und eine kritische Beurteilung durch den Mitmenschen erwarten. Je stärker die Selbstwertzweifel (→ Minderwertigkeitsgefühl), umso mehr greift der Mensch bewusst oder unbewusst zu Techniken, die sich grob in Imponier- und Fassadentechniken unterteilen lassen. Beide Techniken haben zwar durchaus einen Sinn, da sich der Sender durch sie zu schützen versucht, jedoch können sie auch sehr ungünstige Wirkungen auf die Kommunikation und den Kontakt mit sich selbst haben (s. u.).

Imponiertechniken zielen darauf ab, die eigene «Schokoladenseite» vorzuzeigen und Pluspunkte zu sammeln. Sie dienen der gewollten Selbstdarstellung, etwa durch Äußerungen wie: «Englisch zu sprechen fällt mir nicht so schwer, aber ich habe halt auch viel im Ausland gelebt.» Zu den Imponiertechniken zählen schwer verständliche Sprache (z. B. «Die Produktionsergebnisse der Agrarproduzenten sind diametral proportional zu ihrem Intelligenzquotienten» anstatt «Die dümmsten Bauern ernten die dicksten Kartoffeln») und auch beiläufige «hochwertige Personalmeldungen» («Ja, interkulturelle Kommunikation ist wirklich spannend, ich beobachte das immer wieder, ob nun in Bangkok, Zürich oder New York»). Scheinbare Beiträge zur Sache haben hier den heimlichen Schwerpunkt auf der Selbstkundgabe: «Seht her, wer ich bin, was ich habe, was ich kann.»

Während also Imponiertechniken darauf abzielen, die eigene Grandiosität herauszustellen, geht es bei den **Fassadentechniken** darum, das Persönliche zu verhüllen, jegliche Selbstkundgabe möglichst zu vermeiden. Die daraus resultierende Sprechweise kann allerdings auch stimmig sein, wenn es darum geht, Distanz zu wahren. Beispiel: «Man wundert sich schon, wie in dieser Abteilung die Projekte vergeben werden!» Ein Kollege (mit gespitztem Selbstkundgabe-Ohr) fragt nach: «Sie fühlen sich übergangen und Ihre Leistung nicht gewürdigt?» Antwort: «Ach, es geht nicht um mich, aber das typische Prozedere der Projektvergabe erscheint doch eher fragwürdig.»

Generell aber schadet die übermäßige Besorgtheit um die Selbstkundgabe und damit einhergehend der übermäßige Einsatz von Imponier- und Fassadentechniken sowohl der eigenen seelischen Verfassung, dem sachlichen Vorankommen als auch dem zwischenmenschlichen Kontakt. Wer stets damit beschäftigt ist, sich nach außen anders zu geben, als ihm innerlich zumute ist, muss viel psychische Energie aufwenden. Dies ist seelisch belastend und mit dem Risiko körperlicher Einbrüche verbunden. Der sachliche Ertrag ist gefährdet, weil die Aufmerksamkeit und Energie für ein sachliches Thema begrenzt ist, wenn die Beteiligten sehr um ihre Geltung besorgt sind, und zuletzt entsteht durch das Verbergen von Schwächen, Ängsten und Problemen nur schwerlich Kontakt. Von sich selbst etwas zu zeigen, was über die oberflächlichen Vorzeigeseiten hinausgeht, ist die Basis für tragfähigen menschlichen Kontakt.

Daher empfiehlt sich im Umgang mit der Selbstkundgabe eine selektive → Authentizität. Damit ist gemeint, dass der Sender sich als Mensch zeigt, auch mit seinen weniger glanzvollen Seiten, jedoch je nach Situation (→ Situationsmodell) in einem eingegrenzten, nämlich selektiven, Ausmaß. Auf diese Weise wird der Sender sichtbarer und greifbarer, wodurch Missverständnisse vermieden werden können (beispielsweise weiß ich so, dass du wegen deiner kranken Mutter so wortkarg bist, und nicht, weil du mir womöglich etwas übel nimmst) und Verständnis und eventuell auch Solidarität entstehen können. Somit ermöglicht die Selbstkundgabe Kontakt, wo es andernfalls zu Befremden käme («Was guckt die denn heute so mürrisch!?»). Voraussetzung für einen solchen Kommunikationsstil ist allerdings eine → Souveränität zweiter Ordnung.

In Miteinander reden Band 1 wurde die Selbstkundgabe noch als **Selbstoffenbarung** bezeichnet. Da dieser Begriff jedoch nahelegt, dass der Sender, eventuell sogar gegen seinen Willen, sein Herz und sein Innerstes ausschüttet, hat Schulz von Thun inzwischen den Begriff Selbstkundgabe eingeführt. Er trägt der Tatsache besser Rechnung, dass der Sender die Selbstkundgabe dosieren und in unterschiedlicher Tiefe äußern kann.

■ **Literatur**
Miteinander reden 1, S. 109 ff. (S. 99 ff.)

Sich selbst erfüllende Prophezeiung

(engl. self-fulfilling prophecy) Wenn jemand eine Zukunft voraussagt, dann muss man immer mit der Möglichkeit rechnen, dass er das zukünftige Geschehen durch seine Äußerung tatsächlich eintreten lässt. Das ist die Macht des Propheten! Zum Beispiel schreibt jemand in der Zeitung: «Die Aktie xy wird voraussichtlich dramatisch abstürzen.» Daraufhin verkaufen die Leser panisch diese Aktien. Folge: Die Aktie stürzt dramatisch ab, wie vorausgesagt!

Solche «sich selbst erfüllenden Prophezeiungen» gibt es auch im menschlichen und zwischenmenschlichen Bereich. Wenn ein Kind oft genug den Satz hört «Aus dir wird nie was!», dann dürfte es irgendwann derart demoralisiert sein, dass es nicht mehr an sich glaubt und innerlich aufgibt. Folge: Aus ihm wird tatsächlich nichts (genau wie vorausgesagt). Das → Selbstkonzept spielt dabei eine Schlüsselrolle. Es ist der Motor, der das Rad der sich selbst erfüllenden Prophezeiung immer wieder am Laufen hält. Wenn ich erst mal die Überzeugung «Ich bin technisch unbegabt» verinnerlicht habe, wird sie auf die Zukunft Einfluss nehmen. Denn sobald eine technische Herausforderung auf mich zukommt, werde ich sie (in Erwartung des Scheiterns) vermeiden und auf diese Weise nach und nach einen Übungsrückstand aufbauen, mit der Folge, dass ich in technischer Hinsicht wirklich bald «zurückgeblieben» bin – und mich in meinem Selbstkonzept empirisch bestätigt sehe. Ein → Teufelskreis.

Ein weiteres Beispiel: Bea hat Zweifel an ihrer Beziehungsfähigkeit. Aus Angst vor einer möglichen Trennung lässt sie sich gar nicht wirklich auf ihre neue Partnerin Christiane ein; diese trennt sich nach einigen Wochen von ihr, weil eine derart halbe Sache keine Beziehungsgrundlage für sie darstellt. Beas Selbstkonzept hat auch Einfluss auf ihre Wahrnehmung: Wenn sie davon ausgeht, dass Christiane sie sowieso bald verlassen wird, wird sie jegliches Verhalten ihrerseits schnell als erstes Anzeichen einer Trennungsabsicht deuten. Entsprechend verhält sie sich selbstschützend, eventuell verschlossen und abweisend.

Paradoxerweise provoziert die Art, wie wir uns schützen, oft genau das, was wir vermeiden wollten. Deshalb ist es für die Seele ein bedeutsamer Schritt, sich selbst als Auslöser des Geschehens zu erkennen, schafft dies doch die Voraussetzungen dafür, Einfluss zu nehmen und Veränderungen zu bewirken.

Situationsmodell

Kommunikation soll idealerweise stimmig (→ Stimmigkeit) sein, und das heißt: authentisch *und* situationsgerecht. Wir sagen für die zweite Komponente auch: «in Übereinstimmung mit der **Wahrheit der Situation**». Was aber ist «situationsgerecht» und wie finden wir die «Wahrheit der Situation» heraus? Dabei soll das Situationsmodell (Schulz von Thun, 1990) helfen. Der Gehalt einer Situation wird hier unter vier Aspekten beleuchtet:

1. die Vorgeschichte
2. das Thema
3. die zwischenmenschliche Konstellation
4. die Ziele
(s. Abb. 61)

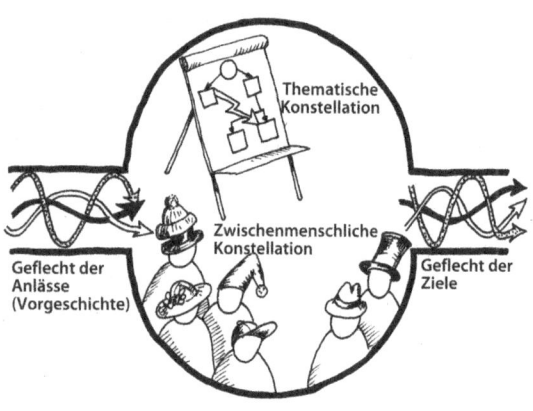

Abb. 61: Situationsmodell mit vier Komponenten

1. Die Vorgeschichte ist von Bedeutung, da sich menschliche Situationen in vielen Fällen nicht spontan und absichtslos ergeben, sondern ihnen eine Historie vorausgeht. Nehmen wir beispielsweise ein Meeting: Wer hat zu dem Treffen eingeladen, in wes-

sen Auftrag und was war der gegebene Anlass? Wer hat mit wem schon im Vorfeld gesprochen, wer hat über die Zusammensetzung entschieden? Wie sind die Teilnehmer auf das Treffen eingestimmt worden? All dies hat großen Einfluss darauf, in welcher Verfassung die Teilnehmer auf ihrem Stuhl sitzen, welche Erwartungen und Vorbehalte und welches (vorläufige) Situationsverständnis sie mitbringen.

2. Die thematische Struktur wirft folgende Fragen auf: Worum geht es? Welche Themen führen die Beteiligten zusammen? Was steht auf der Tagsordnung, was nicht? In welche Unteraspekte strukturiert sich das Rahmenthema? Das Thema muss mit dem Anlass (1) und der Zielsetzung (4) in Übereinstimmung sein, ansonsten sind Unstimmigkeiten in der Situation vorprogrammiert. Zuweilen hat sich das Thema gegenüber der Einladung noch einmal verändert oder erweitert, oder es ist hinfällig geworden.

3. Die dritte Einflussgröße ist die zwischenmenschliche Konstellation: Wer ist in dieser Situation zusammengekommen? Wer ist hier in welcher Funktion und in welcher → Rolle anwesend? Ist die Zusammensetzung der Gruppe sinnvoll in Bezug auf den Anlass (1), das Thema (2) und die Zielsetzung (4)? Fehlt jemand? Vielleicht der Wichtigste? Oder ist bei jemandem unklar, weshalb er dabei ist? Besondere Aufmerksamkeit kommt den unterschiedlichen Rollen der Beteiligten zu (in der Abbildung mit Hüten symbolisiert), da Verhalten und Ziele stark von der jeweiligen Rolle abhängen. In bestimmten Situationen haben Personen mehrere Rollen gleichzeitig inne, dann ist es umso wichtiger, deutlich zu benennen, aus welcher Rolle heraus welche Äußerung gemacht wird.

4. Der vierte Aspekt sind die Ziele des Treffens – was soll am Ende dabei herauskommen? Eine Entscheidung? Die Einschwörung aller Beteiligten auf eine bereits beschlossene Vorgehensweise? Ein erstes Meinungsbild? Eine Ideensammlung? Ein gemeinsames Zielverständnis ermöglicht eine situativ stimmige Kommunikati-

on, andernfalls produziert vielleicht jemand viele Ideen zu einer Frage, die im Vorfeld bereits entschieden wurde. Zur «Wahrheit der Situation» gehört freilich auch, dass die einzelnen Beteiligten neben dem offiziellen Ziel auch (oder stattdessen) persönliche Ziele verfolgen, weshalb in der Abbildung ein ganzes Geflecht von Zielen symbolisiert ist.

Aus diesen vier Komponenten ergibt sich der Gehalt einer Situation. Sie ist stimmig konstruiert, wenn jeder Faktor mit den drei anderen zusammenpasst. Bei der Vorbereitung von Meetings, Seminaren, Versammlungen etc. lohnt es sich daher zu fragen, ob das Thema und die Zusammensetzung der Gruppe aufgrund der Vorgeschichte und der Zielsetzung Sinn ergeben. Und: Haben die Beteiligten ein übereinstimmendes Situationsverständnis? Um diese Frage zu klären, empfiehlt es sich, als Leiter bei der Eröffnung des Treffens das eigene Situationsverständnis anzusprechen: «Wie kommt es (Vorgeschichte), und welchen Sinn macht es (Zielsetzung), dass ausgerechnet ich (in welcher Rolle), ausgerechnet mit Ihnen (in welcher Zusammensetzung) ausgerechnet dieses Thema bearbeiten möchte?» Haben wir es mit einer unstimmigen Situation zu tun, ist es umso wichtiger, darüber → Transparenz herzustellen, um sich auf ein weiteres Vorgehen verständigen zu können.

■ **Literatur**
Miteinander reden 3, S. 322 ff. (S. 279 ff.)
Schulz von Thun, F. / Ruppel, J. / Stratmann, R.: Miteinander reden: Kommunikationspsychologie für Führungskräfte, S. 59 ff.
Stahl, E.: Die Zieltreppe. Ein Instrument zur Klärung des Situationsverständnisses bei der Leitung von Sitzungen. In: Schulz von Thun, F. / Kumbier, D. : Impulse für Führung und Training, S. 89 ff.

Souveränität

Wer würde nicht gern «souverän» kommunizieren, möglichst nicht nur vor der Kamera, sondern in allen Lebenslagen? «Souverän» ist das Gegenteil von verdattert, sprachlos, verlegen, errötend, hektisch getrieben, unsicher, aus der Rolle fallend, unprofessionell, nervös, hysterisch, verschüchtert. Positiv definiert: ruhig und aus der inneren Mitte heraus, selbstsicher und rhetorisch treffsicher, mit dem nötigen Situationsgespür und einem professionellen Bewusstsein für das Rollengemäße und Zielgerechte. Wer souverän kommuniziert, lässt sich auch in schwierigen Situationen nicht «umpusten», bewahrt Standfestigkeit und einen kühlen Kopf.

So weit, so gut. Wohl alle Kommunikationstrainings streben eine Erhöhung der Souveränität an. Schulz von Thun hält es aber für ratsam, zwischen einer Souveränität 1. und einer Souveränität 2. Ordnung zu unterscheiden:

Souveränität 1. Ordnung ist auf Perfektion und Kontrolle ausgerichtet: sich selbst und die Situation jederzeit «im Griff» zu behalten, sich keine Blöße zu geben. Perfektion und Kontrolle (auch: Selbstkontrolle) sind Ideale der → Professionalität. Bei einer chirurgischen Operation oder im Cockpit eines Flugzeugs steht und fällt alles damit. Im Umgang mit Menschen kann dieses Ideal, auf die Spitze getrieben, das Menschliche jedoch auf ungute Weise verfehlen. Das Streben nach Perfektion und totaler Kontrolle tut der menschlichen Seele und dem zwischenmenschlichen Kontakt nicht gut. Es gehört zur Wahrheit des Menschen, dass er immer wieder auch fehlbar und nicht in Hochform ist, dass er zuweilen betroffen und verdattert ist, dass er nicht immer auf Anhieb die richtigen Worte findet, dass er hilfsbedürftig und ratlos, nachdenklich und verletzlich ist.

Eine **Souveränität der 2. Ordnung** integriert diese «Schwächen» – nicht als bedauerliche Zeichen von Kläglichkeit, die man besser verbirgt, vielmehr als humane Realität, die keinen Zacken aus der Krone bricht, sondern die wahrhafte Krone erst aufsetzt, wenn, ja wenn man dazu stehen kann. Wer in diesem höheren Sinne souverän ist, kann zugeben, dass er Bockmist gebaut hat, kann sich entschuldigen, kann um Hilfe bitten, kann dazu stehen, dass er emotional betroffen ist oder im Augenblick nicht mehr weiterweiß.

Durch dieses höhere Verständnis von Souveränität kann es gelingen, Professionalität und Menschlichkeit miteinander zu vereinbaren. Das ist ein sehr anspruchsvolles Ideal, nicht nur für Führungskräfte.

■ **Literatur**
Schulz von Thun, F.: Klarkommen mit sich selbst und anderen, S. 55 ff.

Stimmigkeit

Von Stimmigkeit spricht man, wenn die Teile eines Ganzen gut zusammenpassen und sich widerspruchsfrei ergänzen. So ist es für eine politische Partei von großem Vorteil, wenn sie ein stimmiges Gesamtkonzept hat: wenn das Parteiprogramm, das politische Handeln, die Rhetorik und die Personen, wenn all diese Teile und Aspekte miteinander übereinstimmen. Ist dies nicht der Fall, sind Parteibasis und Wähler verunsichert, oft auch empört: «Sie predigen soziale Gerechtigkeit und kürzen den Ärmsten der Armen die Unterstützung und fahren selbst mit einem dicken Porsche durch die Gegend!»

In der Kommunikationspsychologie Schulz von Thuns bezeichnet Stimmigkeit eine ebenso situationsgerechte (→ Situationsmodell) wie authentische (→ Authentizität) Kommunikation. Das heißt, eine Person verhält sich dann stimmig, wenn ihr Verhalten sowohl dem Charakter der Situation angemessen ist als auch wesensgemäß und echt. Diese «doppelte Übereinstimmung» gilt als zentrales Kriterium für eine angemessene, gute und richtige Kommunikation. Diese orientiert sich an der Fragestellung: Wie kann ich kommunizieren angesichts dessen, wie die Situation konstruiert ist und was sie mir in meiner Rolle abverlangt, sowie angesichts dessen, was sich in mir regt und wofür ich stehe?

Um herauszufinden, was situationsgerecht ist, wird der Blick nach außen gerichtet, auf den situativen Kontext: Welches sind seine Bestandteile, wie hängen sie miteinander zusammen? Wie ist die Beziehung zum Gegenüber? Worum geht es in dieser Situation, welche Gebote und Forderungen sind darin enthalten, sodass die Kommunikation dementsprechend ausfallen sollte? Zur Beantwortung dieser Fragen dient unter anderem das → Situationsmodell.

Um herauszufinden, was authentisch ist, richtet sich der Blick nach innen, auf den inneren Kontext der kommunizierenden Person: Welche Gedanken, Gefühle und Impulse melden sich in ihr und möchten sich zur Geltung bringen? Mit welcher Äußerung wäre sie in Übereinstimmung mit sich selbst? Welche inneren Gebote und Forderungen werden laut und wollen berücksichtigt sein? Hilfestellung bei dieser → Selbstklärung bietet das → Innere Team (s. Abb. 62).

Werden beide Gesichtspunkte der Stimmigkeit im Zusammenhang betrachtet, ergibt sich ein **Vier-Felder-Schema der Stimmigkeit**, welches vier Verhaltensmöglichkeiten vorsieht:

1. in Übereinstimmung mit sich und mit dem situativen Gehalt (= «stimmig»)
2. in Übereinstimmung mit sich selbst, aber nicht situationsadäquat (= «daneben»)
3. nicht mit sich selbst in Übereinstimmung, aber passend zur Situation (= «angepasst»)
4. weder mit sich selbst noch mit dem Situationsgehalt übereinstimmend (= «verquer»)

(s. Abb. 63)

Die Kommunikationsberatung (→ Beratung) greift den Grundgedanken der Stimmigkeit auf und lässt ihn praktisch werden: Zunächst wird der äußere Kontext der Fragestellung erkundet und vi-

Willst du ein guter Kommunikator sein ...

... dann schau auch in dich selbst hinein.

... dann nimm auch den Systemblick ein.

authentisch, identitätsgemäß **+** situations- und systemgerecht

Stimmigkeit

Abb. 62: Das Ideal einer guten (= stimmigen) Kommunikation in der doppelten Übereinstimmung mit sich selbst und dem (systemisch geprägten) Gehalt der Situation

sualisiert. Im zweiten Schritt werden die inneren Stimmen des Klienten (→ Inneres Team) erhoben und betrachtet. Die Erhebung dieser beiden Perspektiven bildet das Herzstück der Beratung und die Grundlage für weitere → Interventionen.

Stimmigkeit beschreibt nicht nur das Verhalten einer Person, auch eine Situation kann stimmig oder unstimmig sein. Stimmig ist sie dann, wenn die Vorgeschichte, das Thema, die Zusammensetzung der Beteiligten und die Ziele zusammenpassen und einen Sinn

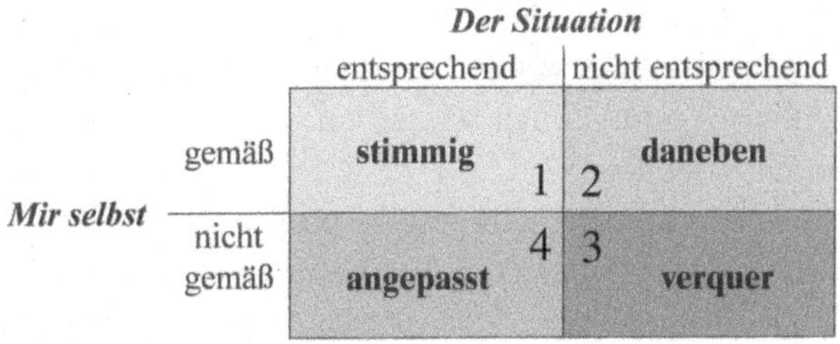

Der Situation

		entsprechend	nicht entsprechend
Mir selbst	gemäß	**stimmig** 1	2 **daneben**
	nicht gemäß	4 **angepasst**	3 **verquer**

Abb. 63: Vier-Felder-Schema der Stimmigkeit mit personaler und situativer Komponente

ergeben (→ Situationsmodell). Bezogen auf die Situation spielt der Gedanke der Stimmigkeit eine wichtige Rolle bei der Vorbereitung und Eröffnung von Arbeitstreffen, Sitzungen, Meetings und Vorträgen.

■ **Literatur**
Miteinander reden 3, S. 15 ff., 352 ff. (S. 13 ff., 306 ff.)
Schulz von Thun, F. / Ruppel, J. / Stratmann, R.: Miteinander reden: Kommunikationspsychologie für Führungskräfte, S. 27 ff.

Suggestion

Eine Suggestion lässt einen bestimmten (nicht unbedingt den Tatsachen entsprechenden) Eindruck entstehen, um Gedanken, Fühlen und Handeln des → Empfängers zu beeinflussen. Im Lateinischen ist der Begriff zurückführbar auf «suggestio», dt. «Hinzufügung». In diesem Sinne fügt der Sender seiner → Äußerung bewusst oder unbewusst implizite Informationen hinzu. Ein bestimmter Inhalt wird also nicht explizit geäußert (→ Äußerung), sondern zwischen den Zeilen angedeutet. «Ich bin gespannt, wie du es hinkriegen wirst, dich in Mathe zu verbessern!» enthält die Suggestion: «Du wirst es schaffen!»; «Sei doch mal großzügig!» suggeriert «du bist (ansonsten) ein Geizhals!» Das → Kommunikationsquadrat kann helfen, die in einer Äußerung enthaltenen Suggestionen in Form von Begleitbotschaften herauszuhören.

Suggestionen können sich sowohl positiv als auch negativ auf die Kommunikation auswirken. Das hängt zum einen davon ab, ob die mitschwingende Beziehungsbotschaft (→ Beziehung) positiv oder negativ ausfällt, also wie sich der Empfänger auf der Beziehungsebene behandelt fühlt. Zum anderen fällt ins Gewicht, ob der Empfänger gegen seinen Willen und ohne sein Wissen manipuliert (→ Manipulation) wird. Suggestionen werden gerne zur Manipulation eingesetzt. So ist der Sender einer **Suggestivfrage** daran interessiert, die Antwort allein durch die Formulierung der Frage zu beeinflussen. «Weshalb haben Sie die Halskette gestohlen? Weil Sie Ihnen so gut gefiel, oder weil Sie dachten, Sie können sie leicht zu Geld machen?» ist ein Versuch, den Angesprochenen zu einem Geständnis zu bringen. Denn sie enthält implizit die Voraussetzung, dass er sie gestohlen hat. Wenn er die Frage so beantwortet, wie sie gestellt worden ist, würde er implizit der Voraussetzung zustimmen.

Politiker und andere Menschen, die in der Öffentlichkeit stehen, werden darin geschult, die Suggestionen, die in einer Frage stecken, zu identifizieren, um ihnen gegebenenfalls widersprechen zu können. Beispiel (Frage an den SPD-Vorsitzenden): «Wie wollen Sie die SPD wieder aus dem Tal herausführen?» Antwort: «Die SPD befindet sich keineswegs in einem Tal. Im Gegenteil, die Umfragen zeigen …»

Supervision

Die Supervision ist eine besondere Form der berufsbezogenen → Beratung. Dabei werden Einzelpersonen, Teams, Gruppen oder Organisationen durch eine Person (den Supervisor) bei der Reflexion und Weiterentwicklung ihres beruflichen Handelns unterstützt. Schwierige oder herausfordernde Situationen werden in der Supervision aufgearbeitet, begleitet oder vorbereitet. Dabei geht es nicht nur um gute Ratschläge von einem weisen Supervisor, sondern auch und vor allem um geleitete Selbstreflexion (→ Selbsterfahrung). Dies geschieht in Form eines → Dialoges zwischen Supervisor und Supervisand(en) (= ratsuchende Person(en) in der Supervision).

Beispiel: Eine Familienberaterin verspürt zunehmend den Wunsch, einer von ihr betreuten Familie weit über ihre Beratungsaufgabe hinaus zu helfen (die Kinder von der Schule abholen, die Mutter beim Haushalt unterstützen etc.). Das verleitet sie, im Kontakt mit der Familie ihre → Rolle zu verlassen, weshalb sie ihre berufliche → Professionalität gefährdet sieht und sich in Supervision begibt.

Manchmal wird zwischen Fall- und Teamsupervision unterschieden. In der Fallsupervision berichtet das Team von seiner Arbeit mit Patienten oder Klienten (wie in dem genannten Beispiel) und bespricht diese mit dem Supervisor. Bei der Teamsupervision ist das Team selbst Gegenstand der Reflexion.

Kommunikationspsychologisch ist Supervision vor allem deshalb bedeutsam, weil sie uns hilft, mit unterschiedlichen Wahrnehmungen und Bewertungen umzugehen. So ist ein Psychiatrie-Team, welches mit schizophrenen Patienten arbeitet, in besonderem Maße darauf angewiesen, die Kommunikation untereinander und im Umgang mit Patienten zu reflektieren.

Nicht jede Gruppensupervision wird zwangsläufig von einem Supervisor geleitet. Bei der Intervision oder Peer-Supervision (Peer = Gruppe von Gleichgestellten) supervidieren sich die Beteiligten gegenseitig.

System

Wenn ein Ganzes aus mehreren Teilen besteht, die miteinander in Verbindung und in Wechselwirkung treten, dann haben wir es mit einem «System» zu tun. Wie sich das Ganze gliedert, das ist die Struktur des Systems. Zum Beispiel ist die Personalabteilung des Konzerns WinWin AG hierarchisch gegliedert (s. Abb. 64).

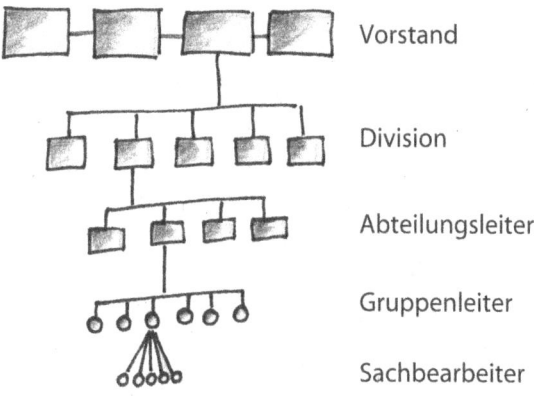

Abb. 64: System Konzern WinWin AG

Oder die Familie Obermann besteht aus Mutter, Vater, zwei Töchtern, einem Sohn aus Vaters erster Ehe und einem Enkelkind der älteren, allein erziehenden Tochter (s. Abb. 65).

Die *Grenzen des Systems* bestimmen, was/wer zum Ganzen dazugehört und was/wer nicht. Bei der Familie Obermann kann man die Grenzen eng ziehen: Nur wer in der Wohnung lebt, gehört dazu. Oder man kann sie weiter ziehen, weil die Verhältnisse in der Familie von der Mutter des Sohnes und dem Vater des Babys mitbestimmt werden.

Weiterhin ist wichtig, welche *Regeln und Gesetze* in diesem System gelten. Zum Beispiel, wenn der Unterabteilungsleiter in Firma XY

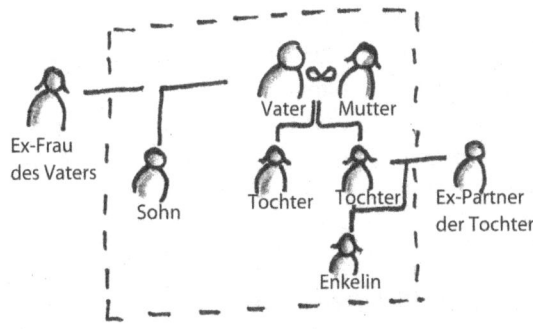

Abb. 65: System Familie Obermann

einen unlösbaren Konflikt mit einem seiner Mitarbeiter hat, darf und soll er sich an seinen direkten Vorgesetzten, den Abteilungsleiter Personalentwicklung wenden, nicht etwa an den Hauptabteilungsleiter, auch wenn das vielleicht sein Freund oder Nachbar ist. Hat er aber einen ungelösten Konflikt mit seinem direkten Vorgesetzten, darf und soll er sich an den Hauptabteilungsleiter wenden; jedoch erst, nachdem er seinem Chef dies vorher angekündigt hat.

Ein klares Systembewusstsein ist das A und O professioneller Kommunikation, da wir uns immer quasi auf einem Schachbrett begegnen. Ein gutes Kommunikations-Coaching wird daher die gelungene Verbindung von Selbstbewusstsein und Systembewusstsein anstreben. In der Beratung mit doppelter Blickrichtung (→ Beratung) geht es zugleich um «den Menschen im System» und «das System im Menschen» (→ Inneres Team). So ist auch → Stimmigkeit definiert.

Wenn die Kommunikation zwischen zwei Menschen immer wieder verunglückt, muss man schauen, ob dies «menschlich bedingt» ist. Zum Beispiel, weil der eine einen Ton anschlägt, auf den der andere allergisch reagiert. Und/oder ist es «systembedingt»? Wird zum Beispiel der Organisationsentwickler daran gemessen, ob seine

Maßnahmen und Instrumente Spitzenqualität aufweisen, der Einkäufer hingegen daran, ob die eingekauften Produkte und Dienstleistungen maximal preisgünstig sind, dann werden die beiden in einen systembedingten Konflikt geraten, auch wenn es sich um äußerst friedfertige Menschen handelt.

Systemische Psychologie

Der Grundgedanke der Systemischen Psychologie ist: Wie ein Mensch sich verhält, wie er fühlt und welche Störungen (Symptome) er produziert, das hängt nicht so sehr von seiner «Seele», seiner individuellen Persönlichkeit und seiner Geschichte ab, sondern vor allem von dem «Schachbrett», auf dem er sich gegenwärtig befindet, zusammen mit anderen Beziehungspartnern, mit denen er in Wechselwirkung tritt.

Mit dieser Fokussierung auf Kontext und Beziehungen grenzt sich die Systemische Psychologie von jeder Individualpsychologie ab, die den inneren Menschen zum Gegenstand der Betrachtung und Behandlung macht. Angenommen, ein Kind entwickelt ein Symptom, zum Beispiel es nässt im Bett ein. Ein Individualpsychologe würde schauen: Was ist los mit dem Kind? Wie kann man es heilen? Für den Systemischen Psychologen wäre das Kind nur der «Symptomträger», vergleichbar mit dem, der auf einem in Seenot geratenen Schiff die Leuchtmunition hochschießt. Eine adäquate Rettungsmaßnahme würde sich nicht auf diesen Schützen richten, sondern auf das Schiff. Im Falle eines einnässenden Kindes wäre das Schiff vermutlich die Familie bzw. alle, die zum → «System» gehören, zum beziehungswirksamen Umfeld des Kindes. Welchen Beitrag «leistet» das Kind mit seinem Symptom zur (vermeintlichen) Erhaltung des Systems?

Aus diesem Ansatz ging in den fünfziger Jahren des vergangenen

Jahrhunderts die Familientherapie hervor (zum Beispiel Selvini Palazzoli). Insbesondere Paul Watzlawick war es, der die Systemische Psychologie auch für die Kommunikationslehre nutzbar gemacht hat. So hat er z. B. auf die «Kreisförmigkeit» (Zirkularität) kommunikativer Abläufe hingewiesen (→ Teufelskreis, → Interpunktion). Folgenreich war auch seine Unterscheidung von der «Wirklichkeit erster und zweiter Ordnung». Die Wirklichkeit erster Ordnung bezieht sich auf das unbestreitbare Faktische: Entweder befinden sich die Augentropfen im Kühlschrank oder nicht – das kann man nicht «so oder so sehen». Vieles jedoch, was zwischen Menschen passiert und worüber sie kommunizieren, gehört der Wirklichkeit zweiter Ordnung an: Hier hat jeder *seine* Sichtweise, hier konstruiert jeder *seine* Welt. Systemische Psychologen sind mehr oder weniger radikale Konstruktivisten und leiten ihre Klienten gerne dazu an, neue Sichtweisen auf ihre Wirklichkeit zu entwickeln. Nicht, weil diese «richtiger und zutreffender» wären, sondern weil sie möglicherweise weniger leiderzeugend sind. Gelingt es ihnen erst einmal, ein leiderzeugendes System zu «verstören», ist das vielleicht schon die Heilung.

Die Kommunikationspsychologie nach Schulz von Thun macht sowohl Anleihen bei der Systemischen Psychologie als auch bei der Individualpsychologie. Im Kommunikationsideal der → Stimmigkeit ist die Herausforderung enthalten, Selbstbewusstsein und Systembewusstsein miteinander zu verbinden. Der Mensch ist ebenso Teil eines Ganzen wie selbst ein Ganzer, beide Perspektiven ergänzen sich (Beratung mit doppelter Blickrichtung, → Beratung). Das innere Wachstum des Individuums steht dabei sehr im Zentrum, wobei kurioserweise diese Persönlichkeitsentwicklung als «innere Teamentwicklung» begriffen (→ Inneres Team), also «systemisch» konzipiert wird. In der treffenden Formulierung von Helm Stierlin: der Mensch im System und das System im Menschen!

Ganz im Einklang mit dieser Sichtweise haben Systemische Psychologen / Familientherapeuten den «inneren Menschen» wiederentdeckt und zurückerobert. So spricht Schwartz (1997) von der «inneren Familie», und Wittemann (2000) prägte den Begriff «Individualsystemik».

■ **Literatur**

Stierlin, H.: Ich und die anderen.
Schwartz, R. C.: Systemische Therapie mit der inneren Familie.
Watzlawick, P. / Beaven, J.: Menschliche Kommunikation.
Wittemann, A.: Die Intelligenz der Psyche.

T

Teufelskreis

Der Teufelskreis ist ein systemisches Modell (→ Systemische Psychologie), das eine sich aufschaukelnde Beziehungsdynamik zwischen zwei Parteien deutlich machen soll. Person A tut etwas, das eine negative Wirkung auf Person B hat. Person B empfindet das, was Person A getan hat, als unangenehm und unternimmt etwas dagegen. Die darauf folgende Handlung von Person B wird nun wiederum von Person A als situationsverschärfend empfunden und führt dazu, dass diese sich in ihrer ursprünglichen Handlung bestätigt fühlt. Damit ist der Teufelskreis geschlossen (s. Abb. 66).

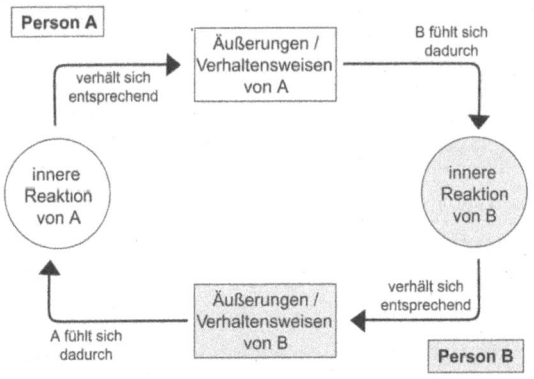

Abb. 66: Grundschema eines zwischenmenschlichen Teufelskreises

Ein Beispiel: Hanna verhält sich einsilbig und wenig mitteilsam. Torsten fühlt sich daher aus ihrem Leben ausgeschlossen, vor den Kopf gestoßen und befürchtet, hintergangen zu werden. Daraufhin wird er misstrauisch, fragt und bohrt nach. Hanna fühlt sich durch derartige «Verhöre» kontrolliert, bedrängt und überwacht. Um sich mehr Freiraum zu verschaffen, wird sie noch einsilbiger und macht schließlich ganz dicht. Schon ist der Teufelskreis im Gange.

In diesem zirkulären Modell werden vier Stationen unterschieden: zum einen die äußerlich sichtbaren und wirksamen Verhaltensweisen (Äußerungen) beider Beteiligten, zum anderen ihre inneren Reaktionen (→ Inneres Team) darauf (s. Abb. 67).

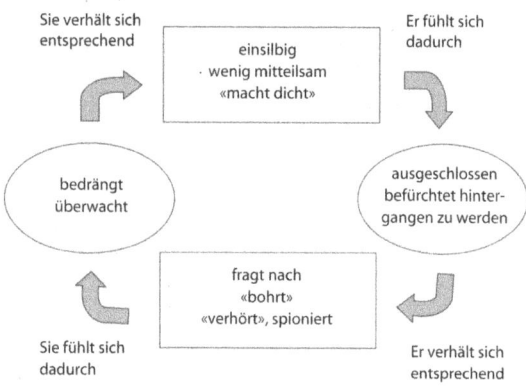

Abb. 67: Beispiel eines Teufelskreises

«Nur weil du mich so kontrollierst, bin ich so einsilbig!» – «Nur weil du mich nicht einbeziehst, frage ich ständig nach!»

Wer hat nun Schuld? Typisch für solche Teufelskreise ist, dass beide Partner sich als bloß re-agierend auf die provozierenden Eigenarten des anderen empfinden. Hanna sagt: «Nur weil du ...!» Torsten sagt: «Nur weil du ...!» Watzlawick spricht von unterschiedlicher → Interpunktion: Beide sehen die Ursache beim anderen, bei sich selbst die Wirkung. Geht man von der Kreisförmigkeit des Geschehens aus, kann man jenseits von Schuld und Täter/Opfer-Denken das «Zusammenspiel» betrachten und nach Ausstiegsmöglichkeiten Ausschau halten.

Ein weiteres Merkmal von Teufelskreisen ist die zunehmende → Polarisierung. Was ist damit gemeint? In einer Partnerschaft ist beides wichtig und wertvoll: die Offenheit, das Sich-Mitteilen auf der einen Seite, die Einhaltung persönlicher Diskretionsgrenzen auf der anderen. Beides gehört zusammen (→ Wertequadrat). Je mehr sich der Teufelskreis aufschaukelt, umso mehr identifizieren sich die Beziehungspartner mit einem der beiden Werte: Torsten fordert mehr Offenheit, Hanna pocht auf Diskretion. Eine solche Polarisierung tendiert zur *Eskalation*: Beide werden immer extremer (Hanna immer verschlossener, Torsten immer bohrender). Die Eskalation ist besonders dann vorprogrammiert, wenn die «provozierende Eigenart» des einen einen «wunden Punkt» aus der Vorvergangenheit des anderen berührt und einen alten Schmerz aufrührt. Vielleicht hatte Hanna einen Vater, der sie immer wieder «streng verhört» hat – und einen solchen Übergriff will sie nie wieder dulden! Vielleicht hat Torsten schmerzlich erfahren, wie er durch Geheimhaltung und Schweigen getäuscht worden ist – nun klingeln bei ihm alle Alarmglocken, wenn jemand zu erkennen gibt, dass er / sie etwas für sich behalten will.

Ein Klärungshelfer (→ Klärungshilfe) wird bemüht sein, das kreisförmige Zusammenspiel zu verdeutlichen und die Kommunikation auf die «waagerechte» Ebene zu bringen, das heißt, anstelle der Vorhaltungen («Du ...») die Selbstkundgaben aus dem Inneren der Kreise (s. Abb. 67) zu ermutigen und klarzumachen.

■ Literatur

Miteinander reden 2, 31 ff. (S. 28 ff.)
Schulz von Thun, F.: Fragen und Antworten, S. 77 ff.
Thomann, Ch. / Schulz von Thun, F.: Klärungshilfe 1, S. 265 ff.

Thema

Ein Thema (griech. das Gegebene) ist bei einem Gespräch entweder «vorgegeben», oder es «ergibt sich» in dessen Verlauf. Für eine gelungene Kommunikation ist es wichtig (und keineswegs selbstverständlich), dass alle Beteiligten zum gleichen Thema sprechen und ihre Gedanken und Gefühle dazu mobilisieren. Andernfalls fällt oft der Satz «Aber darum geht es doch gar nicht!» – was kein gutes Gemeinschaftsgefühl stiftet. Zuweilen geschieht es auch, dass dieser Satz gar nicht ausgesprochen, sondern nur gedacht wird – mit derselben Wirkung und dem zusätzlichen Nachteil, dass weiterhin nicht geklärt wird, worum es denn nun geht. Ein guter Moderator wird daher das Thema am Anfang einer Aussprache ausdrücklich formulieren und darauf achten, dass sich die Beiträge darauf beziehen.

In der → Themenzentrierten Interaktion (TZI) von Ruth Cohn bildet das Thema die Spitze des Dreiecks und spielt für die Gruppenleitung (→ Leitung) eine wichtige Rolle (s. Abb. 68).

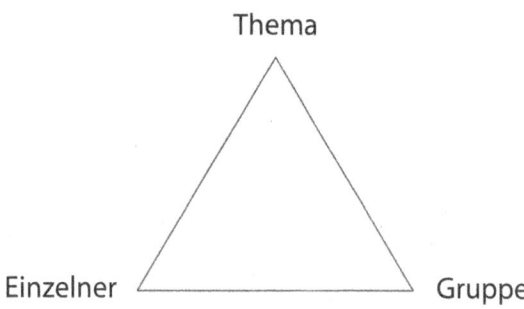

Abb. 68: Das Dreieck der Themenzentrierten Interaktion

Wenn es gut formuliert ist, wird das Thema zum «Coleiter». Gut formuliert ist es dann, wenn es eine persönliche Herausforderung deutlich macht. Es sollte zum Beispiel nicht lauten: «Narzissmus in der Chefetage», sondern: «Wie reagiere ich auf meinen Chef, wenn ich ihn als narzisstisch empfinde?»

Unabhängig von TZI gehört das Thema zu den vier Komponenten, welche die «Wahrheit der Situation» bestimmen (→ Situationsmodell).

Themenzentrierte Interaktion

Das Themenzentrierte Interaktionelle System (TZI) ist eine Form der geleiteten Gruppeninteraktion (→ Interaktion, → Gruppe, → Leitung) und ein Kind der → Humanistischen Psychologie. Es wurde von der Psychoanalytikerin und Pädagogin Ruth Cohn entwickelt. Nach diesem Ansatz spielen vier Faktoren eine zentrale Rolle im Gruppengeschehen:

1. Das **Ich** bezieht sich auf die einzelnen Gruppenmitglieder mit ihren unterschiedlichen → Persönlichkeiten und Befindlichkeiten.
2. Das **Wir** betrifft die Interaktionen innerhalb der Gruppe und die → Gruppendynamik.
3. Das **Es** steht für das Thema der Gruppenarbeit.
4. Der **Globe** bezeichnet das Umfeld der Gruppe, dazu gehört alles, was von außen hineinwirkt, wie zum Beispiel Hierarchien sowie aktuelle politische oder persönliche Ereignisse

(s. Abb. 69).

Eine Gruppe, die nach dem Ansatz der TZI arbeitet, versucht die Aspekte Ich, Wir, Es und Globe in dynamischer Balance zu halten. Dafür ist vor allem der Leiter zuständig und entsprechend ausgebildet. Er wird das Thema so formulieren, dass es die Gruppenmitglieder anspricht; er wird ein Auge auf die Einzelnen haben, auf das, was sie umtreibt oder blockiert; er wird das Miteinander in der Gruppe beachten und beeinflussen und ebenso die Geschehnisse im Globe als Wirkfaktoren berücksichtigen. Um diese dynamische Ba-

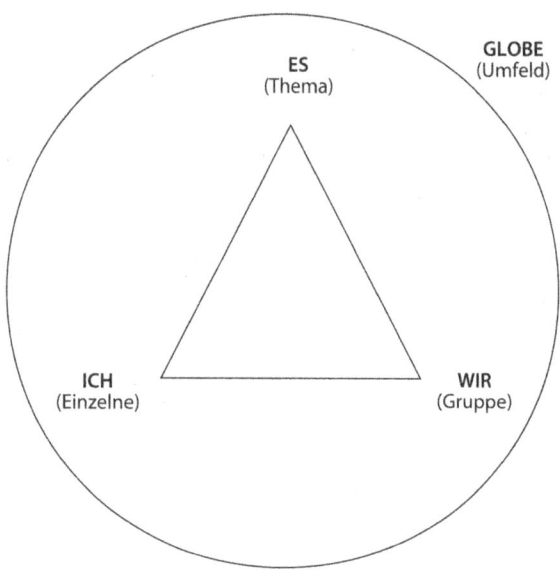

Abb. 69: TZI-Modell (Ruth Cohn)

lance zu verwirklichen, helfen bestimmte TZI-Regeln, die für die Teilnehmer ebenso gelten wie für den Leiter – zum Beispiel:

- «Sei dein eigener **Chairman**» (Chairman = engl. Vorsitzender): Diese Regel fordert von den Beteiligten Selbstverantwortung für das eigene Tun. Jeder soll seine Befindlichkeiten und Bedürfnisse in der Gruppe so vertreten, dass er arbeitsfähig wird und bleibt.
- «Störungen haben Vorrang»: Was immer die Gruppenmitglieder davon abhält, sich wirklich auf den Arbeitsprozess einzulassen, soll ausgesprochen und benannt werden. Dazu gehören innere → Konflikte ebenso wie Konflikte oder Missstimmungen zwischen Gruppenmitgliedern, Langeweile, körperliche Beschwerden etc. Hinter dieser Regel steht die Überzeugung, dass jede Störung die Arbeitsfähigkeit der Gruppe beeinträchtigt und sie darum zum Thema werden muss. Dies kostet zunächst Zeit, ermöglicht der

Gruppe aber, später umso konzentrierter und intensiver zu arbeiten.

- «Sprich per ich und nicht per man»: Jedes Gruppenmitglied soll auch sprachlich für die eigene Meinung, Position oder Entscheidung Verantwortung übernehmen, anstatt sich sprachlich zu verstecken.
- «Sei authentisch und selektiv»: Die Gruppenmitglieder sollen sich ehrlich und offen verhalten, dabei jedoch auch die Wirkung ihres Verhaltens mit im Blick haben. Selektive → Authentizität bedeutet: «Alles, was du sagst, sollte wahr sein; aber du solltest nicht alles sagen, was wahr ist.» (Ruth Cohn)

Die Themenzentrierte Interaktion kann überall dort angewendet werden, wo Menschen miteinander lernen und arbeiten: in der Schule, in der Weiterbildung, in Teams und im Management.

■ **Literatur**
Cohn, R.: Von der Psychoanalyse zur Themenzentrierten Interaktion.
Schulz von Thun, F.: Miteinander reden. Fragen und Antworten,
S. 151–160.

Thomann-Schema

Mit diesem Schema lässt sich ein Beratungsanliegen (→ Anliegen) sehr schön vorstrukturieren. Das Thomann-Schema ist besonders hilfreich in der Arbeit mit Menschen, die in komplexen organisatorischen und strukturellen Kontexten eingebunden sind. Das Schema besteht aus vier Feldern und einem Dach für die Überschrift des Anliegens (s. Abb. 70).

Oben rechts wird das Ziel benannt und/oder visualisiert: «Wie kann ich als Abteilungsleiter die Vernetzung zweier Gruppen verbessern?»

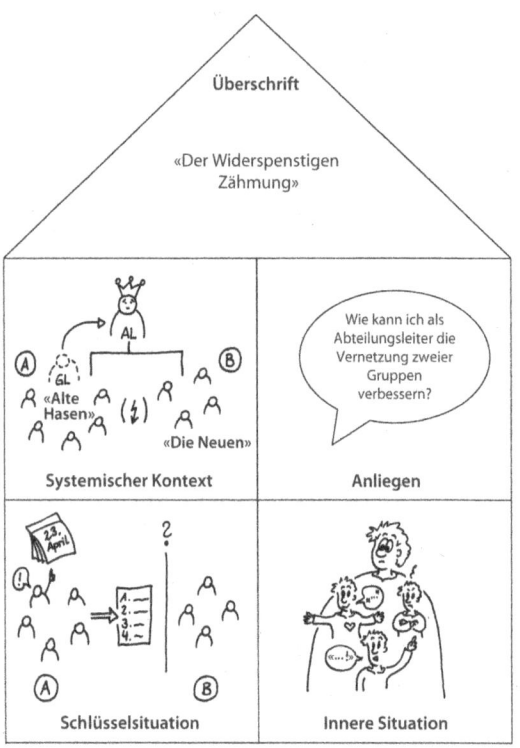

Abb. 70: Thomann-Schema zur Vorklärung von Anliegen

Das Feld oben links ist reserviert für den strukturellen Hintergrund des Anliegens. Entsprechend soll hier eine kleine Zeichnung angefertigt werden, aus der hervorgeht, wie die Beteiligten (der Ratsuchende eingeschlossen) hierarchisch / funktional / historisch miteinander verbunden sind: Der Abteilungsleiter war ehemals Gruppenleiter von Gruppe A, diese besteht überwiegend aus «alten Hasen», während zu Gruppe B primär junge Mitarbeiter gehören.

Unten links soll eine konkrete Schlüsselsituation skizziert werden, in welcher das Problem anschaulich und deutlich wird: Gruppe B hat einen Problemlösungsvorschlag für ein gemeinsames Projekt gemacht, Gruppe A hat bis zum gewünschten Termin nicht darauf reagiert.

Das vierte Kästchen unten rechts ist für die innere Situation des Ratsuchenden vorgesehen: Was geht in ihm vor, wenn aufgrund von Informationslöchern wieder einmal Fristen nicht eingehalten wurden? Die diesbezüglichen Gedanken, Gefühle und Stimmungen lassen sich gut mit dem Modell des → Inneren Teams darstellen. Im Beispiel fühlt sich der Abteilungsleiter solidarisch mit der Gruppe A, zu der er selbst ehemals gehörte. Gleichzeitig erlebt er deren Mitglieder als Besitzstandswahrer, die sich gerne bitten lassen, wenn es um die Herausgabe von Informationen geht. Schließlich findet er aber auch, dass einige Mitglieder der Gruppe B oft einen nassforschen Ton anschlagen.

In das Dach des Schemas soll schlussendlich eine passende Überschrift geschrieben werden, die idealerweise den Kern des Ganzen trifft, hier beispielsweise «Der Widerspenstigen Zähmung».

T

■ **Literatur**
Schulz von Thun, F.: Praxisberatung in Gruppen, S. 34 ff.

Transaktionsanalyse (TA)

Die Transaktionsanalyse ist ein von E. Berne entwickeltes Modell zur Beschreibung und Analyse der Persönlichkeit und der Interaktion zwischen Menschen (= Transaktion). Das Modell geht von drei **Persönlichkeits-Instanzen** aus, die sich in unterschiedlichen inneren Zuständen, so genannten **Ich-Zuständen**, ausdrücken – diese Zustände beeinflussen Art und Inhalt der Kommunikation (s. Abb. 71).

1. **Eltern-Ich:** Hierin sind die Verhaltensregeln gespeichert, die ein Kind von seiner Geburt bis ca. zum 6. Lebensjahr von seinen Eltern (und/oder anderen nahen Bezugspersonen) vermittelt be-

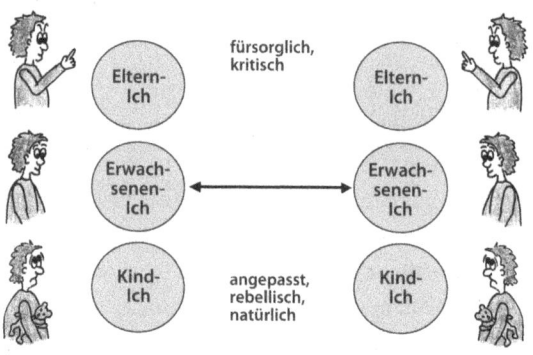

Abb. 71: TA-Modell

kommen hat, also Ge- und Verbote, Werte, Normen und morali-
sche Grundsätze. Wer aus dem Eltern-Ich heraus kommuniziert,
schlägt entweder eine kritische/moralisierende oder eine für-
sorglich-beschützende Tonart an. Zum Beispiel: «Also, so geht das
nicht! Sie sollten wirklich pünktlicher und verlässlicher werden,
Herr Schlusie, wir sind hier schließlich nicht in der Villa Kunter-
bunt!» Oder: «Ach, Herr Schlusie, das kriegen wir schon wieder
hin! Passen Sie mal auf, ich zeige Ihnen das mal …»

2. **Erwachsenen-Ich:** In diesem Ich-Zustand nehmen wir Informationen auf und prüfen sie kritisch, beispielsweise um angemessen zu reagieren oder um eine Entscheidung zu treffen. Wer
aus dem Erwachsenen-Ich heraus kommuniziert, schlägt einen
sachlichen Ton auf gleicher Augenhöhe an. Zum Beispiel: «Die
Vorlage soll bis morgen früh fertig sein, uns fehlt aber noch die
Unterlage XY aus Tokio. Ich sehe zwei Möglichkeiten, wie wir
vorgehen können … Was meinen Sie?»

3. **Kindheits-Ich:** In diesem Ich-Zustand greifen wir auf Gefühle und
Verhaltensweisen des «Kleinen» in uns zurück. Sie sind dort noch
gespeichert und kommen bei passenden (und unpassenden) Gele-
genheiten wieder hervor. Die TA unterscheidet drei Varianten:
das Angepasste, das Rebellische und das Unbefangen-Natürliche.

Beispiel für eine angepasste Reaktion: «Jawohl, Herr Obermann, es soll nicht wieder vorkommen!» Beispiel für eine trotzig-rebellische Reaktion: «Kann ich auch nix dafür, wenn der blöde Bus an jeder Gießkanne hält!» Oder: «Davon geht die Welt ja nun nicht unter – oder?» Beispiel für das natürliche Kind: «Ach, scheiß der Hund drauf, wir gehen erst mal eine rauchen, komm!»

Analysiert man eine Transaktion mit diesem Modell, achtet man auf folgende Aspekte: 1. Aus welchem Ich-Zustand heraus äußert sich der Sender? 2. Welchen Ich-Zustand des anderen spricht er damit an? 3. Aus welchem Ich-Zustand heraus antwortet der Empfänger tatsächlich?

Bei der **schiefen Transaktion** reagieren die Beteiligten nicht von Gleich zu Gleich.

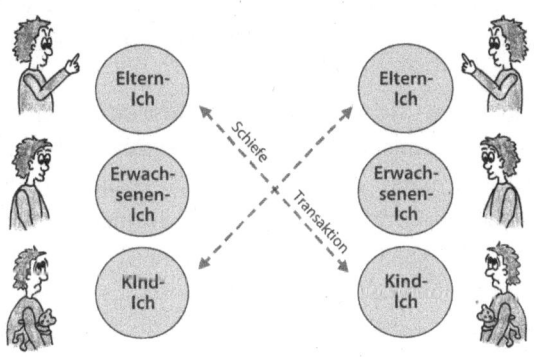

Abb. 72: Schiefe Transaktion

Wenn der Abteilungsleiter Steinfeld in belehrendem Tonfall (aus dem Eltern-Ich) zu seinem Mitarbeiter sagt: «Aber Herr Müller, Sie müssen doch einsehen, dass man so keine Präsentation machen kann!», ist es nicht unwahrscheinlich, dass dieser darauf (aus dem Kindheits-Ich) rebellisch-wütend reagiert: «Dann machen Sie Ihren Kram doch alleine!» oder aber angepasst («Sie haben ja recht ...»). Umgekehrt führt die Kommunikation aus dem Kindheits-Ich («Herr

Steinfeld, ich kann das nicht, Sie müssen mir helfen. Bitte …») oft dazu, dass das Gegenüber aus dem Eltern-Ich reagiert («Na ja, Herr Müller, dann wollen wir mal nicht so sein, nicht? Kommen Sie mal rüber mit den Unterlagen.») (s. Abb. 72).

Transfer

Transfer bedeutet Übertragung, Überführung. Im Zusammenhang mit Kommunikation ist damit zumeist die Übertragung von Seminarinhalten (→ Kommunikationstraining) auf den eigenen Arbeitsalltag gemeint. Der Transfer ist gelungen, wenn die Teilnehmer eines Seminars oder der Klient einer → Beratung die erworbenen Erkenntnisse und Fähigkeiten in ihrer täglichen Praxis anwenden können.

Nicht alles, was man in einem Kommunikationsseminar an Erkenntnissen gewinnt oder an Fähigkeiten einübt, kann im täglichen Leben auch umgesetzt werden. Dann fehlt es am Transfer, an der Umsetzung des Gelernten. Seminarleiter, Trainer und Berater sollten diese Schwierigkeit im Auge behalten und Transferhilfen bereitstellen. Zum Beispiel, indem sie Probleme aus der Praxis ins Seminar hineinholen; oder indem sie Transferhilfen organisieren, z. B. Transferpartnerschaften organisieren.

Guter Transfer steht im Spannungsfeld einer Polarität. Zum einen gilt: «Es gibt nichts Gutes, außer man tut es!» (Kästner) «Fang gleich Montag an! Übung macht den Meister!» Zum anderen gilt: «Das Neue muss auch innerlich langsam reifen. Die Setzlinge wollen in ihrem Tempo wachsen, versucht nicht, an ihnen zu ziehen!» Das ist die Dialektik des Transfers. Ihre fruchtbare Gestaltung fällt in das Hoheitsgebiet des Teilnehmers.

Transparenz

Transparenz (glasklare Durchsichtigkeit) spielt in der Kommunikationspsychologie eine zweifache Rolle: Bezogen auf → Äußerungen sprechen wir von Transparenz, wenn jemand «Klartext» redet und alle in der Äußerung enthaltenen Botschaften explizit ausspricht. Angenommen, ein Fußballstar wird von einem Reporter gefragt, wie er darauf reagiere, dass der Trainer ihn nicht aufgestellt hat. Und er antwortet: «Nun, man macht sich so seine Gedanken!» Das wäre intransparent, er vermeidet Klartext. Dieser würde vielleicht lauten: «Ich bin maßlos enttäuscht und wütend. Ich gebe zwar zu, dass ich derzeit nicht in Bestform bin, aber immer noch zehnmal besser als Kamerad XY. Wenn der Trainer das nicht sieht, ist er am falschen Platz, er wird es noch bereuen! Am liebsten würde ich alles hinschmeißen!»

Allerdings wäre die intransparente Antwort klug und stimmig (→ Stimmigkeit) gewesen, weil Transparenz in solch einer Situation das falsche Ideal ist. So stehen auch Politiker in einem ständigen Kommunikationsdilemma: Man erwartet von ihnen Transparenz und Klartext – sie mögen doch bitte klaren Wein einschenken und nicht so nebulös herumschwafeln. Andererseits will bei jeder Äußerung auch die Wirkung bedacht sein, zumal wenn man sein Leben in einer Medienlandschaft verbringt. Allgemein lässt sich daher sagen: Kommunikation hat Aussicht auf Stimmigkeit, wenn sie transparent und wirkungsbedacht zugleich ist.

Bezogen auf Situationen (→ Situationsmodell) sprechen wir von Transparenz, wenn bei einem Treffen allen Beteiligten klar ist (wird), worum es geht (Thema), was zu diesem Treffen geführt hat und was im Vorfeld gelaufen ist (Anlass, Vorgeschichte), wer in welcher Rolle anwesend ist und warum/wozu (menschliche Zusammensetzung) sowie was bei dem Treffen herauskommen soll (Ziele). Oberste Dienstpflicht eines Leiters/Moderators ist es, allerspätestens zu Beginn der Sitzung diese Transparenz herzustellen: Situationsklärung vor Sacharbeit! Nur wenn alle Beteiligten das gleiche Situationsverständnis haben, kann Kommunikation gelingen. Eigentlich selbstverständlich, und doch hapert es hier oft!

■ **Literatur**

Miteinander reden 3, 329 ff. (S. 285 ff.)
Stahl, E.: Lob der Intransparenz. In: Schulz von Thun, F. / Kumbier, D.: Impulse für Kommunikation im Alltag, S. 206 ff.

U

Übertragung

Wenn eine neue Beziehung alte, prägende Beziehungserfahrungen (positiver wie negativer Art) unbewusst aktiviert, sprechen wir von Übertragung. Beispiel: Theresa hatte einen strengen Vater, dem gegenüber sie sich als Kind oft klein und unbedeutend fühlte. Er war Bartträger. Reagiert Theresa als erwachsene Frau auf einen älteren Mann mit Bart (beispielsweise ihren Vorgesetzten) gefühlsmäßig so, als ob dieser ihr Vater wäre, wäre es zu einer Übertragung gekommen.

In der Psychotherapie kommen solche Übertragungen auch vor: Der Klient überträgt alte Gefühls- und Verhaltensmuster auf den Therapeuten. Die Übertragung kann dann erkannt und für den therapeutischen Prozess genutzt werden. Besonders in der Freud'schen Psychoanalyse spielt die Übertragung daher eine große Rolle.

Übertragungen schleichen sich meist unbewusst in eine zwischenmenschliche Beziehung ein. Dies ist gut zu wissen: Nicht alle Reaktionen, die du erhältst, sind dir wirklich zugedacht. Dein Gegenüber «verwechselt» dich vielleicht zum Teil mit jemand anderem. Womöglich ist irgendetwas an dir, was den anderen unbewusst an jemanden aus seiner Vergangenheit erinnert. Je mehr du von dir zeigst und erkennbar wirst, umso geringer ist die Gefahr einer Verwechslung und Übertragung.

Ein ähnlicher Beziehungsmechanismus ist die → Projektion. Während dort ein eigener Seeleninhalt auf jemand anders wie auf eine Leinwand geworfen (projiziert) wird, ist bei der Übertragung ein Dritter im Spiel, der sich in eine Beziehung «einmischt».

V

Verhaltenskreuz

Das Verhaltenskreuz enthält zwei Dimensionen, an denen sich die Beziehungsgestaltung zwischen Mitmenschen unterscheiden kann: zum einen Wertschätzung vs. Geringschätzung und zum anderen Lenkung/Bevormundung vs. Einräumen von Entscheidungsfreiheit (s. Abb. 73).

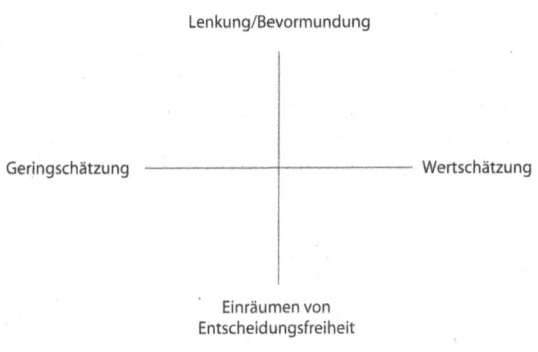

Abb. 73: Zwei Dimensionen der Beziehungsgestaltung im Verhaltenskreuz

Empirische Untersuchungen (z. B. Tausch und Tausch 1977) haben in den 1970er Jahren aufgezeigt, dass Beziehungen beispielsweise zwischen Führungskräften und ihren Mitarbeitern oder auch zwischen Lehrern und Schülern sich insbesondere hinsichtlich dieser Merkmale unterscheiden.

Mit **Wertschätzung** ist gemeint, dass der Sender in dem, was er sagt, zum Ausdruck bringt, dass er den Empfänger als achtenswerte, vollwertige, gleichberechtigte Person ansieht und dass er ihm

Wohlwollen entgegenbringt, beispielsweise durch Höflichkeit, Takt und Freundlichkeit. Auch Reversibilität im Sprachverhalten zählt dazu, was so viel meint wie: Der Sender spricht zum Empfänger in einer Weise, wie dieser auch mit dem Sender sprechen dürfte. *Geringschätzung* bedeutet, dass der Sender den Empfänger als minderwertige Person behandelt, nämlich abweisend, herabsetzend, demütigend, emotional kalt oder von oben herab. *Lenkung / Bevormundung* bezeichnet einen Verhaltensstil, der darauf angelegt ist, den Empfänger in seinem Denken und Handeln weitgehend unter den eigenen Einfluss zu bringen, z. B. durch Anweisungen, Vorschriften, Fragen, Verbote usw. (→ Direktivität). Dem gegenüber steht das *Einräumen von Entscheidungsfreiheit*, das dem Empfänger selbständige Aktivität und das Entfalten von Initiative nach eigenen Maßstäben zugesteht.

Jedem Quadranten des Verhaltenskreuzes entspricht idealtypisch ein bestimmter Verhaltensstil. In der empirischen Wirklichkeit sind natürlich viele Mischformen anzutreffen (s. Abb. 74).

Abb. 74: Vier Verhaltensstile im Verhaltenskreuz

Der *patriarchalisch-fürsorgliche Stil* beschreibt einen Sender, der in seiner Art zu kommunizieren dem anderen gegenüber viel Wertschätzung ausdrückt, sich gleichzeitig jedoch lenkend, bevormundend und kontrollierend verhält: «Liebe Frau Horn, Sie machen das richtig gut, jedenfalls von der Absicht her. Wichtig ist, dass Sie immer mit dem ersten Schritt beginnen und das dann auch so gliedern, also 1., 2., 3., und gern auch Unterpunkte einführen: 2.1, 2.2 usw., alles schön der Reihe nach und am Anfang am besten das Ziel vom Ganzen noch mal schlagwortartig herausstellen. Wie Sie das später dann ja auch sehr schön machen, Sie müssen eben nur ...»

Der *autoritäre Stil* kennzeichnet eine stark dominierende Person, die sich dem Empfänger gegenüber geringschätzig und herabsetzend verhält: «Frau Horn, das kann doch wohl nicht wahr sein! Wie kann man nur mit so einem Konzept hier antanzen? Sie bringen ja keinen klaren Gedanken zustande!»

Den *Laisser-faire-Stil* legt eine Person an den Tag, die den anderen nicht sehr achtet und ihm gegenüber Abneigung ausdrückt, die gleichzeitig wenig lenkt, kontrolliert und bevormundet: «Das ist mal wieder typisch Frau Horn, na, wir werden ja sehen, wie weit Sie damit kommen ...»

Schließlich pflegt den *partnerschaftlich-sozialintegrativen Stil* jemand, der den anderen als vollwertigen Partner behandelt, ohne zu bevormunden und durch dauernde Vorschriften einzuengen: «Frau Horn, einige Aspekte Ihres Konzeptvorschlages sind mir noch nicht ganz deutlich. Ich würde ihn gerne noch mal mit Ihnen durchsprechen, um Ihre Hintergedanken besser zu verstehen und um Ihnen auch meine Ideen bezüglich einiger Aspekte mitzuteilen.»

Der partnerschaftlich-sozialintegrative Stil wurde in den 1970er Jahren als Kommunikationsideal in Seminaren trainiert. Auch aus heutiger Sicht ist ein Kommunikationsverhalten, das durch Wertschätzung und Einräumen von Entscheidungsspielraum gekennzeichnet ist, durchaus positiv zu bewerten. Dennoch griff das Training dieses Idealverhaltens zu kurz. Es stellte sich heraus, dass auf diese Weise nur äußere kommunikative «Verpackungen» antrainiert wurden, was zum einen künstlich und unecht wirkte (und auch war) und zum anderen wenig Nachhaltigkeit besaß. Ein uniformes und universales Idealverhalten einzuüben widersprach dem Gebot der → Stimmigkeit. Wollte man auf sinnvolle Weise an der Kommunikation etwas verändern, musste der ganze Mensch mit seiner individuellen Persönlichkeit und seinen Eigenarten genauso berücksichtigt werden (→ Inneres Team) wie die Gegebenheiten der Situation (→ Situationsmodell). Damit war auch die Erkenntnis verbunden, dass unterschiedliche Personen einen unterschiedlichen Trainings- und Entwicklungsbedarf haben. Während dem einen mehr Wertschätzung in seinem Verhalten tatsächlich anzuraten ist, benötigt der andere womöglich Unterstützung darin, sich konfrontativ und kritisch abzugrenzen. So trugen die Erfahrungen aus der damaligen Zeit entscheidend zur Veränderung und Weiterentwicklung der → Kommunikationstrainings bei.

Aus heutiger Sicht stellen die Merkmale des Verhaltenskreuzes nach wie vor wichtige Fähigkeiten der Beziehungsgestaltung dar, allerdings bilden wir sie heute innerhalb von → Wertequadraten ab und streben eine dynamische Balance (→ Werte- und Entwicklungsquadrat) an (s. Abb. 75 und Abb. 76).

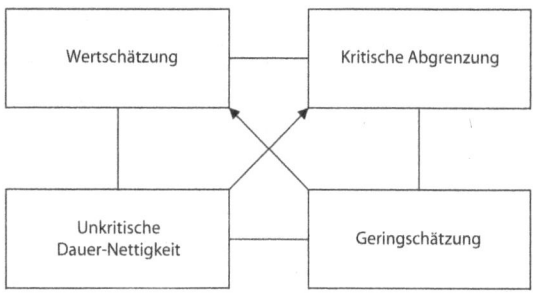

Abb. 75: Wertschätzung und kritische Abgrenzung im Wertequadrat

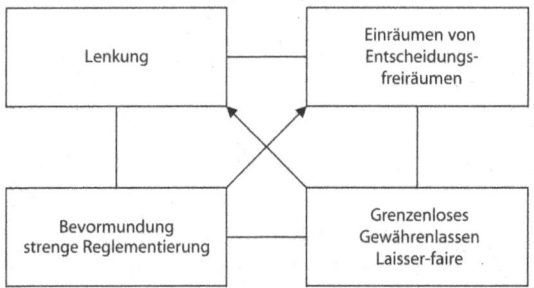

Abb. 76: Lenkung und Einräumen von Entscheidungsfreiräumen im Wertequadrat

■ **Literatur**
   Schulz von Thun, F.: Klarkommen mit sich selbst und anderen, S. 12 ff., 21 ff.

Verstehen

V

«Ich fühle mich von ihm nicht verstanden» ist ein häufiger Seufzer auf dem Feld der zwischenmenschlichen Kommunikation. Was also kann ich tun, um besser verstanden zu werden? Wie kann ich mich auf allen vier Ebenen der Begegnung (→ Kommunikationsquadrat) verdeutlichen? Und was kann mein Gegenüber tun, um mich besser zu verstehen, und, insoweit ihm dies gelungen ist, wie kann er mir das Gefühl geben, verstanden worden zu sein?

Schulz von Thun unterscheidet drei Aspekte des Verstehens:

1. Den Sinn einer Botschaft erfassen. Wenn jemand «immer nur Bahnhof» versteht, deutet dies darauf hin, dass es an der Verständlichkeit (→ Hamburger Verständlichkeitsmodell) hapert und dass der Sender wenig Einfühlung (→ Empathie) hat für das, was im Kopf des Empfängers vor sich geht.

2. Die inneren Beweggründe des anderen nachvollziehen. «Ich verstehe dich nicht» in diesem Sinne kann heißen: Ich kann nicht nachvollziehen, warum du das gemacht oder gesagt hast. Wenn mir daran gelegen ist, dass mein Gegenüber mich in diesem zweiten Sinne versteht, müsste ich ein wenig mein Herz öffnen und Einblick gewähren in das, was in mir vorgeht.

3. Sich das «Schachbrett», auf dem mein Gegenüber steht, vor Augen führen (→ Systemische Psychologie). «Jemanden verstehen» vollzieht sich nicht nur durch Empathie mit dem inneren Menschen («So also sieht es in deinem Herzen aus!»), sondern auch (was ebenso bedeutsam ist) durch Betrachtung und Analyse des äußeren Kräftefeldes, auf dem er steht. «Aha, du hast in diesem System jene Rolle inne, bist umgeben von … wirst daran gemessen, ob und wie es dir gelingt …, und musst folglich das Interesse haben …» etc. Man könnte hier von systemischer Empathie sprechen.

Damit haben wir drei Bedeutungen und Komponenten von «Verstehen» (s. Abb. 77).

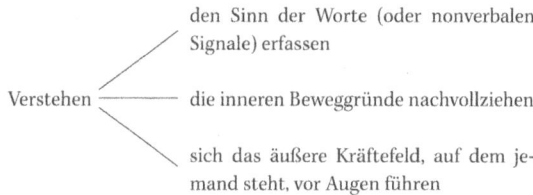

Abb. 77: Drei Bedeutungen und Komponenten von Verstehen

Schulz von Thun unterscheidet zudem «Verstehen» und «Verständnis». Während das Verstehen darin besteht, sich die Bedeutung der Worte und Taten eines anderen ohne eigene Bewertung zu erschließen («Ich will es erst mal nur verstehen!»), enthält das Verständnis darüber hinaus eine eigene positive Stellungnahme («Das kann ich gut nachvollziehen, möglicherweise würde ich genauso reagieren!»). So könnte der Chef, der seine Mitarbeiter anlässlich seines

60. Geburtstages zu einem Grillfest eingeladen hat, zu seinem persönlichen Referenten sagen: «Ich verstehe jetzt, warum Sie nicht kommen wollen. Aber ich kann für diese Entscheidung kein Verständnis aufbringen, tut mir leid!»

■ **Literatur**
Schulz von Thun, F.: Verstehen – Verständnis – Einverständnis. In: Schulz von Thun, F./Kumbier, D.: Impulse für Kommunikation im Alltag.

Vier Ohren

Mit vier Ohren hört der Empfänger, entsprechend den vier Ebenen des → Kommunikationsquadrats. Auf dem **Sach-Ohr** empfängt er Daten, Fakten und Zahlen, er interessiert sich für den Sachinhalt. Mit dem **Selbstkundgabe-Ohr** «erspürt» er den Menschen hinter den Worten: Was sagt mir das Gehörte über den Sender? Was ist das für eine Person? Wie ist sie gestimmt? Wie geht es ihr? Was fühlt sie? Was ist mit ihr los? Das **Beziehungs-Ohr** nimmt auf, wie sich der Empfänger vom Sender gesehen und behandelt fühlt: Was denkt der von mir? Was hält er von mir? Wie steht er zu mir? Wie geht er mit mir um? Wie definiert er unsere Beziehung? Und das **Appell-Ohr** empfängt, wozu der Sender den Empfänger veranlassen möchte: Was soll ich tun oder unterlassen, denken oder fühlen? (s. Abb. 78)

Im Prinzip hat der Empfänger freie Auswahl, auf welche Seite der → Äußerung er reagieren will (→ Empfangsvorgang). Je nachdem, welches seiner vier Ohren er gerade vorrangig auf Empfang geschaltet hat, kann das Gespräch einen sehr unterschiedlichen Verlauf nehmen. Gudrun fragt ihre Kollegin: «Weißt du, wo der rote Ordner hingekommen ist?» Wenn die Kollegin nur mit dem Sach-Ohr hört,

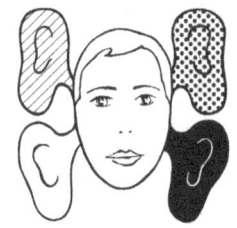

Was ist das
für einer?
Was ist mit ihm?

Wie ist
der Sachverhalt
zu verstehen?

Wie redet der
eigentlich mit mir?
Wen glaubt er vor
sich zu haben?

Was soll ich tun,
denken, fühlen
aufgrund seiner
Mitteilung?

Abb. 78: Der «vierohrige» Empfänger

wird sie eine reine Informationsfrage aufnehmen und sie vermutlich mit «Ja, er ist ...» oder «Nein» beantworten. Nimmt sie die Äußerung mit dem Selbstkundgabe-Ohr auf, reagiert sie eventuell mit: «Brauchst du ihn gerade?» oder «Na, du bist aber auch die Unordentlichkeit in Person!» Mit dem Beziehungs-Ohr hört sie womöglich Kritik, so könnte sie sich für das Verschwinden des Ordners verantwortlich gemacht fühlen. Dann könnte ihre Antwort entweder aggressiv «Woher soll ich das denn wissen?» oder defensiv «Oh, entschuldige! Ich wollte dir bestimmt keine extra Arbeit machen» ausfallen. Eine Reaktion auf Grundlage des Appell-Ohrs würde wiederum ganz anders klingen, zum Beispiel: «Ich helfe dir suchen!»

Auf der folgenden Seite in Abb. 79 finden Sie die vier Ohren in Gedichtform charakterisiert (Schulz von Thun)!

In der Kommunikation wirkt jedes Ohr wie ein Filter, der ganz bestimmte Informationen aufnimmt und andere ausblendet. So ist das Sach-Ohr für Daten und Fakten zugänglich, jedoch nicht für die Befindlichkeit und Stimmung des Senders. Oft ist dem Empfänger gar nicht bewusst, dass er einige seiner Ohren abgeschaltet hat und dadurch Weichen für das zwischenmenschliche Geschehen stellt. Bei vielen Empfängern ist – unabhängig von den Situationserfordernissen – *ein* Ohr auf Kosten der anderen besonders gut ausgebildet. Diese einseitigen Empfangsgewohnheiten resultieren zumeist aus unterschiedlichen Lebensgeschichten und Erfahrungen.

Eine Person, die ihr Sach-Ohr auf Empfang geschaltet hat, rea-

Um keine Botschaft zu verlieren,
hören wir auf allen vieren!

Mit dem Blauohr soll es gehen,
rein die Sache zu verstehen.
Hier wird oft auf Anhieb klar,
was ist falsch und was ist wahr!

Mit dem Grünohr hörst du bloß:
Was ist mit dem Sender los?
Was geht gerade in ihm vor?
Einfühlsam ist dieses Ohr!

Ist das gelbe Ohr ganz offen,
bist du oft ein Stück betroffen!
Ganz speziell dies gelbe Ohr
kommt mir sehr empfindlich vor!

Mit dem Rotohr hörst du schrill,
was er denn nun von dir will.
Manchmal hört man nur das leise,
mehr auf die dezente Weise!

Und so wird nun endlich klar,
was hier die Erkenntnis war:
Ohne vier sensible Ohren
bist du im Kontakt verloren!

Abb. 79: Vier Ohren in Gedichtform. (Blau = Sache, grün = Selbstkundgabe, gelb = Beziehung, rot = Appell.)

giert typischerweise, indem sie sachliche Informationen gibt, weitere inhaltliche Fragen stellt oder bestimmte Sach-Aspekte korrigiert.
Das Sach-Ohr ist sinnvoll und hilfreich, wenn es um die Sache geht.
Geht es jedoch um Gefühle, Wünsche, Bedürfnisse oder zwischenmenschliche Beziehungen, reicht das nicht aus. In diesem Fall wür-

de der alleinige Einsatz des Sach-Ohrs hochwahrscheinlich zu Kommunikationsstörungen führen.

Das Selbstkundgabe-Ohr ermöglicht dem Empfänger, sich in den Sender einzufühlen. Eine wichtige Fähigkeit, die in sehr vielen Situationen zu einer guten Kommunikation beiträgt. Wird das Selbstkundgabe-Ohr jedoch übertrieben eingesetzt, kann das auf unangenehme Weise psychologisierend und diagnostizierend wirken; auch vermeidet der Empfänger, selbst Farbe zu bekennen und eigenverantwortlich Stellung zu nehmen (z.B. wenn Horst beim Streit um den Abwasch ausschließlich auf diese Art reagiert: «Dir ist eine saubere Küche also wichtig. Du wirst sauer, wenn du alles alleine machen musst. Dann fühlst du dich alleine gelassen und ausgenutzt.»)

Das Beziehungs-Ohr nimmt auf, wie sich der Empfänger gesehen und behandelt fühlt. Nimmt der Empfänger negative Beziehungsbotschaften wahr und meint, der Sender kritisiere ihn oder greife ihn an, fällt seine Reaktion tendenziell aggressiv oder defensiv aus (siehe Beispiel oben): «Woher soll ich denn das wissen?» Wie alle anderen Ohren ist das Beziehungs-Ohr grundsätzlich wichtig und sinnvoll. Wenn es jedoch zu groß und überempfindlich wird, wittert der Empfänger in jeglicher Äußerung einen Angriff oder eine Herabsetzung. Eine sachliche Klärung ist dann zumindest erschwert, wenn nicht unmöglich.

Wer ein hellhöriges Appell-Ohr im Einsatz hat, wird wahrscheinlich Bezug auf die geäußerten oder vermuteten Wünsche und Absichten des Senders nehmen, indem er sie entweder erfüllt oder aber verweigert. Eine Person mit dominantem Appell-Ohr ist in Gefahr, überall in ihrer Umgebung Aufträge zu wittern und alle vermuteten Wünsche «zuvorkommend» zu erfüllen. Damit macht sie sich zur Marionette der Erwartungen und wird nicht zu einem wirklichen Gegenüber. Die eigenen Gedanken und Wünsche des Empfängers bleiben im Verborgenen; häufig fällt es ihm selbst schwer, herauszubekommen, was er eigentlich denkt und möchte. Bei anderen Menschen mag das Appellohr wenig ausgeprägt sein – sie sind oder stellen sich taub, um Ansprüche abzuwehren. In liebenden Nahbeziehungen sowie in Serviceberufen kann dies zu erheblichen Störungen führen.

■ **Literatur**
Miteinander reden 1, S. 48 ff. (S. 44 ff.)

Visualisieren

Visualisieren heißt, Sachverhalte und Zusammenhänge bildlich darzustellen, sei es im Rahmen eines Vortrags, einer Präsentation, einer Besprechung, einer Beratung, eines Interviews oder eines Textes. Dies ist ein wichtiges Mittel zur Veranschaulichung und erhöht somit die Verständlichkeit (→ Hamburger Verständlichkeitsmodell). Beispielsweise ist der Inhalt des folgenden Satzes ohne Visualisierung schwer zu erfassen: «Wenn Peters Sohn der Schwiegervater des Mannes der Schwester meines Vaters ist, wie bin ich dann mit Peter verwandt?» Mit Hilfe einer Abbildung fällt es wesentlich leichter:

V

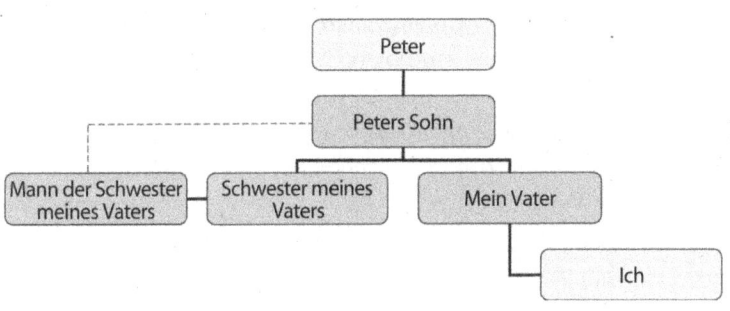

Abb. 80: Lösung: Peter ist mein Urgroßvater

Bei einer Präsentation oder einem Vortrag ermöglichen Visualisierungen, komplexe Informationen einfach darzustellen – «ein Bild sagt mehr als 1000 Worte». Sie ermöglichen, Zusammenhänge aufzuzeigen und gleichzeitig ablaufende Prozesse auf einen Blick darzustellen, was uns mit Worten allein in der Klarheit und der Geschwindigkeit nicht gelingt. Unser Gehirn nimmt visuell aufbereitetes Material sogar ca. 60 000 mal schneller auf als geschriebenen Text. Das erklärt auch, weshalb es im Straßenverkehr Verkehrsschilder, Farben und Symbole gibt und keine Schrifttafeln, wie beispielsweise: «Bitte bremsen, gleich wird die Ampel auf ‹Halten› stehen!» Sie würden es unmöglich machen, im Verkehr noch durchzublicken und mit der erforderlichen Geschwindigkeit zu reagieren.

Visualisierungen lassen Sachverhalte konkreter und anschaulicher werden. So geraten Vorträge und Texte lebendiger. Schaubilder, Grafiken und Symbole schaffen einen visuellen Anker und erhöhen somit die Konzentration; die Aufmerksamkeit des Empfängers wird auf die Kernpunkte gelenkt, und der Zuhörer kann dem Redner leichter folgen. Gleichzeitig ermöglichen Visualisierungen eine Verständnisprüfung und lassen somit Missverständnisse und Informationslücken schneller deutlich werden (s. Abb. 81).

Ein weiterer Vorteil besteht darin, dass durch bildhafte Darstellungen auch die rechte Hirnhemisphäre angesprochen wird, während Worte die linke Hirnhemisphäre aktivieren. So wird die Sache zweifach verankert und ein innerer Schaltkreis gestiftet.

Nicht zuletzt wirkt der Einsatz von Visualisierungen positiv auf die Beziehung. Zum einen lassen sie erkennen, dass sich der Vortragende Mühe für die Zuhörer gegeben hat, zum anderen vermeidet die erhöhte Verständlichkeit, dass es zu Frustrationen kommt. An dieser Stelle ist bemerkenswert, dass selbst gemalte Abbildungen in der Regel einen besseren Effekt auf den Kontakt und die Beziehung haben als vorgefertigte Clip Arts oder Powerpoint-Bilder. Das liegt daran, dass Computerbilder durch ihre standardisierte Perfektion mehr Distanz schaffen und die Zuhörerschaft heutzutage häufig Po-

Abb. 81: Visualisierungen dienen der Verständnisprüfung: Hai oder Delfin?

werpoint-übersättigt ist. Es lohnt sich daher, die Scheu vor dem Selber-Malen zu überwinden und hier und da Strichmännchen, Symbole und Zeichen zum Einsatz kommen zu lassen.

Visualisierungen empfehlen sich übrigens auch für den Empfänger. Immer wenn es ihm darum geht, den Sender bei einem komplexen Inhalt gut zu verstehen (z. B. in einer Beratung, in einem wichtigen Kundengespräch usw.), kann es der Kommunikation ungemein dienen, wenn das Verstandene als Bild zurückgemeldet wird.

Alles in allem: Visualisierung ist ein (immer noch unterschätztes) Zaubermittel der Verständigung. Wie viel Frustration, Verwirrung und Zermürbung könnte vermieden werden, wenn bei jedem Meeting, jeder Konferenz, jeder Beratung (auch: Psychotherapie) ein Flipchart bereitstünde und mit viel Unbekümmertheit und ein wenig Kompetenz genutzt würde (s. Abb. 82)!

Abb. 82: In jedem Konferenz- und Beratungsraum sollte ein Flipchart stehen!

■ **Literatur**

Schulz von Thun, F.: Auch Sie können aus dem Stegreif visualisieren. In: Klarkommen mit sich selbst und anderen, S. 223 ff.

W

Werte- und Entwicklungsquadrat

Das Werte- und Entwicklungsquadrat ist ein geistiges Instrument, um menschliche Werte, Tugenden und Qualitäten genauer zu bestimmen und um die darin enthaltenen Chancen und Gefahren genauer einzuschätzen. Das Wertequadrat wurde in den 1940er Jahren von Paul Helwig erfunden, Schulz von Thun fügte den Gedanken der Entwicklungsrichtung hinzu, sodass wir heute vom Werte- und Entwicklungsquadrat sprechen. Folgender Gedanke liegt dem Modell zugrunde: Im menschlichen Zusammenleben entfalten werteleitete Tugenden und Qualitäten nur dann eine konstruktive Wirkung, wenn sie in «ausgehaltener Spannung» (Balance) zu einem Gegenwert gelebt und verwirklicht werden, zu einer komplementären «Schwestertugend», die geeignet ist, einer *übertreibenden Entwertung* der in Rede stehenden Tugend entgegenzusteuern. Beispiel:

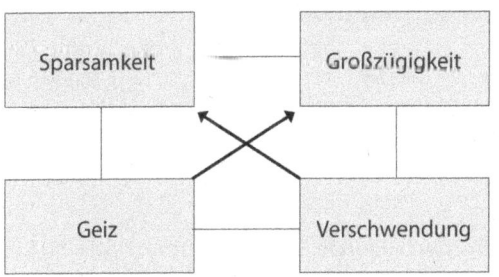

Abb. 83: Urbeispiel für ein Wertequadrat nach Helwig

Sparsamkeit wird leicht zum Geiz, wenn nicht Großzügigkeit als Schwestertugend hinzutritt. Genauso verkommt aber auch Großzügigkeit zu einer Untugend, nämlich der Verschwendung, wenn sie nicht mit Sparsamkeit gepaart ist. Helwig ordnete diese vier Qualitäten in der abgebildeten Weise.

Dieses Modell ist überaus hilfreich, um auch Qualitäten der Kommunikation genauer zu beschreiben. So erstrebenswert beispielsweise eine akzeptierende und wertschätzende Haltung ist – ohne die ausgleichende Fähigkeit zur Konfrontation verkommt sie zur kritiklosen Nettigkeit. Das Gleiche gilt in umgekehrter Weise: Konfrontatives Verhalten kann nur dann konstruktiv wirken, wenn es um die Fähigkeit zur Akzeptanz und Wertschätzung ergänzt wird. Ohne diesen ausgleichenden Gegenpol, die so genannte **Schwestertugend**, besteht die Gefahr, dass Konfrontation übertrieben wird und zu einer feindseligen Aggression missrät. Die Aufgabe der Schwestertugend besteht darin, der Übertreibung des jeweils anderen Wertes entgegenzusteuern (s. Abb. 84).

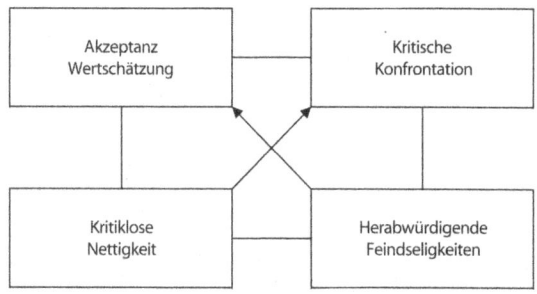

Abb. 84: Wertequadrat Akzeptanz und kritische Konfrontation

Wir sagen: Wertschätzende Akzeptanz ohne kritische Konfrontation verkommt leicht zu kritikloser Nettigkeit – und eine Haltung von kritischer Konfrontation verkommt, wenn sie nicht mit wertschätzender Akzeptanz gepaart ist, zur herabwürdigenden Feindseligkeit.

Im «Wertehimmel» der Kommunikationspsychologie gibt es somit nur Paarlinge: Ehrlichkeit ohne Taktgefühl ist ebenso gefährlich wie Taktgefühl ohne Ehrlichkeit. Schulz von Thun spricht von

«Regenbogenqualitäten», wenn zwei positive Gegensätze eine Ergänzungspartnerschaft eingehen. In der folgenden Abbildung 85 sind die wichtigsten Zusammenhänge zusammengefasst.

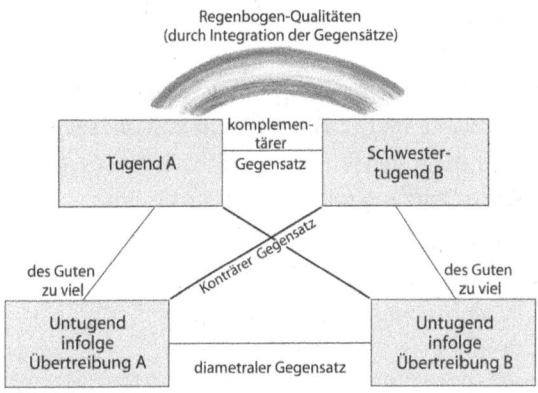

Abb. 85: Regenbogenqualitäten im Wertequadrat

Die beiden positiven Werte (Qualitäten) stehen einander oben gegenüber und befinden sich in einem *komplementären* Gegensatz-Verhältnis. Sie sind einander näher als die Übertreibungen auf der unteren Etage, die in einem unversöhnlichen *diametralen* Gegensatz zueinander stehen (z. B. Geiz und Verschwendung). Die (anzustrebende) Integration des komplementären Gegensatzes lässt oben den Regenbogen aufgehen.

Über die Diagonalen ergeben sich *konträre* Gegensätze (Sparsamkeit und Verschwendung / Großzügigkeit und Geiz). Senkrecht nach unten versteht sich die Untugend als «des Guten zu viel» von der Tugend darüber (z. B. Geiz als des Guten zu viel von Sparsamkeit).

Die Diagonalen haben noch eine weitere wichtige Bedeutung. Schulz von Thun griff Helwigs Wertequadrat 1989 auf und ergänzte es um den Aspekt der Entwicklungsmöglichkeiten. Nunmehr lassen sich individuelle **Entwicklungsrichtungen** aus dem Modell ableiten. Neigt eine Person beispielsweise zur kritiklosen Nettigkeit (unten links), so zeigt ihre Entwicklungsrichtung hin zur Konfrontation (oben rechts). Dies ist im Modell durch einen diagonal aufsteigenden Pfeil gekennzeichnet. Indem die Konfrontationsfähigkeit entwickelt wird und gleichzeitig Akzeptanz und Wertschätzung erhalten bleiben sollen (die positive Fähigkeit, die in dem übertriebenen Verhalten steckt), versucht man, beide Werte in die Balance zu bringen. Wer nun umgekehrt zu feindseliger Aggression (unten rechts) neigt, dessen Entwicklungsrichtung geht zu Akzeptanz und Wertschätzung (oben links) (s. Abb. 86).

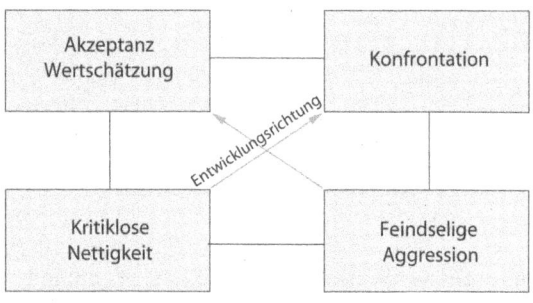

Abb. 86: Entwicklungsrichtung im Wertequadrat

Der Regenbogen im Werte- und Entwicklungsquadrat, den es zu erreichen gilt, besteht in der **dynamischen Balance** der beiden sich ergänzenden Werte. Es wird daher nicht ein bestmöglicher Fixpunkt angestrebt, sondern die variable Verfügbarkeit beider Werte in Abhängigkeit von der Situation. So kann es sein, dass in einer Situation mehr Konfrontationsfähigkeit sinnvoll erscheint, in einer anderen hingegen mehr Akzeptanz.

Die Diagonalen im Wertequadrat sind auch von oben nach unten als **Vorwurfsrichtungen** von Bedeutung. In → Konflikten kann es zu einer → Polarisierung von Werten kommen, wenn zwei Personen oder zwei Parteien entgegengesetzte Werte vertreten und darin im-

mer extremer werden. So legt Herr Braunschweig zum Beispiel großen Wert auf Zuverlässigkeit und Ordnung. Er wirft seiner Kollegin
Frau Soltau, für die Flexibilität und Lockerheit besonders wichtig
sind, oft «chaotische Unzuverlässigkeit» vor. Umgekehrt beschuldig-
te Frau Soltau Herrn Braunschweig der «sturen Pedanterie», während sie selbst ihre Fähigkeit zur Flexibilität und Kreativität preist.
In dem Modell werden die Vorwurfsrichtungen als absteigende dia-
gonale Pfeile dargestellt (s. Abb. 87).

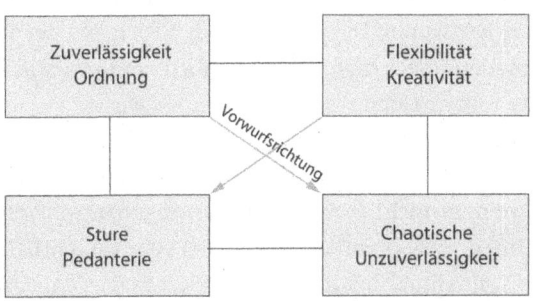

Abb. 87: Vorwurfsrichtung im Wertequadrat

W

Typisch für solche Polarisierungen ist, dass jeder sich in dem Wert
sonnt, der ihm heilig ist (z. B. «Ich stehe für Flexibilität!»), und den
anderen im Keller der Entgleisung verortet und dort anprangert («Du
bist ein sturer Pedant!»). Dadurch werden zwei Qualitäten, die im
Regenbogen zusammengehören, immer weiter auseinandergetrie-
ben – und die beiden Konfliktpartner auch. Mit Hilfe des Wertequa-
drates lassen sich solche Polarisierungen gut rekonstruieren.

■ **Literatur**
Miteinander reden 2, S. 43 ff. (S. 38 ff.)
Schulz von Thun, F. / Ruppel, J. / Stratmann, R.: Miteinander reden:
    Kommunikationspsychologie für Führungskräfte, S. 52 ff.
Schulz von Thun, F.: Miteinander reden: Fragen und Antworten, S. 49 ff.

Widerstand

Widerstand leistet, wer sich einer Herrschaft nicht unterwerfen will. Hier ist der Begriff jedoch im Sinne der Psychoanalyse von Sigmund Freud gemeint. Er hatte beobachtet, dass sich seine Patienten zuweilen dann, wenn die Psychotherapie voranschritt und in die Nähe eines besonders wunden Punktes gelangte, in irgendeiner Weise sperrten: nichts mehr fühlten oder den Termin vergaßen, dem Therapeuten plötzlich misstrauten oder auf irgendeine andere Weise blockiert waren. Dass sie damit den Fortgang der Psychotherapie an Stellen, die schmerzhaft, peinlich oder abgründig zu werden drohten, vermeiden wollten, blieb unbewusst.

Solche Widerstands-Phänomene gibt es auch im Coaching und in der Weiterbildung; sie können dem Berater / Trainer arg zu schaffen machen, wenn er nicht kundig damit umzugehen weiß. So muss er damit rechnen, dass er verbal angegriffen oder verächtlich gemacht wird, dass Teilnehmer lustlos und blockiert reagieren, dass anstelle eines vorgeschlagenen Rollenspieles abstrakte und hochintellektuelle Debatten entstehen.

Der «Widerstand gegen den Widerstand», sei es mit Engelszungen oder mit knallender Peitsche, wird diesem nicht gerecht und wird ihn in der Regel noch verstärken. Folgende Empfehlungen haben sich als aussichtsreich erwiesen:

1. Nicht alles, was dir, dem Berater / Trainer, entgegentritt und was du als störend empfindest, ist Widerstand im psychoanalytischen Sinne. Sei dir bewusst, dass dies eine Deutung ist, die zutreffen kann oder auch nicht!

2. Nimm den «Widerstand» (ab jetzt in Anführungszeichen!) ernst und ergründe seinen Hintergrund, versuche ihn zu → verstehen!

3. Heiße ihn sogar willkommen! Warum willkommen? Wenn der «Widerstand» manifest wird (und nicht unterschwellig eine lähmende Wirkung verbreitet), wird er besprechbar, klärbar, verhandelbar.

4. Verbünde dich gelegentlich sogar mit dem «Widerstand», denn er ist für den Klienten oft ein Beschützer («Bis hierher und nicht weiter!»). Bewacher im → Inneren Team passen auf, dass verletzliche Teile geschützt bleiben. Solche Schutzwächter wollen beachtet, verstanden und gewürdigt werden, man darf sie nicht ungestraft übergehen.

W

Z

Zirkuläre Fragen

Zirkuläre Fragen sind eine spezifische Fragetechnik aus der → Systemischen Psychologie für die Beratung. Anstatt eine Person direkt nach ihren Gefühlen, Beweggründen etc. zu fragen, wird die Perspektive eines Dritten mit einbezogen. Das kann auf zwei Arten geschehen: Zum einen kann eine Person aus dem Umfeld des Ratsuchenden zu dessen Gefühlen, Beweggründen etc. befragt werden. Zum Beispiel Frage an den Sohn: «Was glaubst du, wie wäre deinem Vater zumute, wenn deine Schwester auszöge?» Zum anderen, dies die häufigere Variante, kann der Klient aufgefordert werden sich vorzustellen, was eine weitere (nicht anwesende) Person auf eine entsprechende Frage antworten würde. Zum Beispiel: «Was würde Ihre Frau sagen, worin Ihre größte Stärke liegt?» Diese ursprünglich von der Mailänder Gruppe (Mara Selvini Palazzoli) entwickelte Fragetechnik gehört inzwischen zum Standardrepertoire der Systemischen Therapie und Beratung (→ Systemische Psychologie).

Zirkuläre Fragen tragen der Tatsache Rechnung, dass sich Verhalten und Kommunikation einer Person stets in Wechselwirkung mit seinen Mitmenschen vollziehen. Jedes Verhalten eines Beteiligten ist gleichzeitig Ursache und Wirkung des Verhaltens der anderen Beteiligten. Eine isolierte oder kausale Betrachtung (→ Interpunktion) würde demnach zu kurz greifen. Watzlawick verdeutlicht dies mit seinem Beispiel: Nörgelt die Frau, weil der Mann zu viel weg ist, oder ist der Mann viel weg, weil die Frau zu viel nörgelt? Das Geschehen gleicht einem Kreislauf, an dem alle Beteiligten mitwirken, wo jeder seinen Beitrag leistet und so zum «Mit-Spieler» wird. Zirkuläre Fragen helfen, diese Wechselwirkungen zu verdeutlichen und alternative Handlungsmöglichkeiten aufzuzeigen. Im Modell des → Teufelskreises wird der Gedanke der Zirkularität aufgenommen.

■ **Literatur**
Schlippe, A. / Schweitzer, J.: Lehrbuch der systemischen Therapie und Beratung, S. 138 ff.
Schwing, R. / Fryszer A.: Systemisches Handwerk, S. 209 ff.

Zuhören

Das Gelingen der zwischenmenschlichen Kommunikation steht und fällt nicht zuletzt mit dem Zuhören. Diese «stille Ressource», ohne die alles Reden nichts ist, basiert auf der Fähigkeit, die Perspektive des Gesprächspartners einzunehmen. Damit ich als Zuhörerin diesen Wechsel vollziehen kann, muss ich dem anderen nicht nur den Raum geben, seine Sicht der Dinge zu schildern – ich muss mich auch innerlich in die Lage versetzen, das Gesagte auf mich wirken zu lassen und es nachzuvollziehen. Dies gelingt nicht, wenn ich nur auf die nächste Atempause meines Gegenübers lauere, um meine Argumente anzubringen. Wirkliches Zuhören ist weit mehr, als den anderen bloß ausreden zu lassen, was eher einer «akustischen Duldung» gleichkommt. Das → Aktive Zuhören (welches als Inbegriff des guten Zuhörens gilt) ist oft mühsame Arbeit und eine selbstlose Leistung, die wir zum Gelingen des Kontaktes erbringen und bei der wir (vorübergehend) eigene Impulse zurückstellen.

Was das Zuhören oft so schwer macht, ist der folgenreiche Irrtum, Zuhören sei gleichbedeutend mit Zustimmen. Weil wir glauben, «wer zu Wort kommt, setzt sich durch», verhalten wir uns gern nach dem Motto: «Wehret den Anfängen!» Die unglückliche Folge davon sind oft lange und zermürbende Gespräche, die mit Frustration und Resignation enden, weil beide Beteiligten lediglich gebetsmühlenartig ihre Standpunkte wiederholen. Dabei bedeutet Zuhören zunächst einmal, die Sicht des anderen nachzuvollziehen (→ Verstehen). Ob ich ihr dann zustimmen kann, steht dabei auf einem anderen Blatt!

Eine Voraussetzung für gutes Zuhören ist eine innere Zuhörbereitschaft, die es aktuell zu überprüfen bzw. sicherzustellen gilt. Je nach Augenblick und Anlass ist unsere Zuhörbereitschaft mehr oder weniger vorhanden. Wenn mein Gegenüber ein ausgeprägtes Mitteilungsbedürfnis hat, ich jedoch gerade nur wenig Bereitschaft zum Zuhören habe, dürfte dies einen fruchtbaren Dialog stören. Es kann daher ein wahrer Liebesdienst sein, das so auch mitzuteilen («Ich merke, dass ich dir gerade nicht so zuhören kann, wie ich es mir und dir wünschen würde») und eine stimmigere (→ Stimmigkeit) Gesprächssituation herzustellen («Wäre es für dich in Ordnung, wenn wir später / am Abend / morgen darüber reden?»).

Zur Schule des guten Zuhörens gehört nicht zuletzt auch die Fähigkeit zu unterbrechen, damit sich das Dialogische entfalten kann und das Zuhören nicht einseitig zum «Sich-vollreden-Lassen» verkommt. Wenn man es mit einem Gesprächspartner zu tun hat, der die Zuhörbereitschaft seiner Mitmenschen übermäßig strapaziert, dessen Mitteilungsfreude größer ist als seine Wahrnehmungsfähigkeit für den Zuhörer, dann braucht es die Fähigkeit, sich gegen den Redefluss zu wehren! Sonst droht die Gefahr, aus falsch verstandener Höflichkeit alles über sich ergehen zu lassen – mit der Folge, dass man sich innerlich Stück für Stück aus dem Kontakt verabschiedet. Wenn ich also merke, dass meine Zuhörbereitschaft unter eine kritische Schwelle sinkt, sollte ich diesen Zustand nicht allzu lange hinnehmen – nicht nur im Interesse der eigenen Vitalität, sondern auch um dem anderen kein falsches Interesse vorzuspielen. Umgekehrt ist es für den, der ein Gesprächsanliegen hat, ratsam, nicht gleich loszulegen, sondern zunächst die aktuelle Kontaktbe-

Z

reitschaft seines Gegenübers zu ermitteln: «Darf ich Sie einmal mit dem Thema xy ansprechen, oder sind Sie gerade auf etwas anderes konzentriert?»

■ Literatur

Schulz von Thun, F. / Stierlin, L.: Zur Psychologie des (guten) Zuhörens. In: Schulz von Thun, F.: Klarkommen mit sich selbst und anderen, S. 234–253.

Literaturverzeichnis

Adler, A. (1973): Individualpsychologie in der Schule. Frankfurt a. M.: Fischer.

Ansbacher, H. / Ansbacher, R. (1972): Alfred Adlers Individual-psychologie. München: Reinhardt.

Benien, K. (2004): Schwierige Gespräche führen. Modelle für Beratungs-, Kritik und Konfliktgespräche im Berufsalltag. Reinbek: Rowohlt.

Benien, K. (2005): Beratung in Aktion. Erlebnisaktivierende Methoden im Kommunikationstraining. Hamburg: Windmühle.

Bönsch, M. / Zach, K. (2006): Seminarkrisen meistern. Erste Hilfe für Trainer, Lehrer und Vortragende. Reinbek: Rowohlt.

Cohn, R. (2009): Von der Psychoanalyse zur Themenzentrierten Interaktion. Stuttgart: Klett-Cotta.

Fischer-Epe, M. (2004): Coaching. Miteinander Ziele erreichen. Reinbek: Rowohlt.

Glasl, F. (1980): Konfliktmanagement: Ein Handbuch für Führungskräfte, Beraterinnen und Berater. Bern: Haupt Verlag, Stuttgart: Freies Geistesleben.

Helwig, P. (1967): Charakterologie. Freiburg: Herder.

Jun, G. (2006): Unsere inneren Ressourcen. Mit eigenen Stärken und Schwächen richtig umgehen. Göttingen: Vandenhoeck & Ruprecht.

Kumbier, D. (2006): Sie sagt, er sagt. Kommunikationspsychologie für Partnerschaft, Familie und Beruf. Reinbek: Rowohlt.

Kumbier, D. / Schulz von Thun, F. (Hg.) (2006): Interkulturelle Kommunikation. Methoden, Modelle, Beispiele. Reinbek: Rowohlt.

Langer, I. / Schulz von Thun, F. / Tausch, R. (1974): Sich verständlich ausdrücken. München: Reinhardt Verlag.

Nadolny, S. (1992): Selim oder die Gabe der Rede. München: Piper.

Rogers, C. (1996): Entwicklung der Persönlichkeit. Psychotherapie aus der Sicht eines Therapeuten. Stuttgart: Klett-Cotta.

Rosenberg, M. (2005): Gewaltfreie Kommunikation. Eine Sprache des Lebens. Paderborn: Junfermann.

Schlippe, A. / Schweitzer, J. (1996 / 2002): Lehrbuch der systemischen Therapie und Beratung. Göttingen: Vandenhoeck & Ruprecht.

Selvini Palazzoli, M. / Boscolo, L. / Cecchin, G. / Prata, G.: Hypothetisieren, Zirkularität, Neutralität. Drei Richtlinien für den Leiter der Sitzung. In: Stierlin, H. / Duss von Werth, J. (1981): Familiendynamik 6. Stuttgart: Klett-Cotta.

Schulz von Thun, F. (2011, zuerst 1981): Miteinander reden 1. Störungen und Klärungen. Reinbek: Rowohlt.

Schulz von Thun, F. (2011, zuerst 1989): Miteinander reden 2. Stile, Werte und Persönlichkeitsentwicklung. Reinbek: Rowohlt.

Schulz von Thun, F. (1996): Praxisberatung in Gruppen. Erlebnisaktivierende Methoden mit 20 Fallbeispielen. Weinheim: Beltz.

Schulz von Thun, F. (2011, zuerst 1998): Miteinander reden 3. Das Innere Team und situationsgerechte Kommunikation. Reinbek: Rowohlt.

Schulz von Thun, F. / Ruppel, J. / Stratmann, R. (2003): Miteinander reden: Kommunikationspsychologie für Führungskräfte. Reinbek: Rowohlt.

Schulz von Thun, F. (2004): Klarkommen mit sich selbst und anderen. Reinbek: Rowohlt.

Schulz von Thun, F. (2007): Miteinander reden: Fragen und Antworten. Reinbek: Rowohlt.

Schulz von Thun, F. / Kumbier, D. (Hg.) (2008): Impulse für Beratung und Therapie. Kommunikationspsychologische Miniaturen 1. Reinbek: Rowohlt.

Schulz von Thun, F. / unter Mitarbeit von Trautwein, C. (2008): Missverständnisse auf allen vier Ohren. In: Missverständnisse – Stolpersteine der Kommunikation. V. Didczuneit, A. Eichler, L. Kugler (Hg.). Berlin: Museumsstiftung Post und Telekommunikation.

Schulz von Thun, F./Kumbier, D. (Hg.) (2009): Impulse für Führung und Training. Kommunikationspsychologische Miniaturen 2. Reinbek: Rowohlt.

Schulz von Thun, F./Kumbier, D. (Hg.) (2010): Impulse für Kommunikation im Alltag. Kommunikationspsychologische Miniaturen 3. Reinbek: Rowohlt.

Schwartz, R.C. (1997): Systemische Therapie mit der inneren Familie. Stuttgart: Klett-Cotta.

Schwing, R./Fryszer A. (2009): Systemisches Handwerk. Werkzeug für die Praxis. Göttingen: Vandenhoeck und Ruprecht.

Stahl, E. (2002): Dynamik in Gruppen. Handbuch der Gruppenleitung. Weinheim: Beltz.

Stierlin, H. (1994): Ich und die anderen. Psychotherapie in einer sich wandelnden Gesellschaft. Stuttgart: Klett-Cotta.

Stierlin, L. (2010): Kommunikationspsychologie nach Schulz von Thun und Gewaltfreie Kommunikation nach Rosenberg – eine gegenseitige Bereicherung? In: Schulz von Thun, F./Kumbier, D. (Hg.) (2010): Impulse für Kommunikation im Alltag. Kommunikationspsychologische Miniaturen 3. Reinbek: Rowohlt.

Tausch, R./Tausch A.-M. (1977): Erziehungspsychologie. Göttingen: Hogrefe.

Thomann, Chr./Schulz von Thun, F. (2003): Klärungshilfe 1. Handbuch für Therapeuten, Gesprächshelfer und Moderatoren in schwierigen Gesprächen. Reinbek: Rowohlt.

Thomann, Chr. (2004): Klärungshilfe 2. Konflikte im Beruf. Methoden und Modelle klärender Gespräche. Reinbek: Rowohlt.

Thomann, Chr./Prior, Chr. (2007): Klärungshilfe 3. Das Praxisbuch. Reinbek: Rowohlt.

Tietze, K.-O. (2003): Kollegiale Beratung. Problemlösungen gemeinsam entwickeln. Reinbek: Rowohlt.

Tuckman, B.W. (1965): Developmental sequences in small groups. Psychological Bulletin, 63, S. 384–399.

Wagner A. u. a. (1984): Bewusstseinskonflikte im Schulalltag. Basel: Weinheim.

Watzlawick, P. / Beaven, J. (1969): Menschliche Kommunikation. Bern: Verlag Hans Huber.

Winkler, M. / Commichau, A. (2005): Reden. Handbuch der kommunikationspsychologischen Rhetorik. Reinbek: Rowohlt.

Wittemann, A. (2000): Die Intelligenz der Psyche. München: Kösel Verlag.

Index der Stichwörter A-Z

Weitere Titel

Das Innere Team in Aktion (Hrsg.)

Interkulturelle Kommunikation (Hrsg.)

Schwierige Gespräche führen (Hrsg.)

Miteinander reden

Miteinander reden 1

Miteinander reden 2

Miteinander reden 3

Miteinander reden von A bis Z

Miteinander reden: Fragen und Antworten

Miteinander reden Praxis

Impulse für Beratung und Therapie (Hrsg.)

Impulse für Führung und Training (Hrsg.)

Impulse für Kommunikation im Alltag (Hrsg.)

Klärungshilfe 1

Kollegiale Beratung (Hrsg.)

Kommunikationspsychologie für Führungskräfte